Keith Ward

Gott

Das Kursbuch für Zweifler

2. Auflage

Übersetzung: Dr. Nikolaus de Palézieux

Die Deutsche Nationalbibliothek verzeichnet diese Publikation in der Deutschen Nationalbibliografie; detaillierte bibliografische Angaben sind im Internet über http://dnb.d-nb.de abrufbar.

2., unveränderte Auflage 2013

Die Herausgabe des Werkes wurde durch die Vereinsmitglieder der WBG ermöglicht.
Die englische Originalausgabe erschien 2002 bei Oneworld, Oxford, unter dem Titel „God. A Guide for the Perplexed“
Einbandgestaltung: Peter Lohse, Heppenheim
Gedruckt auf säurefreiem und alterungsbeständigem Papier
Printed in Germany

Besuchen Sie uns im Internet: www.wbg-wissenverbindet.de

ISBN 978-3-534-25923-6

Die Buchhandesausgabe erscheint beim Primus-Verlag
Einbandabbildung: © picture-alliance/KPA/Theissen
Einbandgestaltung: Jutta Schneider, Frankfurt a. M.

ISBN 978-3-86312-352-9

www.primusverlag.de

Elektronisch sind folgende Ausgaben erhältlich:
eBook (PDF): 978-3-534-73688-1 (für Mitglieder der WBG)
eBook (epub): 978-3-534-73689-8 (für Mitglieder der WBG)
eBook (PDF): 978-3-86312-916-3 (für Buchhandel)
eBook (epub): 978-3-86312-917-0 (für Buchhandel)

Inhalt

1. Ein Gefühl für die Götter

Worin der Leser erfahren wird, was in Buch I der *Ilias* geschah. Zudem wird er viele merkwürdige Tatsachen, die griechische Götterwelt betreffend, entdecken und eine seltsame Ähnlichkeit zwischen englischen romantischen Dichtern und deutschen Theologen feststellen. Auch wird der Leser mutmaßen, daß Descartes, obwohl er alles anzweifelte, dennoch nicht genügend zweifelte; man wird Schleiermacher am Busen der unendlichen Welt liegend finden und herausbekommen, was Rudolf Otto so erschreckte und wieso gewisse deutsche Professoren zu Bäumen sprechen. Und endlich wird der Leser gezwungen sein, zwischen symbolischer und wörtlicher Sprache zu unterscheiden, und er wird womöglich ein Gefühl für die Götter entwickeln.

Gott, Buchstäblichkeit und Dichtung

Traditionelle Gottesbilder scheinen in der modernen amerikanischen und europäischen Zivilisation ihre Anziehungskraft eingebüßt zu haben. Nicht, daß gleich die Existenz Gottes widerlegt worden wäre – nach wie vor streiten Philosophen ergebnislos über die Beweise, und kein gut informierter und aufrichtiger Beobachter der philosophischen Szene glaubt ernsthaft, daß der Fall gelöst worden wäre noch je gelöst würde. Nein, Gott ist schlicht und einfach langweilig und irrelevant geworden. Wir sehnen uns nicht mehr nach großen Männern mit weißen Bärten; wir spüren nicht länger das Gewicht der gewaltigen Schuld, das den Pilger auf seine Pilgerfahrt trieb. Jesus ist zwischen den Seiten der für immer verlorenen Geschichte versunken, und es scheint unmöglich, ihn in einer neuen Auferstehung dort herauszuziehen, was ihn für mehr als nur eine Handvoll unserer Zeitgenossen zu einem machtvollen Bild der Unendlichkeit machen würde.

Das Traurige ist – und es ist traurig, weil es den Verlust einer bestimmten Wahrnehmung bedeutet, den Verlust einer spezifisch menschlichen Sichtweise –, daß es scheinbar nichts gibt, das solche Bilder ersetzen und uns zeigen könnte, daß wir „mitten in der Endlichkeit Eins werden mit dem Unendlichen und ewig sein in jedem Augenblick“ (Schleiermacher, Reden über die Religion, Zweite Rede, 1799).

Spiritualität, die Kultivierung der ekstatischen Zustände unseres Bewußtseins, mag uns zwar ins Grenzgebiet unserer Kultur führen; Religion aber, der offizielle, organisierte Kultus der Anbetung Gottes, stirbt. Das sieht man in Europa am klarsten: wo die Pilgerorte zu Touristenattraktionen verkommen sind, Kirchen zu Architekturdenkmälern wurden und religiöse Rituale zu Aufführungen geworden sind, die von Anthropologen mit Camcordern aufgezeichnet werden. Aber auch in Amerika gibt es, während die populäre Religion nach wie vor stark ist, einen weitverbreiteten intellektuellen Widerwillen gegen die organisierte Religion. Es besteht eine Feindschaft gegenüber der scheinbar naiven wörtlichen Auslegung des Bibeltextes innerhalb vieler christlicher Kirchen; eine Feindschaft, die ihrerseits von einer entsprechenden feindlichen Haltung gegenüber vielen Lehren der modernen Wissenschaft beantwortet wird. In den wilden Kämpfen um Kreationismus und Fundamentalismus hat es oft den Anschein, daß wir heutzutage ganz einfach das Gespür verloren haben, worum sich Religion eigentlich dreht. Wir streiten über Theorien und Lehren und Tatsachen, die nur schwer zu begründen sind, und dabei reduzieren wir die Religion auf eine Art argumentativer und spekulativer Wissenschaft. Oft scheinen wir das Gefühl für Gott oder die Götter ganz einfach verloren zu haben, für die ursprüngliche Vision also, die der Ursprung aller Religion ist.

Wieso das? Auch deshalb vielleicht, weil die Menschen die traditionellen Gottesbilder zu wörtlich genommen haben. In einer Zeit, in der die Wissenschaft zur Königin der Akademien geworden ist, wird generell angenommen, daß das wörtliche, zählbare und wiegbare Wirkliche auch das Wahre und damit die einzige Form der Wahrheit ist. Demgemäß muß Gott, wenn es denn einen gibt, ein Wesen sein, das die Wissenschaft beschreiben kann – Gott muß ein Übermensch, eine Super-Person sein, mit einem nachvollziehbaren und deutlichen Einfluss auf die Welt, den wir testen und verifizieren können. Gott muß eine Ursache sein, deren Wirkungen wir durch Experiment und Beobachtung entdecken können. Doch dieser Gott hat sich als überflüssig hinsichtlich unserer

Ansprüche entpuppt. Gott ist, um es klar zu sagen, ganz einfach redundant, eben überflüssig geworden. Keine spezielle göttliche Auswirkung ist je in einem wissenschaftlichen Laboratorium aufgezeichnet worden, und die Wissenschaft erklärt die Welt sehr wohl auch ohne Gott. So daß also Gott, der Gott, der doch eine weitere Tatsache sein sollte, die wir aufzeichnen und dokumentieren können, aus der modernen Welt verschwunden zu sein scheint.

Das wiederum legt den Gedanken nahe, daß das, was vielleicht schiefgelaufen sein könnte, die Idee von Gott als einer Art zusätzlicher wörtlicher Tatsache war. Was aber könnte Gott sonst sein? Um das herauszubekommen, müssen wir wohl zu den Wurzeln der religiösen Überzeugungen innerhalb der menschlichen Erfahrungswelt zurückgehen und zu entdecken versuchen, wie das Reden über Gott oder die Götter aufkam und was es bedeuten sollte. Gibt es so etwas wie ein Gefühl für die Götter, das durch unser modernes Betonen des Faktenwissens womöglich unterdrückt worden ist? Es kann durchaus erhellend sein, einen Blick auf eines der frühesten literarischen Zeugnisse der westlichen Geschichte zu werfen, auf Homers *Ilias*. Thema dieses Epos ist der Trojanische Krieg, aber es ist auch voller Hinweise auf die Götter, die den Menschen in diesem Epos erscheinen, an ihren Kämpfen teilnehmen und letztlich deren Geschicke bestimmen. Die *Ilias* konnte als literarischer Text gelesen werden, in welchem eindeutig fiktionale übernatürliche Wesen mit den griechischen und trojanischen Kriegern sprechen und kämpfen. Tatsächlich legt das *New Shorter Oxford English Dictionary* eine solche Interpretation dieser Wesen nahe:

> „God – a superhuman person regarded as having power over nature and human fortunes" (Gott – eine übermenschliche Gestalt, der Macht über die Natur und das Geschick der Menschen zugesprochen wird).

Die *Ilias* ist endlich auch Dichtung, weshalb wir annehmen dürfen, daß Homer (wobei wir der Tradition folgen, gemäß der es einen solchen Dichter gab, der der Autor dieses Epos ist) also noch etwas anderes mit seinen Göttergeschichten bewirkt – etwas, das immer noch die Fähigkeit hat, Licht auf die menschliche Erfahrung zu werfen und so gegen das Gefühl der Irrelevanz angeht, das Gott und die Götter heute doch so oft zu umgeben scheint. Die Götter und Göttinnen sind vielleicht nicht als wahre Personen erdacht worden, die auf dem Olymp lebten, Festgelage hielten, sich stritten und in allerlei Komplotte verstrickt waren. Schließlich war der Olymp nicht allzu schwierig zu erklimmen, und man konnte leicht entdecken, daß Zeus dort oben keinen Palast hatte. Vielleicht gewinnen wir, wenn wir die *Ilias* als Dichtung erkunden, ein besseres Gespür für die Gefühle, die Homer ausdrücken wollte, als er in dieser Weise über die Götter schrieb.

Eine Welt voller Götter

„Singe, Göttin, den Zorn des Peleiaden Achilleus ..." So fängt die *Ilias* an. Hier ist ein Gott, jedenfalls aber eine Göttin, schon in der ersten Zeile erwähnt. Der Dichter sagt aber keinem anderen, er oder sie möge das Epos für ihn schreiben. Oder etwa doch? Die Göttin wird durch ihn singen. Er wird die Worte niederschreiben, aber sie werden einer Quelle entspringen, die jenseits seines Bewußtseins liegt: von einer inspirierenden Macht herrührend, einer schöpferischen, expressiven und wahrhaft übernatürlichen, angesiedelt außerhalb der natürlichen Fähigkeiten der meisten Menschen (die Gott sei Dank nicht alle Dichter sind).

Homer beschwört die Göttin beziehungsweise ihre Fähigkeit, seinen Geist mit der Kraft der Phantasie und mit Schönheit zu erfüllen. Es ist dies nicht nur eine archaische, primitive Phantasie, sondern eben auch eine völlig zeitgenössische. Wenn wir uns hinsetzen, um den großen Roman zu schreiben, der ja angeblich in jedem von uns schlummert, warten wir auf die Muse, die uns inspirieren soll. Nur scheint die Muse meist auf Urlaub zu sein, und das große Buch wird niemals geschrieben.

Es gibt etwas fast Übernatürliches bei Homer, bei Mozart, Bach, Leonardo und Rembrandt. Mozart mochte ein kindischer Schelm gewesen sein, aber erhabene Musik floß nur so aus ihm heraus. Zuweilen schaue ich mir voller Konzentration Porträts von J. S. Bach an, als wollte ich das Genie erkennen, das, was ihn von anderen Menschen unterscheidet. Aber so intensiv ich auch schaue: Er sieht ganz gewöhnlich aus, ein bürgerlicher Herr mit einer konventionellen Perücke und einem recht plebejischen, fleischigen, selbstzufriedenen Gesicht. Wo sind die *h-Moll-Messe*, die *Matthäus-Passion*, Hunderte von zutiefst bewegenden Kantaten? Jedenfalls nicht in seinem Gesicht geschrieben.

Erstaunlich ist, daß all diese schönen, leidenschaftlichen, belebten Gesichter mit dem wallenden Haar, der hohen Stirn, der gebogenen Nase und den durchdringenden Augen Schauspielern zu gehören scheinen, die niemals eine einzige

Note Musik schreiben könnten. Das Problem mit den wirklich Großen ist, daß sie eher wie Gärtner aussehen, was keine Beleidigung sein soll. Die Geistesaristokraten, die Götter der Kunst, haben meist oft grobe Züge und Knollennasen. (Dabei denke ich zugegebenermaßen an Rembrandt; man muß einräumen, daß er tatsächlich eine massive Knollennase hatte.)

So können ganz offenbar diese Individuen aus Fleisch und Blut nicht der Quell all des Schönen in Musik und Vision sein, dieser wunderbaren Ordnung und des herzzerreißenden Gefühls. Sie, diese irdischen Instrumente, werden von den Musen, den Töchtern der Erinnerung, übernommen und benutzt, um vergängliche Bilder der unsterblichen Welt zu spinnen, in welchen die Götter, die wahrhaft Schönen, ihre ewigen Spiele spielen.

Das ist zugleich die erste Lektion, die wir über die Götter lernen. Sie sind poetisch, sind symbolische Konstruktionen der menschlichen Phantasie. Die Musen, diese neun Göttinnen, sind keine hübschen jungen Frauen, die mit ihren Eltern auf dem Olymp leben und ab und zu auf die Erde hinabsteigen, um Gedichte zu schreiben und Lieder zu singen. Die Musen sind phantastische Symbole der schöpferischen Energie von Weisheit und Schönheit, die eher selten manche Menschenwesen zu inspirieren scheinen (die meisten von uns wirklich nur sehr gelegentlich); sie kommen und gehen, als stünden sie außerhalb jeder Kontrolle durch das Bewußtsein.

Wieso neun Musen? Diese Zahl entspricht den verschiedenen Arten der Kreativität – Gesang, Schauspiel, Tanz etc. –, so wie sie im alten Griechenland unterteilt wurden.

Wieso junge Frauen? Weil Männlichkeit, gerade im alten Griechenland, gerne mit kriegerischen Tugenden assoziiert wurde – Mut, Heldentum und Angriffslust. In der *Ilias* verbringen die jungen Männer ihre Zeit damit, entweder einander zu töten oder darüber nachzudenken, wie man den anderen noch besser töten kann. Weiblichkeit wird meist mit Sorge, Sensibilität und den Tugenden der Muße und des häuslichen Lebens verbunden. Die neun Musen symbolisieren eher die „weicheren" schöpferischen Energien von Gesang und Tanz als die doch „wilderen" Energien von Sturm und See.

Warum sind sie Töchter von Zeus und der Erinnerung? „Erinnerung" wird hier in einem weiteren Sinne gebraucht: Sie soll das gesamte Wissen und die gesamte Erfahrung der Menschen bezeichnen. Die schöpferischen Energien von Weisheit und Kunst benutzen diesen Erfahrungsschatz, um Geschichten und Bilder zu ersinnen, die neue Einsichten in die Bedingungen des Menschen ermöglichen. Sie sind „Töchter“ in dem Sinne, daß sie dem Schatz der gesammelten Bilder und Gefühle entspringen. Sie entspringen zugleich aber auch Zeus, dem endgültig kontrollierenden Willen aller Dinge im Menschenleben. Daher agieren sie unter dem allgemeinen Willen der höchsten schöpferischen Energie, welche unserer Welt zugrunde liegt.

So sind diese Göttinnen also Konstrukte der menschlichen Phantasie? Ja – sie sind keine übernatürlichen Gestalten, eigenständige Individuen mit Eltern, Brüdern und Schwestern. In ihrer eigentümlichen Form und Anzahl sind sie vielmehr Kunstprodukte. Sie sind Symbole und keine wirklichen lebendigen Menschen, Übermenschen oder dergleichen.

Das heißt aber noch lange nicht, daß sie Lügen wären. Sie repräsentieren tiefe und bedeutende Kräfte, welche das Leben der Menschen transformieren können. Die schöpferischen, künstlerischen Energien inspirieren und begeistern die Menschen. Sie ergreifen das Leben der Menschen und heben sie auf eine höhere Ebene, weit über den Alltag. Sie steigen aus den Erfahrungen auf (wie dies auch die Töchter der Erinnerung tun) und drücken auf indirekte und geheimnisvolle Weise manch verborgene Dinge aus unserer Wirklichkeit aus, die letzten Gründe des menschlichen Lebens (ebenso wie die Töchter des Zeus). Jeder strebsame Künstler wäre gut beraten, die Musen anzurufen, auf daß sie seinen Geist mit übermenschlichen Einsichten füllen und durch ihn womöglich unsterbliche Werke der Schönheit hervorbringen.

Die schöpferischen Energien sind also keine Personen. Aber sie werden als Personen angesprochen. Und das bedeutet, daß Energien, die ihrerseits dem menschlichen Leben Grenzen setzen, von denen einige wiederum in bestimmten Augenblicken der Besessenheit oder Inspiration durch das Bewußtsein kanalisiert werden können – daß diese Energien also nicht bloß unpersönliche, unbewußte Kräfte sind. Sie sind etwas dem menschlichen Willen und Bewußtsein Ähnliches, wenn auch nur entfernt.

Und das ist die zweite Lektion, die wir über die Götter lernen. Die Welt voller Götter zu sehen, wie es die Griechen taten, heißt, die Welt als fundamental persönlich in ihrer Natur zu begreifen. Viele der aktiven Energien haben so etwas wie eine Absicht (einen Willen) oder ein Reagieren auf die Umgebung (Bewußtsein) bzw. sie drücken dies aus. Dieses Gefühl aber ist den meisten in unserer modernen Welt vollständig abhanden gekommen. Wenn wir die Natur als große Maschine ansehen, von der wir höchstens winzige computerisierte Teile sind, dann werden die persönlichen Aspekte der Natur unsichtbar. Viele Menschen betrachten den Fortschritt des modernen europäischen Denkens auf diese Art. Es ist wie der Auftritt des großen Unholds mit dem faustischen Versprechen von vollständigem Wissen und Kontrolle über die Natur und der Absicht, die Götter aus dieser Maschine ganz auszutreiben.

Descartes und die kosmische Maschine

Der französische Philosoph René Descartes (1596–1650) dachte – und deshalb war er, aber er war nicht, was er zu sein dachte. Er hatte gedacht, er wäre ein lebendiger, fühlender Mensch; was er aber entdeckte – offenkundig, nachdem er lange an einem heißen Ofen gesessen hatte – war, daß er hauptsächlich ein rein denkendes Wesen sei, dessen Körper eine Art optionaler Zugabe war.

Diese Darstellung hat etwas von einer Travestie. Es stimmt aber, daß Descartes die Realität in zwei Arten von Erscheinungen einteilte: in Körper – die sich im Raum ausdehnen und für jedermann sichtbar sind; in den Geist – der keineswegs im Raum ist und für niemanden sichtbar außer für die, die ihn besitzen und besetzen. Im Geist kann sich allerlei Interessantes ereignen – freier Wille, Logik und Mathematik, Gefühle des Glücks und leider auch physischer Schmerz. Der Körper aber ist eine Maschine, die in Übereinstimmung mit den bestimmenden Gesetzen der Physik voranschreitet; er ist vollständig ohne Gefühl und unbewußt.

Körper und Geist mußten aber verbunden werden, und der Ort, an dem das offenkundig geschehen konnte, war das Gehirn. (Descartes dachte hier vor allem an die Zirbeldrüse, was sich als schlechter Hinweis erwies. Aber mit dem Gehirn hatte er schon recht, und dies war auch ein weit besserer Fingerzeig als der Magen, wo nach den alten Griechen das Denken angesiedelt war, wobei das Gehirn angeblich die Funktion einer Art Klimaanlage hatte.)

Aber – und dies war niederträchtig – Descartes dachte, daß nur Menschen einen Geist hätten. Andere Lebewesen hätten nur Gehirne ohne Geist. Tiere hätten kein Bewußtsein und wären nicht frei. Sie seien bloße Maschinen und könnten deshalb lebendig seziert werden; man könnte mit ihnen Experimente machen, könnte sie wahllos zusammensetzen, so wie man das mit Uhren oder Dampfmaschinen tat.

Nachfolgende Philosophen waren nicht angetan von der Idee, daß Schimpansen, deren DNA sich von der unsrigen nur in einem Prozent unterscheidet, bloße Maschinen sein sollen, während wir freie und verantwortliche Wesen sind. Überraschenderweise aber haben viele Philosophen nicht den Schluß gezogen, daß Schimpansen wirklich einen freien Willen haben. Was sie dagegen schlußfolgerten, ist, daß wir keinen solchen haben. Sie stimmen Descartes zu, daß Schimpansen Bewußtsein und keine freie Wahl haben, setzen aber hinzu, daß auch die Menschen keines von beiden besitzen. Bewußtsein ist eine bloße Funktion des physikalischen Gehirns, und Freiheit ist das Gefühl, daß unser Gehirn bislang noch nicht entschieden hat, was zu tun sei. Wille und Bewußtsein werden aus dem Universum vollkommen ausgetrieben und durch die Gesetze der Physik ersetzt, die die winzigen Materieteilchen, aus denen auch unser Gehirn besteht, auf außerordentlich komplizierte, gleichwohl vollkommen automatische Weise funktionieren lassen.

Offensichtlich ist, daß, wenn der Menschengeist aus dem Universum vertrieben wurde, es nicht mehr viel Raum für Götter gibt. Die Götter aber sind nicht durch einen Menschenhelden geschlagen worden, sondern durch eine ganze Reihe eher ineffizienter Roboter (eine spätere Beschreibung des *homo sapiens*), die an der Illusion kranken, daß sie etwas Besonderes sind – und die ihrerseits vermutlich durch eine noch effizientere Maschinengattung ersetzt werden wird, die schon jetzt am Horizont auftaucht, so wie der Supercomputer Deep Blue den menschlichen Schach-Weltmeister mit lautem Nachhall geschlagen hat.

Nun glaubte aber Descartes an Gott, so wie er auch an die unsterbliche Seele glaubte, die immer weiter vermeintlich interessante Dinge wie reine Mathematik betreibt, auch wenn der Körper schon lange im Grabe verrottet ist. Der Gott von Descartes jedoch hatte nicht viel zu tun. Nachdem er die vollkommene Maschine entworfen und gebaut hatte, war dieser Gott praktisch überflüssig. Wie es einer der philosophischen Nachfolger Descartes' sagte, Gottfried Wilhelm Leibniz: Wenn einer zu Gott betete und ihn bäte, die Zukunft abzuändern, dann würde Gott sagen müssen: „Lieber Herr, ich habe bereits alles auf die beste Weise erschaffen. Würde ich die Zukunft ändern, um Ihnen einen Gefallen zu tun, würde dies alles nur schlechter machen. Hören Sie also bitte auf zu beten: Das stört meine vollkommene Anordnung."

Wordsworth und Blake: die Götter und die poetische Erfindung

Das alles aber sollte sich rund zweieinhalbtausend Jahre nach der *Ilias* ereignen. In der Welt der alten Griechen, die noch von Göttern belebt wurde und nicht wußte, daß sie eigentlich nur eine Maschine war, galten Gebete als ein wichtiger Bestandteil der Militärstrategie. Die Geschichte der *Ilias* beginnt mit der Beleidigung eines Apollo-Priesters, was für die griechische Armee, die Troja belagert, grauenhafte Folgen haben sollte.

Chryses, ein Apollo-Priester, dessen Tochter von den Griechen geraubt worden war, kam mit einem Lösegeld zu König Agamemnon; Agamemnon aber wies das Geld zurück und jagte ihn fort. Der Priester betete zu seinem Gott, er möge diese Beleidigung rächen, und wie Homer von Apollo berichtet: „Schnell von den Höhn des Olympos enteilte er, zürnenden Herzens, über der Schulter den Bogen und ringsverschlossenen Köcher.“ Er schoß seine Pfeile auf das griechische Heer, und es wurde von einer Seuche dahingerafft. Die Plage endete erst, nachdem des Priesters Tochter zu ihm zurückgekehrt war und eine oder auch zwei Hekatombem (einhundert) Ochsen dem Apollo geopfert waren. Die Griechen bereiteten das Opfer zu. Alle teilten sie das Fleisch (eine riesige Menge, wie man annehmen sollte) und tranken zu Ehren des Gottes (zweifellos auch in großen Mengen). Auf diese Weise „versöhnten (sie) … den Gott mit Spiel und Gesängen, sangen den schönen Paian … und er hörte sie freudigen Herzens“.

Die poetische Vorstellungskraft hat hier schwer zu tun angesichts der Seuche, die durch das Feldlager der Griechen raste wie die Pfeile des bogenbewehrten Gottes. Wie schon im Falle der Musen kann man nur schwer glauben, daß Homer sich wirklich einen jungen Mann vorstellte, der mit Pfeil und Bogen von einem Berg herabschwebte. Er beschreibt die wilde Energie der Seuche wie die Pfeile eines wütenden Gottes. Dies ist nicht gerade eine schöpferische Energie. Sie ist vielmehr zerstörerisch, aber eben doch eine Energie. Die Griechen sahen, daß viele Energien in der Welt alles andere als schöpferisch waren: Orkan, Erdbeben, Sturm und Plagen – gewaltige Energien, die durch die Welt jagen und dem Schicksal der Menschen gegenüber offenbar vollkommen gleichgültig sind.

Wenn wir durch den Schleier der Literarisierung hindurchschreiten, sehen wir, daß es sich dabei nicht um Streitigkeiten innerhalb der Rasse übermenschlicher Gestalten handelt. Es geht vielmehr um die rohe Energie der natürlichen Welt, die schön und zugleich schrecklich ist in ihrer Gewalt. Wir begreifen, daß es tatsächlich keinen Apoll gab, der sich an gebratenem Fleisch gütlich tat, am Wein und verstreuten Gerstenkörnern, an den Gesängen und Tänzen. Sondern Apollo steht für etwas anderes, etwas Eigentliches, das die moderne Welt verloren hat, eine Art Weltwahrnehmung, die heutzutage sehr schwer wiederzugewinnen ist, wenn dies auch nicht völlig unmöglich ist.

Als wissenschaftliche, nach-cartesianische Geister sind wir der Natur verbunden, indem wir in ihr herumstochern und an ihr herumpfuschen. Wir suchen nach den Ursachen für Krankheit und versuchen, sie mit antiviralen Medikamenten zu bekämpfen. Das ist durchaus sinnvoll und nur wenige würden heute noch empfehlen, Apollo hundert Kühe zu opfern, anstatt Antibiotika zu nehmen. Antibiotika sind weit verläßlicher, denn wer weiß schon, ob Apoll unser Opfer annehmen wird oder nicht?

Und doch: Es mag sehr wohl noch einen anderen Weg geben, sich mit der Natur zu verbinden. Wie wir mittlerweile erwarten können, geben uns Kunst und Phantasie den Schlüssel dazu.

> Ich fühlte
> Eine Gegenwart, die mich mit der Freude
> erhabener Gedanken verstört; ein erhabener Sinn
> von etwas, das weit tiefer verwoben ist,
> dessen Wohnung das Licht der aufgehenden Sonne ist
> und der runde Ozean und die gehende Luft,
> der blaue Himmel auch, und es wohnt
> im Geiste der Menschen
> eine Bewegung, und ein Geist,
> der alle denkenden Wesen antreibt, alle Objekte allen Denkens
> und der durch alles hindurchgeht.
>
> (William Wordsworth: *Lines composed a few miles above Tintern Abbey*, 13. Juli 1798)

Sogar nach Descartes berührt uns etwas außerhalb der Vorstellung einer Maschine. Etwas „Verwobenes“, „Tiefes“ und „Hindurchgehendes“. Was mag das wohl sein? Ist es Maschinenöl? Oder ist dieses Gefühl von Anwesenheit etwa ein

Symptom für den Verdacht, daß die Maschine selbst nur ein Konstrukt des Menschengeistes ist, noch dazu ein besonders trockenes und abstraktes? Wenn der Gott aus der Maschine gezwungen wurde, wird die Maschine zum Gott, ein recht unpersönlicher, herzloser, desinteressierter Gott, gleichgültig allen Zwecken, Absichten und Werten und allem Menschlichen gegenüber. Die englischen Romantiker gingen gegen diese Vision an.

William Blake (1757–1827) hat eines der am meisten fehlinterpretierten Bilder innerhalb der Kunstgeschichte gemalt. Ein Verleger nach dem anderen hat sein Gemälde *The Ancient of Days* (God as an Architect) von 1794 als Einband für Bücher über Gott benutzt. Die kräftige menschliche Gestalt mit ihrem weißen Haar und dem wallenden Bart, die in der Sonne steht und die dunklen Wolken des Chaos mit Lichtstrahlen zerstört, hält in der Linken einen Zirkel, als wollte sie das Universum vermessen, das sie zu erschaffen im Begriff ist. Dies ist zu einem Bild für den Schöpfergott geworden, vergleichbar der Gestalt Michelangelos an der Decke der Sixtinischen Kapelle. Es ist ein machtvolles Gemälde, für Verleger offenbar geradezu unwiderstehlich.

Doch was Blake in diesem Bild porträtieren wollte, war nicht der wahre und lebendige Gott, sondern der Pseudo-Gott Isaac Newtons oder der Maschine. Sein Zirkel mißt das Universum aus. Er stellt die mechanistische Herangehensweise an die Natur dar: messend, sezierend und alles an seinen Platz ordnend. Das ist für Blake der große Mathematiker, der Feind des Lebens und der Freude, der höchste Erbauer und unparteiische Vermesser aller Dinge.

Der große schottische Philosoph David Hume (der zu Lebzeiten nie als gut genug angesehen wurde, um einen Lehrstuhl an einer schottischen Universität angetragen zu bekommen) starb 1776. In seinen postum veröffentlichten *Dialogen über natürliche Religion* analysierte er mit vernichtender Genauigkeit die damals modischen Argumente, die von der Eindeutigkeit einer Planung des Universums bis zur Existenz eines großen Planers im Himmel reichten. Und gerade diesem planenden Gott stand Blake so feindlich gegenüber. Wenn wir einen Zustand der Religion erreicht hätten, in welchem Gott nicht innerhalb des Universums erkannt werden konnte, sondern einzig aus der eleganten Konstruktion einer unbewußten und zwecklosen kosmischen Maschine abgeleitet werden könnte, dann wäre die Religion längst gestorben. „Wir wollen keine geschlußfolgerten Freunde“, bemerkte ein einst berühmter Philosoph aus Oxford. Der Gläubige will gleichfalls keinen geschlußfolgerten Gott, einen mit Zirkel, dessen Existenz von der Stärke und Stichhaltigkeit der Argumente abhängt, die

die Philosophen sich als Beweise oder Gegenbeweise für seine vermutete Existenz ausdenken.

Was aber will der Gläubige dann? Blake, der Poet, wußte es:

Eine Welt in einem Sandkorn zu sehen,
Einen Himmel in einer wilden Blume,
Die Unendlichkeit in der Hand halten
Und die Ewigkeit in einer Stunde.

(William Blake, *Auguries of Innocence*)

Hierin stimmen Blake und Wordsworth vollständig überein. Das authentische religiöse Gespür will Unendlichkeit und Ewigkeit innerhalb des Begrenzten und Vorübergehenden entdecken, will in allen Formen der Schönheit einer Schönheit gewahr werden, die unendlich vollkommen und unvergänglich wertvoll ist. Das Gefühl einer mit allem verwobenen Gegenwart, die in Licht, Luft und Himmel lebt und im Verstand der Menschen; das Gefühl einer solchen Präsenz, die wie Licht sich in tausend glitzernde Strahlen der Individualität aufspaltet, wovon ein jeder den Charakter seiner Umgebung annimmt; das Gefühl einer Welt voller Erhabenheit und ineinander verwoben, mannigfaltig und doch eins, schön und grell, dunkel wie Wein und wie mit hellen Rosenfingern: das ist das Gefühl für die Götter, die in den Menschen Ehrfurcht und Scheu, Angst und Freude erregen.

Streit unter Göttern

Wordsworths' Gespür für die Götter war sehr englisch. Dove Cottage, heute das Mekka tausender von Touristen, die die Straßen scharenweise auf der Suche nach der Einsamkeit und Ruhe der Visionen Wordsworths' bevölkern, war einst eine kleine, einsame Hütte in einem sattgrünen Tal. Keine Windstürme oder Orkane stören den sanften Nieselregen, der nur selten von Sonnenstrahlen unterbrochen wird, die hier niemals etwas verbrennen oder versengen. Keine unendlichen Wüsten oder kahle Berge unterbrechen den Anblick der rundlichen Hügel, der im vollen Blattwerk stehenden Bäume und angenehm zu schauenden dunklen Moore. Es stimmt schon, man spürt hier eine Ahnung von Gefahr und Risiko in all den rauschenden Bergbächen und den Nebeln, die von den scharfen Felsen herabkommen. Man kann wohl verlorengehen oder von Felsen herabstürzen, aber das kostet ein wenig Anstrengung. Und es ist wahrscheinlich, daß man einsam als Wolke inmitten einer Wiese voller goldener Osterglocken umherwandert und spürt, wie schön und sanft die Natur ist, wie großzügig ihre Gaben sind und wie freundlich sie ist, uns zu so geringem Aufwand eine solch große Schönheit zu gewähren.

Auch Griechenland ist schön. Tausende von Touristen, die vom steten Regen auf Dove Cottage genug haben, buchen Pauschalreisen nach Griechenland und liegen am Strand in weinseliger Benommenheit: Sonnenanbeter, die ihre Körper Apollo, dem Glänzenden, darbieten, dem Gott der Sonne und heute vielleicht dem der Pauschalreisen.

Aber in den Tagen, ehe es Wasser in Flaschen gab, Wasserspülung auf Toiletten und tiefgefrorene Lasagne, die aus Athener Fabriken eingeflogen wird, war die Sonne ein Feind wie auch ein Freund des Lebens. Die Suche nach Wasser und Schatten wurde ernsthaft betrieben. Und wenn der Regen kam, kam er in Stürmen daher, mit Winden, die von der See her bliesen und in ihrer Wut Häuser und das Leben der Menschen bedrohten. In der mediterranen Welt ist die Natur zugleich rauh und schön. Die Götter sind keineswegs nur wohlwollend. Welche göttliche Gegenwart soll man auch in Erdbeben und Orkan wahrnehmen? Nicht die sanfte Göttin von Kumbrien und der englischen Seen, sondern das Donnern und Blitzen des Zeus, des Kriegsgottes und Siegers über den Gott Kronos, und man sieht die brennenden Pfeile des Sonnengottes, der so oft das tötet, was er doch erst zum Leben erweckte.

Für die alten Griechen gab es keine unendliche Gegenwart, „die durch alles hindurchging". Es gab vielmehr viele Anwesenheiten, Präsenzen, manche davon wohlwollend, manche bedrohlich, alle zusammen aber unzuverlässig, und das religiöse Gespür der Griechen war weder das der englischen romantischen Dichter noch das eines noch weit bequemeren internationalen Touristen. Es war vielmehr zwiespältig und hatte viele Gesichter. Die Intrigen und Streitigkeiten der olympischen Götter drücken die Unsicherheiten und Konflikte in den Energien der natürlichen Ordnung aus, von Sonne und Sturm, Fruchtbarkeit und Tod, Sieg und Plagen.

Man hatte wenig oder gar keine Vorstellungen eines höchsten Schöpfergottes, nach dessen Willen alles passiert. Die schöpferischen und zerstörerischen Energien des Kosmos sind eher willkürlich miteinander verbunden. Sie haben jeweils ihren eigenen Willen. Im ersten Buch der *Ilias* hält Athene, die Göttin des Krieges und der Weisheit, Achills Wut auf Wunsch Heras zurück, der Göttin der Erde und Beschützerin der Griechen. Achill, der unter der Demütigung durch König Agamemnon leidet, geht hin und spricht mit seiner Mutter Thetis, einer Göttin und Tochter des Nereus, einem Meeresgott. Thetis ist die Göttin des vom Meer aufsteigenden Nebels. „Sie erhob sich aus dem Meer wie grauer Nebel … sie erhob früh am Morgen sich durch die schwellende See und zog hin zum unendlichen Himmel." Sie sucht bei Zeus nach, um einen Weg zu finden, der ihrem Sohn Achill die Ehre widerfahren läßt, und Zeus entspricht ihren Bitten. Dann greift Hera, die Gattin des Zeus, ihn mit Worten an und bezichtigt ihn geheimer Absprachen ohne ihr Wissen. Ein Streit kommt auf, in welchem Zeus seine höchste Macht über die Götter festsetzt. Alles endet dann aber doch harmonisch, als Hephaistos, Gott des Feuers und des Betrugs, die Götter allesamt zu einem Fest überredet, und Apollo spielt die Leier, während die Götter in unkontrolliertes Gelächter und Schlaf versinken.

Auf einer bestimmten Ebene ist dies eine einfache Intrigengeschichte am Sitz der Götter, die sich nach Belieben in die Angelegenheiten der Menschen einmischen und auf ihre Freuden und Tragödien mit distanziertem Amüsement herabsehen; diese Götter sind außerdem leicht mit Unmengen von Wein und Rindfleisch zu besänftigen. Und natürlich erzählt Homer eine Geschichte, und er ist darauf bedacht, die Charaktere der Götter unterschiedlich zu entwickeln und sie nach seinem eigenen Gutdünken in olympische Seifenopern zu verwickeln.

Es ist auch möglich, daß Homer das frühe Beispiel eines alten griechischen Skeptizismus in bezug auf jene Götter war, die dann drei-, vierhundert Jahre später die Stücke von Sophokles und Aristophanes bevölkerten. So konnte er sehr menschlich und humorvoll über die furchteinflößenden Mächte schreiben, die in früheren Zeitaltern fromm angebetet wurden. Zusammen mit Hesiod (dem Autor der *Theogonie*, dem ersten Versuch einer systematischen Genealogie der Götter) soll Homer den Griechen ihre Götter gegeben haben. Vielleicht aber verloren in Homers Werk die alten Götter tatsächlich schon ihre alte Macht.

Doch schon im ersten Buch der *Ilias* kann man Spuren eines älteren, archaischeren Gespürs für diese Macht aufspüren. Wenn Achill beschließt, nicht gegen Agamemnon zu kämpfen, ist es Athene, die Weisheit, „ihm allein sichtbar", die ihn zurückhält. Diese Weisheit wird vom Gedanken des allgemeinen Wohlergehens des griechischen Heeres nahegelegt („gesandt von der lilienarmigen Hera, die um beide zugleich in liebender Seele besorgt war"). Achill sitzt am Meer, als die Morgensonne den Nebel aufsteigen läßt, um über seine Zukunft nachzusinnen. Aber so unergründlich sie auch ist, wird sie doch ganz „das Wirken von Zeus' Willen sein". Und dieser Wille ist selbst den Unsterblichen verborgen.

Die Mächte, die Götter aber haben ihre eigenen Absichten. Thetis, Mutter und Beschützerin des Achill, sorgt sich um die Ehre ihres Sohnes. Hera, Beschützerin der Griechen, denkt an die Bewahrung des Griechen-Heeres vor allem Schaden. Die Götter, die sich um die Menschen sorgen, sind hierüber geteilter Meinung: „Da war ein Aufruhr unter den himmlischen Göttern." Jede spirituelle Kraft hat ihre eigenen Anhänger und Verehrer. Wie die Schutzengel des späteren Christentums, als ihre Anhänger miteinander stritten, so streiten auch die Götter. Die Ehre des Achill behauptet sich gegen die Sicherheit des griechischen Heeres. Die Götter sind die Projektionen dieses Konflikts auf die olympische Leinwand.

Letztlich aber siegt Zeus' Wille, und das beste für die Götter ist, mit ihrem Göttervater Zeus Frieden zu schließen. Obgleich es nur wenig Gespür für einen alles entscheidenden Willen gibt, ist da doch ein Bewußtsein für eine Macht, die „weit stärker als wir alle" ist. Sie kann hören, einen beschwatzen, schelten, und sie kann sogar schmollen. Am Ende aber, wie es Zeus der Thetis gegenüber ausspricht, „kann kein Wort von mir widerrufen werden oder sich als falsch erweisen oder nicht erfüllt werden, wenn ich mein Haupt zustimmend beuge".

Obwohl es also oft Streit unter den Göttern gibt, ist doch Harmonie möglich: wenn die Musen singen, Apoll die Leier schlägt, der Wein in Strömen fließt und die Götter lachen. Das Schicksal der Menschen wird sich abspielen, durch sämtliche Streitigkeiten um Zweck und Verlangen hindurch, bis am Ende möglicherweise die Welt wie in einem Spiegel das Lachen der Götter widerspiegelt.

Gleich am Anfang von Homers Epos sehen wir die Weisheit und Ehre Achills, die prekäre Situation des griechischen Heeres, das gleichsam aus potentiell einander bekämpfenden Stadtstaaten bestand; wir sehen die höchste und letzte Macht des Schicksals und die Möglichkeit der Versöhnung, indem man sich jener unergründlichen Macht unterwirft. All diese Faktoren haben in den Taten der Götter ihre Symbolik; es sind aktive Kräfte, welche die Zukunft bestimmen und in und durch die historischen Ereignisse hindurchwirken, durch die Kräfte der Natur und den Verstand und die Herzen der Menschen.

Man sollte aber nicht denken, daß dies eine Reduktion der Götter auf bloße Symbole bedeutet, auf natürliche Kräfte und Prozesse. Die Götter sind Symbole. Was aber symbolisiert wird, ist nicht „natürlich" in dem Sinne, daß es rein physikalisch wäre oder ausschließlich in Begriffen der physikalischen Gesetze oder anderer experimenteller Wissenschaften erklärt werden kann. Die Götter symbolisieren natürliche Phänomene. Es wäre wahrheitsgemäßer, wenn man sagte, daß sie die natürlichen Phänomene ermächtigen, andere tiefere Kräfte zu symbolisieren. Auch symbolisieren die Götter nichts „Übernatürliches“ in dem Sinne, daß damit eine Art immaterielles Duplikat des Materiellen gemeint wäre, eine Schattenwelt, die diese substantielle Welt auf gespenstische Art nachäfft. Was also wird symbolisiert?

Es gibt die Geschichte einer russischen Ballerina, die im Kirow-Ballett eine außerordentlich bewegende Vorstellung gab und das Publikum entzückt angesichts dessen zurückließ, was alle als einzigartig inspirierte Gelegenheit begriffen. Später fragte man sie: „Und was sollte es bedeuten?“ „Was es bedeuten sollte?“ antwortete sie. „Was es bedeuten sollte? Wenn ich es mit Worten sagen könnte, hätte ich es nicht getanzt.“

So ist es also, wenn man mit Göttern spricht. Wenn wir in anderen Worten sagen könnten, was solches Reden bedeuten soll, bräuchten wir nicht eine solche Sprache zu nehmen. Wir könnten die Symbole beseitigen und über eigentliche Tatsachen sprechen. „Zeus ist der Donnersturm“, könnten wir sagen, oder „Thetis ist der Nebel auf dem Meer“. Warum dann aber überhaupt noch weiter von Zeus oder Thetis reden? Natürlich sprechen wir ja nicht mehr von ihnen. Wir sind allesamt ernüchtert und prosaisch geworden in bezug auf die Welt, in der wir leben. Wir kennen den Donner und wir kennen das Meer. Die griechischen Götter aber verschwanden vor langer Zeit vom Olymp. Wohin sind sie gezogen? Was haben wir verloren, indem wir nicht mehr von ihnen reden? Ist die Welt seit ihrem Abgang ärmer geworden?

Wordsworth und Blake würden uns oder vielen von uns sagen, daß wir das Gespür für die Anwesenheiten, die zutiefst in Licht und Meer, Luft und Himmel verwoben sind, verloren haben; für die ganze Welt, die man in einem Sandkorn sehen kann, für die Unendlichkeit, die wir in der Hand halten können. Wir haben die Sprache verloren, die all dies möglich macht, und wir haben keine anderen Worte, die je wieder das verschwundene Gewahr-Werden der Heiligkeit des Realen heraufbeschwören können, der Realität, in der wir leben und deren Teil wir sind.

Friedrich Schleiermacher: eine romantische Darstellung der Götter

Während Wordsworth in Dovedale sinnenhaft in Ohnmacht fiel, schrieb in Berlin ein Pastor der reformierten Kirche eine ganze Reihe von Reden an die „Gebildeten unter den Verächtern" der Religion.

Friedrich Schleiermacher (1768–1834), der das einzigartige Mißgeschick hat, daß kein englischsprachiger Student seinen Namen korrekt buchstabieren und noch weniger aussprechen kann, tat das Seine dazu, um die kosmische Maschine zu sabotieren.

Calvinisten haben zuweilen einen schlechten Ruf bei denen, die sich den Künsten weihen. Haben sie denn nicht auch das Tanzen verbannt, die Spielkarten, Theater und andere vergnügliche Beschäftigungen und den Sonntag für ganze Generationen von Puritanern zum langweiligsten Tag der Woche gemacht? Wenn das das Bild ist, das man von Calvinisten hat, wird einem Schleiermacher recht überraschend vorkommen – obwohl er einer der erfolgreichsten Prediger Berlins wurde. Er war sich bewußt, daß viele kultivierte Menschen Religion als engstirnige, sektiererische Angelegenheit ansahen, die weitgehend reaktionäre Moralvorschriften sowie unverständliche Dogmen ausgab und dabei die Angst vor einem rächenden Gott oder die Hoffnung auf einen illusorischen Himmel jedermann einflößte, der sich in seinen Netzen verfing.

In den *Reden* machte er sich daran, diesen Eindruck zu korrigieren, indem er zu den Wurzeln der Religion in der menschlichen Psyche zurückging. Er unterstellte, daß Religion nicht wirklich von Glaubensbekenntnissen und spekulativen Überzeugungen handele, die großenteils von ausgedörrten alten Männern ersonnen worden wären, die nichts Besseres zu tun hatten. Und in der Religion geht es nach ihm auch nicht um moralische Regeln, die von einem mediterranen Berg herabgereicht wurden, die alte Stammestabus fortschreiben, deren Grund längst vergessen ist, wenn es überhaupt je einen gegeben hat. Religion, so Schleiermacher, ist „Sinn und Geschmack für das Unendliche". Sie ist eine Angelegenheit von Intuition und Gefühl: „Das Wesen der Religion ist weder Denken noch Handeln, sondern Intuition und Gefühl" (aus der *Zweiten Rede*).

Man muß zugeben, daß diese Idee etwas schwierig zu begreifen ist. Wie soll man das Unendliche oder das Ewige oder das „Ganze" intuitiv erfassen? Wie fühlt es sich an, und woher weiß man, daß es existiert oder existiert hat? Aber so redet nur der analytische Philosoph, der gerne all das verachtet, was nicht präzise definiert und ausgedrückt werden kann. Schleiermacher will eine bestimmte Haltung begründen, einen Weg, die Lebenserfahrung ins Auge zu fassen. Und dies ist kein zu analysierender, mit Etiketten zu versehender und zu definierender Weg. Indem er um Worte ringt, sagt er, daß die Haltung, die er beschreiben will, die ist, „daß man alles individuell als Teil des Ganzen und alles Begrenzte als Darstellung des Unendlichen" akzeptiert. Heutzutage mögen wir das eine „holistische Vision" nennen, wenn man alle Dinge als Teile des Ganzen erkennt, das unaufhörlich in seinen Teilen aktiv ist, dabei aber auf unendlich viele unterschiedliche Arten gesehen wird. Jeder Mensch hat die Fähigkeit, einen Teil dieser universellen Aktion zu begreifen, aber jeder mag auch empfindlich sein für manche Besonderheiten als Vehikel des Ewigen und Bilder der Unendlichkeit, für andere aber nicht. Es kann also eine Million unterschiedlicher Formen von Religion geben, oder auch 33 Millionen Götter, da „im Unendlichen alles Endliche ungestört neben dem anderen steht", ohne Widerspruch.

Die Götter werden individuell sein, und doch werden sie zugleich gebrochene Bilder der einen unendlichen Totalität sein, die unsere Welt ist, die aber auch mehr als die Welt ist. Wie es eine der frühesten indischen heiligen Schriften sagt, der *Rigveda*, verfaßt Hunderte von Jahren vor der *Ilias*: „Die Wahrheit ist eines; die Weisen nennen sie mit vielen Namen." Die Götter haben Tausende oder Millionen von Gesichtern; aber dahinter liegt die grenzenlose Energie der gesamten Welt, ausgedrückt in unendlicher Vielfalt. Die Götter zusammen, in ihrer endlosen Vielfalt, bilden die aktive Kraft des Ganzen ab, die aktive Kraft des Seins selbst in seinen sich stets ändernden und immer besonderen Formen. Daher ächten die Anbeter Apollos nicht die Anhänger Athenes, und daher nehmen dieselben Kräfte und Götter in unterschiedlichen Kulturen unterschiedliche Namen an – Zeus, Jupiter, Ares, Mars –, während sie zugleich auch ihre Besonderheit haben. Die Götter fließen ineinander, vereinen und vermehren sich, wachsen und sterben, so wie bestimmte Bilder die Vorstellungskraft beflügeln oder ihre Anziehung verlieren und schlicht und einfach archaisch und langweilig werden.

Aber war denn Schleiermacher nur ein wenig zu nostalgisch und romantisch in bezug auf die Götter, so wie dies auch Wordsworth und Blake auf ihre Weise waren? Die gemeinsame Vision ist die einer vollständig gütigen Pluralität von Göttern und ihrer Anbeter, die alle die Unendlichkeit auf ihre jeweilige Art erfassen und eine „freundlich einladende Toleranz" gegenüber denen bekunden, die die Unendlichkeit anders begreifen. Ich denke, Schleiermachers Vision erfaßt etwas sehr Wichtiges im Zusammenhang mit religiösem Gespür, dem „Gespür für die Götter". Und obgleich Wordsworth und Blake eine ganz andere Ausrichtung der Romantik repräsentieren, ist doch ihre Dichtung ein eindringlicher Ausdruck eben dieses Gespürs. Sie alle repräsentieren die Revolte gegen den cartesianischen Mechanismus, den Wunsch nach Rückkehr zu einer poetischeren ursprünglicheren Vision; nach der die Welt, wie sie von den Menschen erfahren wird, von Anwesenheiten spricht, von Präsenz und Energie, die uns herausfordern kann, die bewegen und inspirieren kann und eine Dimension des Seins ausdrückt, die nur durch eine besondere Art der menschlichen Empfindsamkeit erfaßt wird.

Wenn das stimmt, dann wird Homers Dichtung nicht eine Geschichte realer Menschen sein, die oben auf dem Olymp wohnen. Sondern es wird eine metaphorische Personifikation jener Kräfte und Energien sein, in denen und durch welche die religiöse Empfindungsfähigkeit das Göttliche, das Ganze, das Unendliche und Ewige wahrnimmt, das sich im Endlichen und Vergänglichen abbildet. Wenn man Homer auf diese Art liest, kann er eine größere Tiefe gewinnen und selbst zur Ermutigung werden, erneut das Gefühl für die Götter in einer Welt zu pflegen und kultivieren, aus der die Götter offenbar entflohen sind.

Doch wir können die alte griechische Religion nicht zu eng an die deutsche oder englische Romantik anpassen. Es gab Kriege unter den Göttern und ihren Anhängern. Zeus selbst verdrängte und bannte seinen Vater Kronos, der seinerseits seinen Vater Uranos entmannte. Die Götter, die zu den Griechen hielten, waren überkreuz mit denen, die Troja unterstützten. Und manche Historiker der klassischen Welt nehmen an, daß das gesamte olympische Pantheon wie auch die Priester und Seher eine frühere Form der matriarchalischen Verehrung der Göttin durch militärische Kraft ersetzten.

Aber Toleranz war nicht nur nicht immer so einladend, sondern Schleiermacher erwähnte auch nicht Menschenopfer, Tempelprostitution und orgiastische Fruchtbarkeitsriten als besonders produktive Arten, das Unendliche intuitiv zu erfassen. Natürlich konnte er immer behaupten, daß derartiges nie zur „wahren Religion" gehört habe, so wie er auch behauptete, daß Metaphysik und Moral nicht dazu zählten. Das Problem ist, daß das, was er hinterließ, etwas ist, das nie existierte, außer in jener kurzen romantischen Periode der europäischen Geschichte, als die Französische und die Amerikanische Revolution für einen kurzen Augenblick eine neue Morgenröte der Menschlichkeit versprachen.

Die alte griechische Religion drehte sich eigentlich viel weniger um das „unendliche Ganze“ als dies für Schleiermachers Lehre gilt. Schließlich lebte er, nachdem die Menschen erstmals vollständig des unendlichen Ausmaßes des Universums gewahr wurden; nachdem die Vorstellungen der „Naturgesetze“ formuliert worden waren und nachdem Philosophen wie Kant und Spinoza den Begriff eines „Ganzen“ als erstrebenswerte Vorstellung für die Vernunft entwickelt hatten. Die Götter Homers aber, obwohl sie eine Art Familie sind, bilden keine übergreifende Einheit, so daß sie als Aspekte der einen und vereinten Totalität begriffen werden könnten. Sie sind zu sehr fragmentiert und zu wenig systematisiert. Doch es bleibt eben auch wahr, daß die Individualität der Götter eine relative Angelegenheit ist, und sie alle drücken aus, was jenseits ihrer phantasievoll ersonnenen Formen liegt.

Die Religion der Griechen enthielt zudem Elemente, die um einiges weniger wohlwollend waren als die, auf die Schleiermacher hinwies. Wenn er sagt: „Das Universum soll intuitiv erfaßt und auf alle Arten angebetet werden“, dann denkt er vermutlich nicht wirklich an das Kinderopfer für den Kriegsgott, damit man den Sieg im Kampf erringt. Es gibt dunkle und chaotische Kräfte unter den Göttern, und die menschlichen Beziehungen zu ihnen reichen von freimütig-utilitaristischen („ich gehorche dir, wenn du das und das für mich tust“) bis zu mystischen („Laß deine Weisheit in mir leben“).

Die Anbeter der Götter kümmern sich zudem sicherlich mehr um die kausalen Kräfte ihrer Götter, als Schleiermacher dies erlauben würde. Sie wollen sich wirklich von den Plagen befreien, eine gute Weizenernte einfahren und ihre Feinde im Krieg besiegen. Sie flehen die Götter an, ihnen bei der Gewährung ihrer menschlichen Wünsche zu helfen und ihre Menschenfurcht zu zerstreuen. Das mag unbeholfen, primitiv und auch ineffektiv sein. Düngemittel sind vielleicht ein besseres Mittel für gutes Korn auf den Feldern als ein Gebet zu Hera. Aber das Gebet zu den Göttern war im homerischen Zeitalter eben Teil der Religion. Man kann sich nur schwer vorstellen, daß diese Gläubigen sich nur und ausschließlich der müßigen Kontemplation hingeben wollten. Die Götter symbolisierten schließlich aktive Kräfte, und daher glaubte man von ihnen, daß sie von einiger Wirkung auf das Weltgeschehen wären. Natürlich wußte Schleiermacher um die Naturgesetze und wußte, daß die alten Götter vor langer Zeit schon in Pension geschickt worden waren. Für die alten Griechen aber konnten die Götter in alles Menschliche eingreifen, wenn sie es nur wollten. Welche kausalen Ursachen auch immer die Symbole der Götter bedeuteten, so konnten sie doch durch die Rituale der Menschen und ihr Flehen beeinflußt werden, und daher bezogen sie auch ihre Wichtigkeit. So scheint Schleiermachers Konstruktion der Religion – sie würde in ihrer reinen Form nur im Fühlen existieren – nicht vollständig die Komplexität der menschlichen Psyche wiederzugeben, die Art, wie die Menschen meinen, sie könnten eine kausal wirksame Beziehung zu den Göttern haben.

Auch die Art und Weise, wie Schleiermacher das religiöse Gefühl beschreibt, hat einen eindeutig aus dem späten 18. Jahrhundert stammenden Anstrich. Es ist eine berüchtigtes Stelle in der zweiten seiner *Reden*, in welcher Schleiermacher die religiöse Intuition mit dem Geschlechtsverkehr vergleicht – „wie eine bräutliche Umarmung".

> Ihr liegt dann unmittelbar an dem Busen der unendlichen Welt. Ihr seid in diesem Moment ihre Seele, denn ihr fühlt, wenn gleich nur durch einen ihrer Theile, doch alle ihre Kräfte und ihr unendliches Leben wie Euer eigenes; sie ist in diesem Augenblick Euer Leib; denn ihr durchdringt alle Muskeln und Glieder wie Eure eignen, und Euer Sinnen und Ahnen setzt ihre innersten Nerven in Bewegung.
>
> (Friedrich Schleiermacher, *Zweite Rede*)

Die Idee der Vereinigung mit dem Unendlichen in einer ekstatischen Umarmung wird heute wohl kaum, obgleich sie Dichtern wie Goethe und Wordsworth gefallen haben mag, einigermaßen häufig innerhalb der presbyterianischen Kirche erwähnt. Und sehr selten ist auch der calvinistische Prediger, der die Kanzel besteigt und erklärt: „Legt all eure Lehren und Überzeugungen beiseite. Sie sind eitle Spekulationen von toten Philosophen und Geistlichen. Legt auch all eure moralischen Regeln und Prinzipien beiseite. Sie sind das Produkt von Jahrhunderten der Sozialisation. Konzentriert euch nur auf das einzig wahre Religiöse: Ich beschwöre euch, daß ihr euch am Busen der unendlichen Welt niederlegt."

Das scheint in der Tat nicht das zu sein, was Agamemnon und Achill, diese blutdürstigen und heroischen Krieger, wirklich erstreben und noch weniger das, was Presbyterianer in der Kirche finden wollen. Trotzdem ist die Vorstellung nicht absurd, daß Krieger des Altertums und auch protestantische Geschäftsleute in genau der Vorstellung einen Sinn sähen, daß sie voller Macht und Stärke wären, voller Mut, Talent, Energie, die allesamt außerhalb ihres Bewußtseins entstehen. Und sie könnten auch das als sinnvoll ansehen, wenn sie ihr eigenes Leben als Teil dessen erkennen, was Schleiermacher ein „Werk des Weltgeistes, der zur Unendlichkeit fortschreitet" nennt oder was vielleicht eher griechisches Denken wäre: eine Teilhabe am Spiel der Götter, was den scheinbar zufälligen Launen von Glück und Pech einen tieferen Sinn und dauerhafteren Wert verleiht.

In der *Ilias* wird das Leben der Menschen in die Zwecke der Götter eingebaut – die ihrerseits zweifelsohne oft selbst willkürlich und pervers sind, zumindest aber unsterblich und auf Ziele aus, die zumindest einige der Götter wertschätzen. Sie sind von den Kräften und Werten der Götter durchdrungen, der Stärke Apollos, der Weisheit Athenes, der Wildheit von Ares. Ihre kurzen Leben sind geheiligt, von Unsterblichkeit angehaucht, der Vision einer größeren Absicht unterstellt; ihre Leben sind zudem gestärkt, um Schmerz und Enttäuschung ins Antlitz zu sehen, weil sie in Gesellschaft der Götter in der Welt wandeln.

Wenn all das eingeschlossen ist, was Schleiermacher mit Gefühl meinte, mit dem „Sinn und Geschmack für das Unendliche", was meiner Meinung nach zutrifft, dann ist der Sinn für das Religiöse nicht nur eine eher genießerische müßige Kontemplation. Es ist vielmehr ein Versuch, in einer kaum bekannten und verstandenen Welt und zudem in Gesellschaft von Lebensläufen, die kurz sind, flüchtig und eigentlich mit Sicherheit durch Gewalt enden, an dem glücklichen Leben der Götter teilzunehmen. Eine kurze Zeitspanne greifen die Menschen nach der Unsterblichkeit und fühlen zuweilen deren Macht. Sie werden nicht wirklich ewig, aber sie sehen den heiligen Berg Olymp von der Ferne. Sie sehen die Götter auf- und absteigen, um das Leben der Menschen kurzzeitig mit dem unendlichen Leben in Berührung zu bringen. Eine Weile, soweit das endlichen Wesen überhaupt möglich ist, sind diese Menschen in der Lage, alle zeitlichen Dinge unter dem Aspekt der Ewigkeit zu sehen und die „Ewigkeit in einer Stunde" festzuhalten.

Es ist Schleiermachers Stärke, daß er – naturgemäß in Begriffen der deutschen Romantik seiner Zeit – die Aufmerksamkeit auf eine spezielle Art der Erkenntnis oder Intuition gelenkt hat, die erst den Anlaß gibt, von Gott zu sprechen. Er lenkt die Aufmerksamkeit darauf, daß endliche Dinge von etwas erzählen können, das jenseits von ihnen liegt; von einer transzendenten Tiefe, die sie mit Bedeutung anfüllt, die über ihre vergängliche Individualität hinausgeht und die Verstand und Herz in eine gefühlte Einheit bringen können mit eben dieser

Quelle von Bedeutung und Macht. Die Romantiker erfassen etwas Wichtiges an den Göttern. Es ist das Element des Schreckens und der Bedrohung, das zugleich Teil der Antwort der Menschen auf die Götter ist – oder Teil dieser Art Wahrnehmung der Kräfte und Energien der erfahrenen Realität, die ja erst die Bilder von den Göttern entstehen läßt.

Rudolf Otto: das Gefühl für das Numinose

Rudolf Otto (1869–1937) lebte in finstereren Zeiten als Schleiermacher. Der berauschende Optimismus, der der Französischen und Amerikanischen Revolution folgte und der Europa zur kulturellen Vorherrschaft in der Welt brachte, kollabierte während Ottos Lebenszeit im Gemetzel des Ersten Weltkrieges. Große Kunst, so zeigte sich, war durchaus kompatibel mit moralischer Beschränktheit, und der sinnlose Tod von achthunderttausend französischen und deutschen Soldaten vor Verdun wurde untermalt von der Musik eines Richard Wagner und Richard Strauss. Unterhalb der aufgeklärten Appelle an die Vernunft warteten tiefere und verstörende Leidenschaften darauf, entfesselt zu werden, im Schlamm der Schützengräben und Heulen der Granaten und dem Schreien der Männer.

Man kann Otto nicht dafür verantwortlich machen. Aber als er über seine Zeit nachdachte, war er sich weit mehr als Schleiermacher der nicht-rationalen und oft destruktiven Kräfte bewußt, die im Menschen schlummern. Ottos großes Werk, *Das Heilige*, veröffentlicht 1917 und während des Weltkriegs vervollständigt, lokalisiert das Herz der Religion im Nicht-Rationalen. Wie Schleiermacher suchte auch Otto – und er meinte, er hätte es entdeckt – nach dem Wesen des religiösen Gefühls. Merkwürdigerweise fand er aber ein anderes Gefühl als Schleiermacher. Um sein Gefühl beim Namen zu nennen, übernahm er (und dachte zunächst, er hätte es erfunden) das Wort „numinos“; dabei gab er ihm die besondere Bedeutung als Objekt des speziellen und unverkennbaren nicht-rationalen Elements des Gefühls oder der Intuition in der Religion.

Während die Romantiker das religiöse Gefühl im Sinne einer grundsätzlich wohlwollenden Unendlichkeit erkannten, beschreibt Otto das Numinose in Begriffen des „Unheimlichen“, des „Seltsamen“ und dessen, was in uns „Schrecken voll innerem Grauen“ erzeugt. Er schildert die Geburt der Götter in der Entstehung dieses Gefühls in der Prähistorie. Den Sinn für das Numinose fasst er als den Sinn für eine Realität als *mysterium tremendum et fascinans* (derartige Ideen hören sich auf Latein stets bedeutender an).

Das Gefühl ist eines des „Versinkens“ in das „eigene Nichts“ angesichts einer „schlechthinnigen Überlegenheit“. Es enthält ein Element des Mysteriösen, weil es rational unverständlich, außerordentlich und jenseits aller Begriffe liegt. Naturgemäß kann man, da es ja jenseits aller Begriffe liegt, nicht viel darüber sagen. Aber es ist das Gefühl, mit etwas „ganz Anderem“ konfrontiert zu sein, das außerhalb jeder normalen Erfahrung liegt, vollständig anders und fremd, dem Denken nicht zu vergleichen. Es ist kein Puzzle, das wir eines Tages vielleicht verstehen werden. Es ist ein Mysterium; etwas, das der Geist eben nicht erfassen kann. Und es begegnet uns in einer besonderen Erfahrung – man möchte sagen: Es wird aufgegriffen, aber nicht begriffen und ist auch nicht zu begreifen. Otto fordert uns schlicht dazu auf, über eine derartige Erfahrung innerhalb unseres eigenen Lebens nachzudenken, und wenn wir das nicht können, dann, so schreibt er, brauchen wir sein Buch auch nicht weiterzulesen.

Das mag als gute Absicht erscheinen, dafür zu sorgen, daß das Buch tatsächlich ungelesen bleibt. Tatsache aber ist, daß es sehr bald zu einem der Klassiker religiöser Schriften wurde – eines von einer Handvoll, die man gelesen haben sollte, wenn man den gedankenvollen Diskurs über das merkwürdige Phänomen des religiösen Glaubens verstehen will. Zumindest ist es weit von dem Denken entfernt, daß die Begegnung mit den Göttern wie die mit ein paar hübschen jungen Männern oder Frauen ist, denen man auf der Straße begegnet. Obwohl Otto annimmt, die meisten Menschen hätten eine Ahnung von solchen Erfahrungen, meint er doch, daß diese Erfahrung im vollen Umfang nur auf sehr wenige Menschen beschränkt sei, auf „Wahrsager“ oder Seher, deren Leben durch die Begegnung mit dem höchsten Mysterium verändert worden sei.

Wie aber wurde deren Leben verändert? Ich nehme an, es ist wie das plötzliche Gespür, daß das ganze Leben bis zu diesem Punkt wie ein Traum gewesen ist; etwas, das zwischen Realität und Nicht-Realität schwebte, ohne jene Art solider Realität, von der man meinte, sie sei doch vorhanden gewesen. Alles, was uns einst so wichtig schien – Karriere, Wertschätzung durch andere, sogar die Liebe der Familie –, wird geringer und unbedeutend. Platon sagte das recht elegant in seinem Dialog *Der Staat*, auf den wir später zurückkommen werden. Sind wir nur einen Moment aus dem Käfig unserer Illusionen entkommen, können wir nie mehr in unser früheres Leben zurückkehren. Niemals werden wir in der Lage sein zu sagen, was wir gesehen haben, aber wir tragen gleichwohl die unerschütterliche Überzeugung in uns, daß die Dinge nicht die sind, die sie scheinen und daß unser rationales kleines Leben an der Grenze zum unendlichen Mysterium gelebt wird.

Das aber reicht noch nicht für das religiöse Gespür des Numinosen. Es mag zumeist dazu führen, daß wir permanent verblüfft sind, aber nicht viel mehr. Es soll aber noch weiteres folgen. Die numinose Erfahrung ist nicht nur ein *mysterium*, sondern auch *tremendum*. Sie enthält ein Element des besonders Schrecklichen, des „Schreckens voll innerem Grauen". Das hört sich eher nach der Erfahrung an, die man macht, wenn man einen Horrorfilm anschaut; oder wie man sich fühlt, wenn das nicht liebenswerte Baby in *Alien* aus einem menschlichen Körper herausplatzt. Das läßt einem die Haare zu Berge stehen.

Wir sehen bloß das junge Paar, das sich dem einsamen Haus auf dem Hügel nähert und ein seltsam schlurfendes Geräusch hört, sich ansieht und sagt: „Irgendwas stimmt hier nicht, Liebling." Wir erwarten nicht, daß einer der beiden sagt: „Ich glaube, ich hab' eine religiöse Erfahrung." Es ist ja kein Zufall, daß solche Geschichten zumeist als Geistergeschichten bezeichnet werden, die man gern anläßlich von Halloween erzählt, wenn die Toten auf der Erde wandeln; und es ist auch kein Zufall, daß solche Geschichten oft die Rückkehr von Toten einschließen oder von Dämonen aus der Hölle.

Wir nennen sie Dämonen, aber auf Griechisch bezeichnet *daimon* einen minderen Gott, einen dienstbaren Geist oder Genius. Für die Griechen waren alle Götter fähig, schreckliche Mächte und böswillige oder gefährliche Aspekte an den Tag zu legen. So bringt Apollo mit seiner dämonischen Seite Plagen über die griechische Armee, obgleich seine positive Seite die lichtbringenden Kräfte der Sonne verkörpert. Zeus ist der große Vater aller Götter, aber im siebten Buch der *Ilias* wird erzählt, daß, als er Unheil plante, „drohend mit Donnergetön", die griechischen Soldaten „bleiches Entsetzen" erfaßte.

Es gibt aber nicht nur das Gespür für den Schrecken. Der Schrecken ist mit dem Gefühl der überwältigenden Macht und Energie verbunden. Die Götter sind nicht bloße Geister. Sie sind enorme Energien, die nicht so sehr böswillig als vielmehr gleichgültig gegenüber dem Wohlergehen oder der Moral der Menschen sind. Sie sind die kosmischen Energien; besser noch: Energien, die ihre Natur im und durch den Kosmos ausdrücken. Sie sind wohlwollende Energien in bezug auf neues Leben und berückende Schönheit, aber eben auch furchterregende Energien von Tod und Zeit.

Alle Götter haben diesen Doppelaspekt, und nirgendwo wird das innerhalb der religiösen Literatur deutlicher als in der großen Offenbarung im elften Gesang der indischen klassischen *Bhagavadgita*, dem „Sang des Erhabenen", der um 300 vor Christus entstanden sein mag. Krishna, der in diesem Text der höchste Gott ist und als Wagenlenker des Krieges Arjuna auftritt, enthüllt diesem Arjuna seine wahre Gestalt. Er verleiht ihm das „mystische Auge", das allein die Form, die Gestalt erkennen kann. Was Arjuna nun sieht, ist die brennende, funkelnde und allumfassende, unendliche Einheit von einer Million Namen und Formen. Innerhalb der unbegrenzten Unendlichkeit sind zahllose aufgerissene Münder mit vielen Zähnen, worin früher oder später alle Wesen verschlungen werden. „Sie nahen eilend sich zu deinem Rachen, den schrecklichen, klaffend mit dräuenden Zähnen; ... wie Schmetterlinge in ein flammend Feuer" (11, 27). Götter und Krieger, Bauern und Könige werden verschlungen, „es stecken manche schon zwischen den Zähnen, man kann sie sehen mit zermalmten Köpfen": Arjuna sieht diese Vision; die Haare stehen ihm dabei voller Schrecken zu Berge (wie es Rudolf Otto erwartet). Und mit Zittern fragt er, wer das sei, den er allzu vertraut als seinen Wagenlenker angesprochen hat. Krishna, der Herr des Universum, antwortet ihm: „Ich bin die Zeit, die alle Welt vernichtet" (11, 32); schon vorher: „Ich bin der Tod, der alles raubt" (10, 34) – die Worte, die der amerikanische Physiker Robert Oppenheimer von sich gab, nachdem die erste Atombombe über der Wüste von Neu-Mexiko am 16. Juli 1945 explodiert war.

Tod und Zeit zerstören alles, und die ursprüngliche religiöse Vision schreckt nicht vor dem Gedanken zurück, daß die gleichen Götter, die erschaffen, auch zerstören. Für die Griechen zahlt es sich nicht aus, mit den Göttern allzu vertraut zu sein; es ist vielmehr weise, angesichts ihrer zerstörerischen Fähigkeiten Schrecken zu empfinden. Es ist daher auch weise, ihnen mit großem Respekt zu begegnen, und hundert Ochsen sind nur ein kleiner Preis, den man für Apollos Freundschaft entrichtet. Für alle Menschen ist das Vorkommen von Krankheit, Katastrophe und Tod etwas, dem man ins Antlitz zu blicken hat. Die Griechen hatten nicht unrecht, sich diese Vorkommnisse als dem Unwillen der Götter entsprungen zu denken, die untereinander im Streit lagen; wer aber unter die Autorität eines höheren Gottes käme, dessen Absichten mochten am Ende den Sieg davontragen. Respekt und Furcht gehören zur richtigen Einstellung den Göttern gegenüber.

Es scheint also, daß das Gespür für das Numinose dem Gefühl der steten Verwunderung noch den lähmenden Schrecken hinzufügt. Für Rudolf Otto aber ist auch diese Rechnung noch nicht vollständig. Hinzutreten muß noch das Gespür für das *fascinans*, eine berauschende Verzückung, die den Verstand auf eine veränderte, höhere Bewußtseinsebene hebt, angesichts deren die normale Erfahrung zur relativen Bedeutungslosigkeit versinkt. Mit anderen Worten ist der vollständige Sinn für das Heilige ein Sinn für eine Realität, die vollständig jenseits allen rationalen Verständnisses und aller Beschreibbarkeit liegt, die einen mit Furcht und Schrecken erfüllt, doch zugleich Faszination und unwiderstehliches Verlangen hervorruft. Ist man verblüfft, fühlt man sich paralysiert und zugleich berauscht, dann hat man das Gespür für das Numinose, das Heilige.

Dies ist also ein viel präziseres Bild des religiösen Gefühls als das von Schleiermacher oder Wordsworth. Vielleicht findet man es auch zu präzise, und es mag extrem schwer sein, zu entscheiden, ob man exakt dieses Gefühl gehabt hat, womit man zugleich niemals ganz sicher ist, ob man nun religiös gewesen ist oder nicht. Ottos Anspruch, daß dies die einzige Quelle allen religiösen Gefühls sei, ist vermutlich viel zu kühn. Religion hat noch andere Gesichter. Es gibt, wie William James es in seinem Klassiker *The Varieties of Religious Experience* sagt, viele Arten religiöser Erfahrung und viele Wege, den Göttern zu begegnen. Rudolf Otto hat nicht den einzigen entscheidenden Kern der Religion gefunden. Aber er hat sehr effektiv einige der Gefühle beschrieben, die im Menschen das Gespür für das Heilige aufkommen lassen.

Vermutlich können wir das Gefühl wiedererkennen, das uns zuweilen glauben macht, wir seien in der Gegenwart von etwas Phantastischem, das man nicht in Worte fassen kann. Es gibt ja ein Wissen, das man nicht ausdrücken kann; ein Erkennen, das sich jedem begrifflichen Denken entzieht; es gibt ein Gespür für „Anwesenheit", das unsere sämtlichen Bilder und Symbole nur schwach ausdrücken und angesichts dessen wir letztlich nur still und sprachlos sein können. Wir mögen auch die Scheu erkennen, die den Verstand angesichts der Unendlichkeit des Weltraums und der katastrophischen Gewalt von planetarischen Erdbeben und stellaren Supernovae erfüllt. Vielleicht fühlen wir unsere Hilflosigkeit angesichts von Hungersnot, Plagen und dem unvermeidlichen Tod, die durch unsere Welt toben. Und zuweilen spüren wir vielleicht die Trunkenheit, die von der Schönheit herrührt und kaum auszuhalten ist, so wie wir mit einem Mal und in einem wunderbaren Moment die Welt in all ihrer verwickelten Ordnung und unaufdringlichen Intensität wahrnehmen.

Solche Momente der „Divination" eröffnen uns die Tiefen der Realität, die man sonst nicht sieht oder spürt. Es kann sein, daß wir, wenn wir wahrhaft dieses Gefühl der erstaunten Ruhe verspüren, der furchtsamen Scheu und der ekstatischen Verzückung, dem Gefühl nahekommen, das die Götter der Griechen ausgedrückt haben. Das Problem dabei ist nur, daß sogar bei Homer die Götter ihre Macht verlieren können, eine solche Sensibilität zu bewirken, und statt dessen bloß zu zänkischen und lästigen übermenschlichen Gestalten werden, die unterhalten oder ablenken, uns aber nie inspirieren oder umformen.

Wie inspirieren die Götter überhaupt? Auf zweierlei Art: indem sie unsere Sicht der Realität vertiefen, und indem sie unsere schöpferischen Kräfte vergrößern. Die Götter gewähren uns womöglich – oder rufen in uns hervor – die Wahrnehmung einer Unendlichkeit, die jenseits und doch in den Dingen und durch die Dinge hindurchwirkt. Und angesichts dessen werden wir sprachlos, und unser Leben zerbricht zur Nichtigkeit, und doch sehen wir in diesem Licht, daß und wie eine ewige Bedeutung die Welt verklärt. Die Götter mögen uns dabei ein wenig von ihrer eigenen Unsterblichkeit überlassen und transzendieren für eine kurze Weile die normalen Grenzen unseres weltlichen Menschseins.

Können Zeus und Hera, Athene und Ares, Thetis und Apollo das bewirken? Für ihre Anhänger ja. Die Haltungen gegenüber den Göttern sind so weit gefächert, wie die menschlichen Interessen und Fähigkeiten variieren. Für manche sind die Götter Kräfte, die durch Rituale und Opfer besänftigt oder beschwatzt werden können. Für andere sind sie Dämonen, die Krankheiten verursachen, oder sie sind Geister, die Glück bringen. Es gibt Anhänger und Talismane, die das Böse abhalten sollen; es gibt Anzeichen aus der Zukunft, die man in der Leber toter Ziegen lesen kann. Rituale der menschlichen Opfer und auch sexuelle Erniedrigung spiegeln die wahrgenommene Grausamkeit und Amoralität der chaotischen Naturkräfte und die Verzweiflung jener, die danach streben, sie zu besänftigen. Es wird aber auch immer solche geben, deren Gott einen Aspekt der Welt ausdrückt, der von ihrer eigenen Geschichte und Persönlichkeit widerhallt und über die symbolische Form hinaus auf das verborgene Mysterium des Numinosen hinweist.

Jenseits der Formen, der Gestalten der Götter liegt das Formlose, aus dem alle Formen entspringen. Die Phantasie des Menschen versucht, dies zu erhaschen und im Bilde festzuhalten. Aber diese Porträts tragen dabei allesamt den Stempel ihrer menschlichen Schöpfer, und Götzenverehrung liegt dann vor, wenn man die Form für die Realität nimmt. Doch diese vorgestellten Formen können, in ihrer wahren selbst-transzendierenden Bedeutung, der Zeit ermöglichen, in Ewigkeit überführt zu werden und unserer menschlichen Wahrnehmung dieser sublunaren Welt den Weg weisen, daß sie durch eine Vision des Persönlichen verwandelt wird, das gleichwohl in tausend Namen und Formen manifestiert wird, dabei sich immer der menschlichen Sucht nach präziser Definition und Beschreibung entzieht.

Das Gespür für die Götter ist die Schau des Persönlichen in den genannten tausend Formen. Die Götter, die Unsterblichen, drücken dieses Gespür für die Ewigkeit aus, die die Zeit berührt und von dem Schleiermacher schrieb; es ist das Gespür für das unendliche Mysterium, für die schreckliche Macht und das ekstatische Entzücken, welches Rudolf Otto als das Numinose beschrieb. Zu diesen Einsichten aber muß noch ein weiteres Element hinzutreten, das Element, welches die Verfasser der Lexikon-Definitionen verleitet – im guten oder schlechten Sinne –, die Götter als „übernatürliche Personen" zu bezeichnen.

Wenn wir, anstatt nur einen Nebelmorgen am Meer zu erkennen, Thetis erblicken, wie sie früh am Morgen aus der wogenden See in den riesigen Himmel und zur Gegenwart Zeus' aufsteigt, dem Sammler der Wolken, dann erkennen wir im morgendlichen Nebel auf dem Meer eine Enthüllung der unbegrenzten Unendlichkeit, des Mysteriums, der Kraft und Schönheit, aber wir erblicken dazu noch etwas mehr.

Martin Buber: Leben als Begegnung

Martin Buber (1878–1965), ein aus Wien gebürtiger jüdischer Schriftsteller, unterrichtete in Deutschland, bis er von den Nationalsozialisten 1933 von seinem Universitäts-Lehrstuhl entfernt wurde. 1923, also sechs Jahre, nachdem Ottos *Das Heilige* veröffentlicht wurde, schrieb er ein kleines poetisches Buch mit dem Titel *Ich und Du.*

Buber beginnt mit den Worten: „Die Welt ist dem Menschen zwiefältig nach seiner zwiefältigen Haltung. Die Haltung des Menschen ist zwiefältig nach der Zwiefalt der Grundworte, die er sprechen kann." Diese Grundworte, diese ersten Worte sind „Ich – Es" und „Ich – Du".

Wenn wir die Haltung des „Ich – Es" auf unsere Welt übertragen, dann halten wir uns selbst dort heraus, so wie Menschen, die die Welt inspizieren und gebrauchen. Wir teilen sie in einzelne Gebiete von Objekten, die unserer Ansicht offen zutage liegen, auch unserer Benutzung; und unsere Beziehung dazu ist wesentlich leidenschaftslos und unengagiert – außer für bestimmte Zwecke, die wir zeitweilig verfolgen mögen.

Aber „das Grundwort Ich – Du kann nur mit dem ganzen Wesen gesprochen werden", und „wo aber Du gesprochen wird, ist kein Etwas. Du grenzt nicht." Indem man dieses Wort spricht und diese Haltung einnimmt, steht der Sprechende „in der Beziehung". Es liegt das totale Engagement der ganzen Person vor. Tatsächlich wird man nur zur ganzen Person, wenn man das Wort „Du" ausspricht: „Ich werde am Du; Ich werdend spreche ich Du."

Dieses Wort auszusprechen heißt, in eine Beziehung einzutreten, eine Beziehung, in der wir angesprochen sind und in der wir hören und antworten, mit dem ganzen Sein. Diese Beziehung ist keine zu einem Ding, sondern zu dem, was uns in und durch das Ding anspricht; gleichgültig, ob das Ding eine andere Person oder Nebel auf dem Meer oder gar ein Baum ist. „Aber ist der Satz ‚Ich sehe einen Baum' erst so ausgesprochen, daß nicht mehr eine Beziehung zwischen Menschen-Ich und Baum-Ich erzählt, sondern die Wahrnehmung des Baum-Gegenstandes das Menschen-Bewußtsein feststellt, hat er schon die Schranke zwischen Subjekt und Objekt aufgerichtet." Vor dieser Aufteilung des Bewußtseins in Subjekt und Objekt gibt es die Ureinheit der Beziehung, von Anrede und Antwort, von „Begegnung" – und „alles wirkliche Leben ist Begegnung".

Wir können nicht sagen, ob „Du" einer oder viele ist. Es ist unbegrenzt – „in jedem ‚Du' reden wir das ewige an." Aber es nimmt Form an in den Dingen, die wir auf diese besondere Art wahrnehmen, und daher hat es zahllose Namen und Formen. Die Welt ist voller Götter, und jeder Gott bezeichnet ein lebendiges und kontinuierlich erneuertes Ereignis. In einem Moment der Theophanie gilt: „Das Du begegnet mir. Aber ich trete in die unmittelbare Beziehung zu ihm." In solchen Momenten werden Götter geboren, Momente der Begegnung, in denen die ganze Fülle der wahren gegenseitigen Handlung liegt. Da ist eine unausdrückbare Bekräftigung der Bedeutung, eine Bedeutung nicht in einer anderen Welt, sondern in dieser gegenwärtigen.

Für all die, die sämtliches Gespür für die Götter verloren haben, ist der Gedanke an einen deutschen Universitätsprofessor, der zu den Bäumen redet, im Höchstmaß absurd. Und doch geht es dabei nicht um das Reden zu einem Baum, und auch nicht darum, zu einer übernatürlichen Person oder Dryade zu sprechen, die womöglich unsichtbar in einem Baum lebt. Es ist eine besondere Art, in der Welt zu sein, sie wahrzunehmen, als ein beziehungsreiches Ereignis oder eine Form der Begegnung, die persönlich ist und doch so viel mehr und so zutiefst anders. Wenn dieses Gespür der Begegnung zum Gespür für die Unendlichkeit hinzutritt, für das Mysterium, für Bedrohung und Schönheit, die uns zuweilen und oft überraschend überkommt, dann ist da auch das Gefühl für die Götter, das in Homers *Ilias* schon schwächer wird, aber noch anwesend ist.

Wenn man voller Einfühlung über Gott sprechen soll, ist das der Ort um anzufangen: nicht mit abstrakten Definitionen oder endlosen Diskussionen, sondern mit dem Gespür für das Erhabene, das Unendliche, das Numinose, dem Gefühl eben für die Götter.

Epilog: das Zeugnis eines Säkularisten

Im Jahre 1890 hat der Anthropologe James Frazer aus Cambridge die erste Ausgabe von *The Golden Bough* – „Der goldene Zweig“ veröffentlicht, einem der Klassiker der vergleichenden Religionswissenschaft. Er sah den Triumph der Wissenschaft kommen, und dementsprechend dachte er an den Untergang der Religion, und sein Buch war zum großen Teil ein Kompendium dessen, was er für Aberglauben und falschen Glauben hielt. Einer literarischen Blüte am Zweig konnte er aber nicht widerstehen, und der letzte Absatz seines zwölfbändigen Werks lautet so:

> Noch einmal nehmen wir die Straße nach Nemi. Es ist Abend, und als wir die lange Steigung der Via Appia zu den Albaner Bergen hinaufgehen, schauen wir zurück und sehen den Himmel rot im Sonnenuntergang, mit dem goldenen Kranz, der wie die Aureole eines sterbenden Heiligen über Rom liegt und die Peterskirche mit einem Feuerkamm berührt. Dieser einmalige Anblick kann niemals vergessen werden, aber als wir uns abwenden und unseren immer finsterer werdenden Weg den Berg hinauf nehmen, kommen wir doch noch bis nach Nemi und schauen hinunter auf den See in seiner tiefen Mulde, der in den abendlichen Schatten beinahe verschwindet. Der Ort hat sich wohl verändert, aber nur wenig, seitdem Diana die Verehrung ihrer Anbeter im heiligen Hain empfing. Der Tempel der Waldgöttin ist in der Tat verschwunden, und der König der Wälder steht nicht länger Wache über dem Goldenen

Zweig. Aber Nemis Wälder sind immer noch grün, und als über ihnen im Westen die Sonne untergeht, kommt, vom Winde getrieben, zu uns der Klang der Kirchenglocken von Aricia herüber, die das Angelus läuten, *Ave Maria*! Süß und feierlich läuten sie aus der fernen Stadt herüber und sterben allmählich über die weiten Sümpfe der Campagna. *Le roi est mort, vie le roi! Ave Maria!*

(James Frazer, *Der Goldene Zweig*, S. 856)

Sogar der Apostel des Säkularismus war, dies ist ganz eindeutig, nicht immun gegenüber dem Gefühl für die Götter.

Zur weiteren Lektüre

Homer, *Ilias*, deutsch von Hans Rupé, Düsseldorf/Zürich 2001.

Zur Information über mythologische Götter allgemein siehe: Arthur Cotterell, *Dictionary of World Mythology*, Oxford 1986 oder Herbert Hunger: *Lexikon der griechischen und römischen Mythologie*, Purkersdorf 2006 bzw. Robert von Ranke-Graves: *Griechische Mythologie*, Reinbek b. Hamburg 2003.

Friedrich Schleiermacher, *Über die Religion. Reden an die Gebildeten unter ihren Verächtern*, Hamburg 2004.

René Descartes, *Discours de la Méthode. Von der Methode des richtigen Vernunftgebrauchs und der wissenschaftlichen Forschung*, Hamburg 1997. Hier findet man eine kurze und lesenswerte Darstellung von Descartes' Ansichten über Gott, Verstand und Körper.

Rudolf Otto, *Das Heilige. Über das Irrationale in der Idee des Göttlichen und sein Verhältnis zum Rationalen*, München 1991.

Obwohl ich nicht ausdrücklich darüber gesprochen habe, hier noch ein weiterer Klassiker zum Thema: William James, *The Varieties of Religious Experience*, London, Collins 1902 (deutsch: Die Vielfalt religiöser Erfahrung. Eine Studie über die menschliche Natur, Frankfurt a. M. 2003).

Martin Buber, *Ich und Du*, Gütersloh 1997.

Die Bhagavadgita, übers. u. hrsg. v. Klaus Mylius, München 1997.

Die Gedichte können im englischen Original gefunden werden in: Paul Keegan (Hrsg.), *The Penguin Book of English Verse*, London 2005.

Für Wordsworth empfiehlt sich außerdem die Ausgabe: William Wordsworth, *The Complete Poems*, London 1997.

2. Jenseits der Götter

Worin die Leser eingeladen werden, über das nachzugrübeln, was ein Prophet ist; sie werden entdecken, daß Satan keineswegs schlecht war und niemand wirklich den Namen Gottes kennt. Die Leser werden auch ins Rambam eingeführt und werden erfahren, wie wenig Thomas von Aquin über Gott wußte, obwohl Maimonides noch weniger wußte. Man wird auch herausbekommen, wie Pseudo-Dionysius war, und man wird sehr viele Worte lesen, die lang und breit ausführen, daß über Gott nicht viel gesagt werden kann.

Propheten und Seher

Das Gespür für die Götter wird am besten durch Dichtung erzeugt, und es wäre falsch, eine derartige Dichtung zu wörtlich zu nehmen. Religion ist keine Fiktion, und in der Religion werden Wahrheitsansprüche erhoben, wenn auch in indirekter und beschwörender Form. In der Geschichte des religiösen Denkens sind solche Ansprüche hauptsächlich auf dem Leben und den Lehren der Propheten begründet, von Menschen also, die eine besondere Empfindsamkeit auf dem Gebiet des Heiligen oder Göttlichen besitzen.

Es gibt in der *Ilias* Propheten, und tatsächlich stammt das Wort Prophet aus dem Griechischen. Man nennt sie auch Auguren (ein religiöser Offizieller, der die Zeichen interpretierte, die aus dem Verhalten von Vögeln, dem Zustand von Eingeweiden etc. abgeleitet wurden, und dementsprechende Ratschläge erteilte) und Seher (ein Mensch, der angeblich übernatürliche Einsichten hat und zu Visionen fähig ist).

Wie es das erste Buch der *Ilias* beschreibt, suchte Achill einen Seher oder Wahrsager auf, der die Zeichen der Zukunft lesen oder auch Träume deuten konnte, um zu erfahren, warum Apollo zürnte. Der Seher Kalchas, „der erkannte, was ist, was sein wird oder zuvor war“, stand auf und erklärte, daß des Gottes Zorn nur mit der Rückgabe der entführten Tochter eines Apollo-Priester durch Agamemnon und durch ein heiliges Opfer besänftigt werden könnte. Mit anderen Worten litten die Griechen wegen der Beleidigung eines Gottes, einer Untat, die wiedergutgemacht werden mußte, wobei das Opfer ihre Absicht besiegeln würde, das richtigzustellen, was zuvor falsch gemacht worden war.

Seher haben das Gespür für die Anwesenheit des Heiligen. Sie fühlen die wilde und ekstatische Macht, die in der Natur zu spüren ist, im Schicksal und im Geiste des Menschen. Indem sie in die Tiefen des menschlichen Geistes schauen, die Zeichen der Zeit erkennen und den Rhythmus der natürlichen Welt spüren, sehen sie umrißhaft den Samen der Zukunft schon in der Gegenwart, und aus dem, was sie vorhersehen, empfehlen sie Taten, die entweder vielversprechend sind oder auch fehlleiten.

Der moderne Menschenverstand sieht die Natur als eine Maschine an, in welcher die menschlichen Geister, wenn sie überhaupt wirklich existieren, jedenfalls isoliert sind. Die alten Griechen aber sahen die Natur als ein dynamisches Miteinander von lebendigen Geistern, mit Menschen als Teil einer gewaltigen Hierarchie von Geistern, wovon ein jeder etwas dem Bewußtsein und Willen Analoges besaß. Der Seher betritt diese verborgene Welt, deren äußere Erscheinung und Ausdruck die Natur und die Geschichte sind. Der Seher will Beziehungen herstellen, die für das menschliche Wohlergehen sorgen, und er will die Kräfte der Weisheit und Heilung zurückholen, die womöglich die Sorgen der Menschen lindern.

Die Götter werden nicht nur gespürt. Sie handeln auch. Sie senden Zeichen – Zeus sendet mit der Rechten Blitze als Zeichen für Glück, mit der Linken für Unglück. Die Götter schicken uns die Träume, tauchen in Visionen auf und bringen Verborgenes ins Bewußtsein. Sie geben die Kraft zur Heilung und schicken Plagen und Krankheiten, so daß die Propheten etwas zum Heilen haben. Propheten sind die Mittler zu den Göttern; sie lesen deren Zeichen, sehen ihre visionären Erscheinungen, hören ihre Worte und vermitteln ihre Macht.

Im alten Griechenland wurden die Propheten regelmäßig von Herrschern aufgesucht, und wenn sie auch Dinge sagten, die die Herrscher womöglich nicht akzeptierten – Agamemnon wollte nicht hören, was Kalchas sagte –, so hatten sie doch beträchtlichen Einfluß auf staatliche Angelegenheiten. Natürlich gibt es solche und solche Propheten. Die meisten davon waren in ihrem Job einigermaßen schlecht. Viele (manche sagen auch: alle) waren Illusionen und persönlichen Phantasien unterworfen. Manche waren geradezu Schwindler. Nur wenige hatten mit ihren Prophezeiungen recht und blickten sehr tief in den Verlauf der Geschichte und die Herzen der Menschen.

Die Propheten Israels und der Monotheismus

Am östlichen Ende des Mittelmeers hatten die zwölf nomadischen Stämme, die zusammen das duale Königreich von Israel und Juda schufen, auch ihre entsprechenden Quoten an Propheten, wie die meisten Stammesgesellschaften jener Zeit. Ihre Propheten interpretierten, wie diejenigen der anderen Stämme, die Zeichen und Hinweise der Götter; sie waren Seher der Zukunft. Offenkundig hatten sie etwas, das als Urim und Thummin bezeichnet wurde (vielleicht zwei Steine), mit deren Hilfe sie den Willen der Götter bestimmten (vgl. 1. Samuel 14,41). Niemand weiß genau, was Urim und Thummin waren oder wie sie benutzt wurden, aber diese Methode der Wahrsagung scheint doch etwas weniger schmutzig zu sein als der Blick auf die Eingeweide von Ziegen. Vielleicht wurden die Steine geworfen, und wer mit der Oberseite aufkam, bestimmte ein „ja“ oder ein „nein“ als Antwort auf eine Frage.

Die Propheten schliefen in heiligen Hainen, hofften auf Träume oder Visionen, die ihnen die verborgenen Mysterien der Götter enthüllten. Joseph war sehr erfolgreich darin, Träume zu interpretieren, und er schlug die eingeborenen ägyptischen Propheten in einer Reihe von Traumdeutungs-Wettbewerben. Visionen waren fast an der Tagesordnung und Allgemeingut. Ein repräsentatives Beispiel dafür bietet der Bericht, wie Abraham seinen Gott und zwei seiner göttlichen Diener sah und mit ihnen sprach; sie verkündeten ihm, daß er einen Sohn haben würde (Genesis 18).

Die Propheten sangen und tanzten, suchten eine Form der ekstatischen Besessenheit durch die Götter, die ihnen in schwierigen Zeiten eine Wegweisung gäben. Sie konnten von diesen Göttern sogar besessen sein. Typisch für einen solchen Bericht ist 1. Samuel 10,5–6: „… dir wird begegnen ein Haufe Propheten, von der Höhe herabkommend, und vor ihnen her Psalter und Pauke und Flöte und Harfe, und sie werden weissagen. Und der Geist des Herrn wird über dich geraten, daß du mit ihnen weissagst; da wirst du ein anderer Mann werden.“ Diese besonders lautstarke Gruppe von Propheten suchte die Hilfe der

Musik, um den Geist des Gottes anzuziehen, der sie besessen hatte und sie zu anderen Menschen machte – zu Vehikeln des Gottes.

Schließlich kultivierten die Propheten bestimmte psychische Fähigkeiten, die ihnen die Macht über die natürliche Welt gaben und über die Dämonen, die Krankheit bewirken. Der Prophet Elias war besonders gut in Wundern. Er konnte aus dünner Luft etwas zu essen zaubern, konnte Tote wieder zum Leben erwecken (1. Könige 17,8–24), Feuer vom Himmel herabbeschwören (1. Könige 18 und 2. Könige 1); und um all dies noch zu überbieten, beendete er sein irdisches Leben, indem er in einem Feuerwagen zum Himmel auffuhr und nicht mehr gesehen ward (2. Könige 2,11). Das muß schwierig nachzumachen gewesen sein.

Alles in allem waren diese Propheten des alten Israel denjenigen sehr ähnlich, die in der *Ilias* erwähnt werden und zudem in vielen alten Gesellschaften bekannt sind. Sie waren Zeichendeuter, sie erfuhren heilige Visionen, waren zuweilen von Göttern besessen und kultivierten fleißig ihre übernatürlichen Kräfte.

Und doch geschah etwas im alten Israel, das nie im alten Griechenland zuvor passiert war. Die eigene Göttererfahrung der Propheten brachte sie an einen Punkt, an dem sie die Götter selbst transzendierten und hinter sich ließen. Es ist wahrscheinlich, daß dies in vollem Umfang erst um 550 vor Christus geschah, als die Juden nach ihrer Niederlage gegen das Babylonische Reich in das babylonische Exil kamen. Damals wurde eine Sammlung von Orakeln und Gedichten aufgeschrieben, die heute die Kapitel 40 bis 55 des Buches Jesaja im Alten Testament bilden. Gewöhnlich meint man, es hätte nicht weniger als drei Jesajas gegeben bzw. Sammlungen prophetischer Bücher, die vielleicht dann im Buch Jesaja zusammengelegt wurden, und das erwähnte ist als das zweite Buch Jesaja bekannt (noch grandioser als „Deutero-Jesaja").

Die dort ausgesprochenen Ansichten sind indes der Gipfelpunkt einer langen Tradition, die im zwölften oder elften Jahrhundert vor Christus begann und vor allem mit Moses verbunden wird, dem Propheten aus dem Ägypten des 13. vorchristlichen Jahrhunderts. Jesaja II ist einer der großen Dichter der alten Welt, dessen Dichtung sich gut mit der *Ilias* vergleichen läßt, und unter seinen Händen entwickelte sich die jüdische Gottesidee auf dramatische Weise.

So wie Homer die Muse anrief, sie möge ihn inspirieren, so ist auch dieser Jesaja von einem Gott inspiriert, der zu ihm spricht und ihm mitteilt, was er sagen solle. Dieser Gott aber erhebt wesentlich größere Ansprüche als irgendeiner der homerischen Götter. Dieser Gott erklärt unzweideutig: „Der Herr ist der ewige Gott, der Schöpfer des Endes der Erde."

Zeus war noch kein solcher Gott. Er hatte Frau und Eltern, und obgleich er der mächtigste Gott war, war er nicht der erste. Sein Vater war ein Titan namens Kronos, und wenn man noch weiter zurückgehen wollte, gelangte man zu den Urkräften von Erde und Himmel, und noch weiter zurück zum Ur-Chaos oder Abgrund, von woher alle Götter stammten. Aber es gab keinen Schöpfer, und sämtliche aktiven Kräfte der Natur, des Schicksals und des Verstandes waren schlicht aus ursprünglichen und weniger aus rationalen und persönlichen Kräften entsprossen. Die Welt entstand als Ergebnis eines titanischen Kampfes um Leben und Macht, so wie die Götter sich veränderten, entwickelten, anpassten, zusammenstießen und aufeinanderfolgten.

Im Gegensatz dazu hatte der Gott Mose und Jesajas, der Gott der Propheten, keine Eltern. Dieser Gott war nicht aus der Erde oder dem Chaos geboren. Sondern Gott schuf die Erde: „er breitete die Himmel aus wie einen Vorhang", und er nennt die Sterne beim Namen. Gott ist der Vater aller Dinge und rief diese Dinge durch sein Machtwort ins Leben. So setzt Jesaja an den Anfang aller Dinge ein machtvolles Wesen voller Wissen und Kraft, voller Willen und Bewußtsein. Gottes Macht ist so groß, daß sie ihresgleichen nicht hat: „Vor mir war kein Gott, noch soll einer nach mir sein … Ich bin der erste und ich bin der letzte; außer mir ist kein Gott."

Der Anspruch lautet, daß es tatsächlich nur einen Gott gibt, der alles durch sein Wort berief, alle himmlischen Scharen (die heute als irgendeine Art von Engeln gelten), alle Sterne, den Himmel, die Erde und das Meer und alles Lebendige.

Es war nicht das erste Mal, daß man dieser Idee folgte. Im Jahre 1363 vor Christus hatte Echnaton von Ägypten die Anbetung Atens eingeführt, des einen Gottes, was aber vollständig fehlschlug. Die Leute und vor allem die Priester, die von einem drastischen Verlust an Einkünften bedroht waren, zogen weiterhin ihre alten bekannten Götter vor. Und nicht lange vor Deutero-Jesaja hatte Zoroaster die Anbetung des einen Gottes Ahura Mazda in Persien eingeführt. In Griechenland, wo Homers *Ilias* damals in geschriebene Form gebracht wurde, verspottete Xenophanes die Alten wegen des griechischen Götterpantheons, hatte dabei aber kein Interesse, ihnen eine positive Alternative anzubieten. Nur unter den Israeliten schlug die Idee des Monotheismus, des einen Schöpfergottes wirklich an.

Wer war dieser israelitische Gott, und wie war sein Name? Kurios ist, daß niemand diesen Namen kennt. Es gibt in der hebräischen Bibel viele Namen für Gott, und vielleicht bezogen sie sich einst auf unterschiedliche Götter. Es gibt aber einen Hauptnamen – JHVH. Im geschriebenen Hebräisch gibt es keine gedruckten Vokale, daher muß man raten, was zwischen die vier Buchstaben eingefügt wurde oder werden muß. Man nennt sie das Tetragrammaton, die „vier Buchstaben", und nach dem Jahre 300 vor Christus wurde dieser Name vermutlich nie mehr ausgesprochen, weil man fühlte, daß er dafür zu heilig sei. Statt dessen wurde die Umschreibung „Adonai", das hebräische Wort für „Herr", benutzt. Im Mittelalter versuchte man, die Vokale von „Adonai" zwischen die Konsonanten von JHVH zu schieben. Das Ergebnis war „Jehoviah" oder „Jehovah", ein erfundenes Wort, das kein respektabler Jude je auszusprechen gewagt hätte. Wir können sicher sein, daß, wie auch immer der Name dieses Gottes lautete, es nicht Jehovah war. Die meisten Gelehrten denken, es könnte „Jahweh" gewesen sein, was zumindest hebräisch klingt. Daher ist dies der Name, den ich hier benutzen will, obgleich es nur eine Annahme ist.

Ein Bericht darüber, wie dieser Name in Gebrauch kam, findet sich im alttestamentarischen Buch Exodus, Kapitel 3. Der Prophet Moses (auf hebräisch Moshe, obwohl es ursprünglich ein ägyptischer Name ist) hatte die Vision eines Gottes, der ihm in der Flamme eines brennenden Busches erschien und behauptete, der Familiengott Abrahams und seiner Nachkommen Isaak und Jakob zu sein. Moses hörte die Stimme dieses Gottes, der versprach, Abrahams Nachkommen aus der Sklaverei in Ägypten zu befreien. Moses erhielt die Macht, verschiedene Wunder zu bewirken – sein Stab konnte sich zur Schlange verwandeln, seine Hand konnte leprös werden und danach wieder vollständig geheilt, und er konnte Wasser in Blut verwandeln. Und er hatte die Macht erhalten, zehn große Plagen vorherzusagen, die die Ägypter treffen sollten. Kurz, Moses wurde im Nu ein Prophet, der sich auszahlte.

Als er seinen Gott nach dem Namen fragte, erhielt er die Bemerkung: „Ich bin der, der ich bin", was sich bemerkenswert ähnlich anhört wie „Kümmere dich um deinen eigenen Kram". Dieser Gott sagte dann: „Sag dies dem Volke Israel: ‚JHVH hat mich geschickt …'" JHVH könnte aber sehr wohl die dritte Person Singular des hebräischen Verbs HaYaH sein, was „sein" bedeutet. So würde es also heißen „Er (oder Es) ist", oder auch „Er (Es) wird sein", oder sogar, wenn man einen leicht veränderten Vokal einsetzt, „Er (Es) gibt Anlaß zu sein". Und darin liegt ein Sinn – repräsentiert auch von der hebräischen Weigerung, den Namen auszusprechen – daß der Name Gottes, der die innere Natur Gottes enthüllt, jenseits allen menschlichen Wissens ist. Der Gott Abrahams, Isaaks und Jakobs ist der unbekannte Gott, den man nicht kennen kann.

Man sollte niemals denken, daß in der jüdischen Gottesidee Gott so etwas wie ein Mensch ist. Kennzeichnend für den jüdischen Tempel in Jerusalem ist, daß das innere Sanktuarium, in welchem sonst das Bild des Gottes stand, leer war. Es gab kein gehauenes Bild darin. Einst hatte es in jenem kleinen dunklen Raum, den nur der Hohepriester betreten durfte und das auch nur einmal im Jahr, eine kleine Holzkiste gegeben, mit Gold bedeckt, die von zwei Engelfiguren gehalten wurde. Es war dies kein Bildnis Gottes, und tatsächlich war das Verbot, jede Ähnlichkeit mit Gott herzustellen, eines der berühmten Zehn Gebote, die Moses angeblich direkt von Gott erhalten hat.

Wie der Deutero-Jesaja (40,18) sagt: „Wem wollt ihr denn Gott nachbilden? Oder was für ein Gleichnis wollt ihr ihm zurichten?" Christliche Künstler haben Gott überall gemalt. So leuchtet Gott unter anderem von der Ecke der Sixtinischen Kapelle herab, direkt im Vatikan. Juden (und Moslems) sind darüber oft schockiert. Es ist bei ihnen vollkommen verboten, eine Darstellung Gottes zu geben. Gott ist nicht wie irgend etwas. Als Moses nach dem Namen Gottes fragte, fragte er in Wahrheit danach, wie Gott sei, welches seine innere göttliche Natur sei. Die Antwort, maßgeblich für alles folgende jüdische Denken, war, daß Gott ohne Form ist, unbegrenzt, ungreifbar und vollkommen unbegreiflich.

Jenseits der Götter, der personalisierten Aspekte der natürlichen und menschlichen Welt, die so viel zur Festlegung des menschlichen Geschicks tun, liegt nicht nur ein viel größerer Gott, größer als alle anderen, sondern etwas unendlich Mysteriöseres und Unbegreiflicheres – das Jenseits, das Unsagbare.

Basilius, Gregorios von Palamas und Maimonides: der apophantische Weg

Haben die Griechen an ein solches Jenseits geglaubt? In der *Ilias* gibt es verborgene Hinweise auf eine Kraft jenseits der Götter, die sogar diese Götter nicht umstürzen können; es ist die Macht des Schicksals. Aber es bleibt eine dunkle und schattenhafte Realität, weit entfernt von jeder Beziehung zu Menschen oder selbst zu den Göttern. Die Götter, denen die Menschen sich in Gebet und Opfer verbinden, spielen ihren eigenen Part auf einer mehr als menschlichen, einer unsterblichen Bühne. Nur bleibt der Verfasser dieses Parts ungenannt und unbeschrieben.

Von einem jüdischen Standpunkt aus versuchen die, die die Götter anbeten, die Anwesenheiten zu spüren, die allem Schönen und Erhabenen in der endlichen Welt zugrunde liegen. Aber die großen hebräischen Propheten nötigen uns, über diese Anwesenheiten hinauszugehen, bis hin zum Formlosen, der unausgesprochenen Ruhe, über die letztlich nichts gesagt werden kann.

Trotzdem ist der Gott Mose nicht einfach das Nichtssagende, obgleich es jenseits aller endlichen Formen liegt. Wenn dieser Gott sagt „Ich bin", dann sagt er nicht einfach „Kümmere dich um deinen eigenen Kram", sondern er – es – sagt: „Jenseits aller Dinge ist das, was alles Seiende entstehen läßt. Seine Existenz ist so erfüllt, daß der Verstand, der denkt, indem er Definitionen und Abgrenzungen gibt, es dennoch nicht schauen kann. Es ist das unbeschränkte Sein, dessen Macht unbegrenzt, dessen Schönheit endlos ist. Es ist nicht weniger als das Beste, das man sich vorstellen kann. Es ist unendlich mehr und ganz anders als alles, was man sich je denken kann."

Diese Unterscheidung von äußerst erhabenen Ideen, die wir von Gott haben, und der wahren inneren Natur Gottes wird in der orthodoxen christlichen Tradition sehr deutlich aufrechterhalten und ist seitdem grundlegend geblieben. Basilius der Große (ca. 330–379) schrieb: „Im Hinblick auf die Namen, die wir Gott beimessen, enthüllen diese seine Energien, die auf uns herabkommen, uns aber seinem Wesen nicht näherbringen, welches unnahbar ist." Diese Unterscheidung zwischen „Wesen" (*ousia*) Gottes, das immer unbekannt bleibt, selbst den Engeln, und seinen „Energien" (*energeia*), wodurch Gott sich bekannt und spürbar macht, wurde von dem orthodoxen Theologen Gregorios von Palamas festgelegt (1296–1359), der wiederholte, daß „die göttliche Natur nicht durch sich begreifbar ist, sondern durch ihre Energie". Orthodoxe Denker lenken die Aufmerksamkeit für gewöhnlich nicht nur auf die Vision des brennenden Busches, sondern auch auf Mose Besteigung des Berges Sinai, als er auf der Bergeshöhe auf „dichte Dunkelheit" traf. Das war alles, was letztlich von der Anwesenheit Gottes gewußt werden konnte. Jenseits der Götter und aller endlichen Formen des Göttlichen ist es die Dunkelheit, die Gott auf immer umhüllt und alle menschlichen Gedanken und Bilder in Frage stellt.

Während es den Anschein hat, daß die hebräische Bibel voller anthropomorpher Bilder Gottes ist, wie er auf den Wolken reitet oder mit den Patriarchen wandelt, werden all diese Bilder relativiert, wenn ihnen nicht gar widersprochen wird sowohl von der christlichen als auch der jüdischen Tradition. Im Judaismus wird die klarste Darstellung davon von einem der größten jüdischen Denker aller Zeiten gegeben.

Moses Maimonides (1135–1204), den jüdischen Schriftstellern als Rambam bekannt (ein Wort, das aus den Anfangsbuchstaben von Rabbi Moses ben Maimon gebildet wurde), wurde in Córdoba, Spanien, geboren; später lebte und starb er in Kairo. 1190 schrieb er ein Buch, einen *Führer der Unschlüssigen* (Moreh newuchim), der den Versuch unternahm, die biblische Offenbarung mit dem Denken Aristoteles' zu verbinden. Der Titel seines Buches ist eher ironisch, denn wenn man noch nicht verwirrt war, als man es zu lesen begann, ist man dies sicherlich, wenn man das Buch gelesen hat. Manche meinen, es hätte heißen sollen „Führer für all jene, die noch verwirrter werden wollen, als sie es schon sind“. Bis heute streiten sich die Gelehrten darüber, ob Maimonides die definitive Darstellung des jüdischen Denkens gab oder eher subtil den jüdischen Glauben insgesamt unterminierte. Der Streit kommt auf, weil die Menschen sich nicht darauf einigen konnten, ob Aristoteles wirklich mit der prophetischen Offenbarung in Einklang gebracht werden kann. Zum Glück müssen wir uns auf diesen Streit nicht einlassen. Was Maimonides über Gott sagt, hat eine gute Basis: Es beruht nicht auf Aristoteles, sondern auf Mose prophetischer Einsicht, daß der Name (und damit auch die Natur) Gottes jenseits aller Beschreibung liegt und kein Ergebnis der menschlichen Vorstellung je der Realität Gottes adäquat sein kann.

So schreibt Maimonides, „daß Gott kein Körper ist und daß es zwischen ihm und seinen Geschöpfen durchaus keine Ähnlichkeit in irgendeiner Hinsicht gibt ... der Unterschied besteht in der Art der Existenz“ (*Führer der Unschlüssigen*, I, Kap. 35). Die absolute Differenz von Gott und allem anderen ist grundlegend für das jüdische prophetische Denken. Dies bedeutet, daß keines der Symbole und Bilder Gottes in der Bibel im Wortsinne auf Gott angewendet werden kann.

Gott hat laut Maimonides keine positiven Attribute; die negativen Attribute Gottes sind die wahren. Wir können nicht wissen, was Gott in Wahrheit ist; nur, was er nicht ist. Man kann alles in der Welt studieren und sagen: „Dies ist nicht Gott.“ Man kann alles durchgehen, was man sich vorstellt, und sagen: „Dies ist nicht Gott.“ „In ebensolcher Weise bringen dich die verneinenden Aussagen der Erkenntnis und den Begriffen Gottes näher“, so Maimonides (I, 60). Gott ist kein Felsen, kein Baum, kein Tier, keine Person, kein Unwissender, kein Weiser, kein Böser, kein Guter, nicht viele, nicht einer … Das nennt man den apophantischen Weg (vom griechischen Wort für „leugnen"). Sich dem Unendlichen nähern, indem man das Endliche ausschließt.

Aber das hört sich allmählich erschreckend an. Wenn Gott nicht weise, gut oder auch nur einer ist, worüber reden wir dann eigentlich? Nach Maimonides streiten wir dies ja nicht einfach alles ab. Wir leugnen nur einen besonderen Weg. Es ist so, „daß alle Wissenschaften, die in den Büchern des Pentateuch und der Propheten vorkommen, zu keinem anderen Zwecke angeführt werden, als uns auf die Vollkommenheit Gottes hinzuleiten … um die von ihm ausgehenden Wirkungen zu bezeichnen", sagt er (I, 60). Gott die Eigenschaften zuzuschreiben, die uns gut scheinen, hieße, Gott zu erniedrigen. Wir müssen einfach anerkennen, daß Gott unendlich mehr ist, als wir uns je vorstellen können. Aber natürlich müssen wir auch erkennen, daß Gott nicht weniger ist, und vielleicht übertreibt Maimonides hier seine Sache. Aber er setzt auch hinzu, daß alle Perfektionen wirklich in Gott existieren müssen, obgleich wir sie uns keinesfalls vorstellen können. Wenn man die Wahl hat, zu sagen, Gott ist dumm und Gott ist weise, muß man die Weisheit wählen. Man muß aber hinzufügen, daß Gott nicht weise ist, so wie wir weise sind – wie Jesaja sagt: „Meine Gedanken sind nicht deine Gedanken … sagt der Herr … denn wie die Himmel höher sind als die Erde, so sind meine Wege höher als deine Wege" (Jesaja 55,8).

So schreitet unser Wissen über Gott voran – indem wir bemerken, daß die Quelle alles Seins in jeder Hinsicht unendlich größer ist als alles, woran wir denken können, und daß in der Tat dieses Sein jenseits unserer höchsten Gedanken liegt. Dies ist das abschließende „Nein" gegenüber jedem Versuch, sich Gott als übernatürliche Person vorzustellen. „Derjenige aber, der ihm eine Eigenschaft positiv zuspricht, kennt nichts als den Namen dieses Wesens; das Wesen aber, dem … dieser Name zukommen soll, ist nicht ein wirklich vorhandenes Ding …" (I, 60). Das ganze Universum hat eine Ursache, und wir können uns diese Ursache als den Schöpfer vorstellen – ein Wesen mit immensem Wissen und entsprechender Kraft und Macht. Aber wir müssen immer im Auge behalten, daß wir nicht wirklich angefangen haben, es zu verstehen.

Wieso sprechen wir dann von Gott, als ob er eine Person wäre oder zumindest ein persönliches Wesen mit solchen Eigenschaften wie Wissen und Macht? Weil die unkenntliche Realität, die wir „Gott" nennen, mit uns auf eine solche Weise zusammenhängt, die wir uns nur durch den Gebrauch von Symbolen vorstellen können – Symbole eines Vaters, eines Felsens, eines Richters, eines Schäfers, eines Kriegers.

Woher wissen wir aber, daß diese Symbole dem gemäß sind, das doch vollkommen unkenntlich ist? Die jüdischen Propheten meinen, daß das unbegrenzte Wesen einen endlichen Namen und eine endliche Form annimmt, damit es mit uns in Verbindung treten kann. Und obwohl diese Form sich vollkommen von dem unterscheidet, was Gott wirklich ist, können wir sie als die unserem schwachen Geist am besten geeignete anerkennen, weil diese Form zu uns als überwältigende und vollkommen überzeugende Erfahrung kommt.

Das ist die Erfahrung des Propheten, der ergriffen ist von der überwältigenden Manifestation des Unendlichen, das sich selbst entleert und zur endlichen Form begrenzt, damit es in Verbindung treten kann zum Leben der Menschen. Propheten sind selten, weil die meisten von uns mit einer solchen Enthüllung der Wirklichkeit nicht fertig würden. Gott sagt zum Propheten Moses: „Du kannst mein Antlitz nicht sehen; denn der Mensch soll mich nicht sehen und leben" (Exodus 33,20). Doch Moses soll mit Gott von „Angesicht zu Angesicht" gesprochen haben (Exodus 33,11). Das mag wie ein Widerspruch erscheinen. Aber es kann auf paradoxe Weise auch eine tiefere Wahrheit aussprechen. Das wahre Antlitz Gottes, des wesentlichen Seins, ist in der Wolke der Herrlichkeit verhüllt. Aber Gott spricht zu Moses mit dem Gesicht eines Engels, seiner endlichen vergänglichen Form. Nach solchen Begegnungen war das Antlitz Mose von einem unirdischen Leuchten erfüllt; so schrecklich aber für andere, daß er sein Gesicht mit einem Schleier verhüllte.

Es gibt eine wundervolle Moses-Statue von Michelangelo, um 1515 aus Marmor geschlagen, heute in der Kirche San Pietro in Vincoli in Rom. Ganz eindeutig wachsen Moses zwei kleine Hörner aus der Stirn, und dies gibt einen weit verbreiteten Glauben wider, daß, als Moses Gott traf, ihm Hörner wuchsen, obwohl niemand recht wußte, warum. Die Antwort lautet, daß für diese Darstellung eine falsche Übersetzung des hebräischen Begriffs für „Lichtstrahlen" verantwortlich ist oder für den Lichtschein, der Mose Haupt in der jüdischen Bibel zu umgeben schien. Wir sind heute in der glücklichen Situation, Mose Lichtschein wiederherzustellen und auf die Hörner verzichten zu können, obgleich es ein Jammer wäre, Michelangelos Skulptur zu beschädigen – aber ohne jeden Zweifel werden manche Leute weiterhin annehmen, Moses hätte Hörner gehabt.

Hörner oder keine Hörner: was Gott dem Propheten enthüllt, ist das letzte Mysterium und die absolute Differenz des Göttlichen. Jenseits des Lebens der

Menschen, des Universums, der Götter, der fernsten Gebiete, in die Vorstellung und Denken eindringen können, ist die Wolke des Nichtwissens, die sich uns in Gestalt eines Feuer-Engels nähert. An diesem Punkt nimmt der Prophet nicht länger eine Vielzahl von Energien und Kräfte wahr, seien sie schöpferisch und destruktiv, widersprüchlich, miteinander im Streit liegend und intrigierend. Der Prophet ist überwältigt von dem, was außerhalb aller Energie und Macht liegt. Angesichts dessen alle Macht der Vergessenheit anheimfällt: „Ich bin der Herr, und keiner mehr, der ich das Licht mache und schaffe die Finsternis, der ich Frieden gebe und schaffe das Übel. Ich bin der Herr, der solches alles tut" (Jesaja 45,6–7). Mit Moses hat das Zwielicht der Götter begonnen.

Viele Gelehrte meinen, daß ein vollständiger Monotheismus in die Geschichte des Moses hineingelesen wurde und die frühere Tradition noch diejenige Jahwehs gewesen sei, des Gottes einer bestimmten Gruppe nomadischer Stämme, der Juden eben. Gleichwohl entwickelte dieser Gott über die Zeiten hinweg bestimmte Charakterzüge, die keiner der griechischen Götter hatte und die auch Echnatons unglücklicher Versuch des Monotheismus nicht aufwies. Jahweh war nicht bloß der größte der Götter, der übermenschlichen Helden, die ihrerseits letztlich im Griff des dunklen und unergründlichen Schicksals feststeckten. Jahweh, der Gott, der ist, was Gott sein will, dessen Antlitz nie geschaut werden kann und dessen Natur nie begriffen wird, ist der abgrundtiefe Ozean des Seins, aus dem alle Welt und alle Götter und alle Menschen entstammen, jenseits dessen es keinen anderen gibt und außer ihm keinen zweiten.

Thomas von Aquin: die Einfachheit Gottes

So wie Maimonides am Ende des zwölften Jahrhunderts die Vorstellung des unkenntlichen Gottes ins Zentrum des jüdischen Gottes-Denkens stellte, so tat Thomas von Aquin (1225–1274), der im dreizehnten Jahrhundert wirkte, das gleiche für das Christentum. Thomas ist fast so etwas wie der offizielle Philosoph der römisch-katholischen Kirche geworden. 1879 legte Papst Leo XIII. allen Theologiestudenten das Studium der Schriften Thomas' nahe. Tatsächlich müssen sie nicht alles glauben, was er sagte, aber seine Theologie bildet noch immer die Basis eines großen Teils des katholischen Denkens über Gott. Die protestantischen Reformer haben nicht angefochten, was er von Gott sagte –

vielleicht, weil sie zu sehr damit beschäftigt waren, Thesen über andere Dinge an Kirchentüren zu schlagen und neue Kirchen zu organisieren. So könnte man mit Recht behaupten, daß Thomas' Gedanken über Gott vieles von dem definieren, was die klassische christliche Sichtweise ausmacht.

Das ist einigermaßen bemerkenswert, weil fast kein Christ, den ich getroffen habe, je von dieser Sichtweise gehört hat. Viele von ihnen sind schockiert, wenn sie sie vernehmen, und glauben nicht, daß jemals einer solche Dinge gesagt haben könnte.

Es ist auch schwer zu sagen, warum das so ist. Teilweise vielleicht, weil die Bilder von Gott als altem bärtigem Mann, wie er an der Decke der Sixtinischen Kapelle dargestellt ist, so tief in die Vorstellungswelt der Menschen eingedrungen sind. Vielleicht auch, weil die Menschen in der heutigen Kultur derart von der Wissenschaft beeinflußt worden sind, daß sie meinen, so lange etwas nicht wörtlich stimmt, stimmt es überhaupt nicht. Wenn sie dann die Bibel lesen und finden, daß Gott weint, den Duft eines guten Opfers liebt, mit Abraham streitet und auf einem Thron im Himmel sitzt, dann denken sie, all dies muß im Wortsinne wahr sein. Der populäre Christengott wird nicht sehr viel anders als Zeus gesehen, der auf dem Olymp lebt und alle paar Tage von dort herabsteigt, um nachzusehen, was in Athen los ist.

Und das ist der Ärger mit dem Großteil der populären Religion: sie ist so grob und so wörtlich. Es ist dies keine Angelegenheit von Intellektuellen mit hochgezogenen Augenbrauen, die alles besser wissen als die breite Masse. Es ist ein Versagen der Vorstellungskraft, ein Verlust des Sinnes für Poesie, eine krasse Materialisierung der mythologischen Bilderwelt. Und das kann Intellektuellen genauso passieren wie den Leuten mit gesundem Menschenverstand. Liest man also moderne Bücher über Mythologie, hört man höchstens einige seltsame Geschichten darüber, was Pallas Athene mit Hera anstellte und was danach kam. Die ganze Angelegenheit ist ihres religiösen Sinnes beraubt worden. Wir können einfach nicht erkennen, warum die Menschen je solche Geschichten geglaubt oder welchen Stellenwert sie gehabt haben sollen. Das Mysterium der Religion wird in Science fiction verkehrt. Oder vielleicht wird die Science fiction dadurch verunglimpft, die ja zuweilen versucht, auch mit einigem Erfolg, den Sinn für das Mysteriöse im modernen Geist wiederzuerwecken.

Wenn es etwas gibt, das über Thomas von Aquin gesagt werden muß, dann das, daß er die Feststellungen über Gott nicht im Wortsinne nahm. Sein größtes Werk, die *Summa Theologiae* oder „ein umfassendes Nachschlagewerk über

Theologie“ stellt fest: „Bei Gott können wir freilich nicht wissen, wie er ist, sondern nur, wie er nicht ist“ (Band 1, Quaestio 3) Da dies ziemlich am Anfang des sechzigbändigen Werks über Theologie steht, kann es scheinen, daß er sich eine Menge Arbeit hätte ersparen können, wenn er genau da aufgehört hätte. Denn wenn man sagt: „Gott ist nicht wie irgend etwas, woran man denkt“, scheint dem nicht mehr viel hinzugefügt werden zu können.

Nur funktioniert Theologie nicht so. Was hier vorgeht, ist so etwas wie eine Klärung des Grundes: „Laßt alle alten Bilder fahren. Vergeßt die Sixtinische Kapelle. Denkt nicht, Gott wäre so, wie ihr es in der Bibel lest.“ Dies genau ist die Botschaft, und dies ist, was viele Christen so schockierend finden und viele Nicht-Christen unverständlich.

Natürlich sagt Thomas von Aquin nicht, daß alle diese Bilder sinnlos seien. Er sagt, daß sie eben Bilder sind und es wichtig ist, sie als solche zu nehmen. Wenn wir aber versuchen, dem nahezukommen, was Gott wirklich ist, müssen wir hinter die Bilder gehen. Thomas tut das – und für moderne Ohren ziemlich irreführend –, indem er sagt, daß Gott „einfach“ sei. Heutzutage würden wir dies interpretieren, als würde Thomas sagen, daß Gott entweder dumm sei oder aber sehr leicht zu begreifen. Das aber wäre das Gegenteil dessen, was Thomas meint.

Er meint, daß Gott nicht zusammengesetzt ist. Gott besteht demnach nicht aus Teilen, ist nicht teilbar, und wir können nicht einmal unterschiedliche Elemente im göttlichen Wesen ausmachen. Das mag, von einem christlichen Theologen herrührend, als etwas Besonders scheinen, der denkt, daß Gott „drei Wesen in einer Substanz“ sei und daher in gewisser Weise auch dreifach sein muß. Aber genau so sagt es Thomas, weshalb es vermutlich eine gute Idee ist, die Trinität (über die er später viel zu sagen hat) eine Weile lang zu vergessen. Ich werde im letzten Kapitel kurz darauf zurückkommen. Es ist aber klar, daß, was auch immer Thomas über die Trinität denkt, dies nicht drei Teile in Gott sein können, noch weniger drei unterschiedliche Individuen, die in Gott existieren – ein weiterer Schock für viele Christen. Auch die Trinität ist ein Bild, das nicht in einer uns verständlichen Form erzählt, wie Gott wahrhaftig und wirklich ist. Die göttliche Realität bleibt verborgen, auch in der Offenbarung, die das „unergründliche Mysterium“ enthüllt und keine leichtverständliche wörtliche Wahrheit.

Wenn Gott einfach ist, gibt es nichts, was man über Gott sagen kann, das einfach und offen interpretiert werden könnte, so, als könnten wir es leicht begreifen. Das ist weniger eine Bemerkung über Gott als vielmehr eine über die Natur der menschlichen Sprache. Unsere Sprache teilt die Welt wesentlich in Teile und Kategorien ein. Wenn ich sage „Diese Frucht ist orangefarben", dann greife ich eine Klasse von Dingen heraus – Frucht, dann eine Klasse von Farben –, wovon Orange eine ist. Und ich sage, daß es ein Objekt gibt, das die Eigenschaften besitzt, eine Frucht und orangefarben zu sein. Ich teile damit die Welt in Objekte und Listen von Eigenschaften ein, die die Objekte besitzen oder auch nicht – und ich unterscheide die genannte Frucht auch von mir, dem Beobachter.

Alle derartigen Unterteilungen und Beschreibungen sind bis zu einem gewissen Grade konventionell und unterstellen, die Welt sei eine komplexe, zusammengesetzte Realität, die von unserer Sprache mehr oder weniger gut und hilfreich aufgeteilt werden kann. Wir können es auch so ausdrücken: Alle Beschreibungen abstrahieren und trennen. Sie abstrahieren Gegenstände aus der Totalität der erfahrenen Welt und teilen sie in Listen mit Eigenschaften ein, an denen wir ein Interesse haben.

Das alles eignet sich sehr gut für die materielle Welt. Thomas aber sagt, daß ein solches Vorgehen bei Gott nicht funktioniert. Jede Abstraktion und Unterteilung, die wir anstellen, wird das Wesen Gottes nur entstellen. Unsere Sprache paßt einfach nicht auf Gott; sie ist vollkommen inadäquat für die Aufgabe, Gott zu beschreiben. Zu sagen, daß Gott einfach ist, heißt zu sagen, daß wir niemals eine hinreichende Beschreibung Gottes erhalten.

Und warum nicht? Weil der Gott, der Ursprung und Basis des gesamten Universums ist, vielleicht auch vieler anderer Universen, auch weit größer ist, als jeglicher Menschenverstand begreifen kann. Der Versuch, einen solchen Gott mit menschlichen Begriffen zu beschreiben, würde Gott verkleinern. Gott ist eine unendliche Fülle des Seins, in keiner Weise von etwas anderem begrenzt, und alles, was existiert, ist bloß ein schwacher Abglanz der göttlichen Realität. Selbst die Götter, auch die Manifestation Gottes als schöpferischer Geist, sind Begrenzungen der unendlichen Fülle der einen Realität, von welcher alles Endliche das eigene Sein ableitet. Wir können sagen, daß alles andere das Sein als Geschenk erhalten hat. Nur Gott hat das Sein als Besitz, als wesentliche göttliche Qualität. Gott ist das Sich-selbst-Besitzende, das Durch-sich-selbst-Existierende. Gott ist, wie es Thomas von Aquin sagt, *esse summum subsistens*, das reine unbegrenzte Sein, in und für sich existierend.

Die fünf Wege des Gottesbeweises

Thomas von Aquin versucht das in dem klarzumachen, was als die „fünf Wege" des Gottesbeweises bekannt geworden ist (*Summa Theologiae* 1a, Frage 2, Artikel 3). Die Philosophen haben daraus endlosen Spaß bezogen, indem sie die fünf Argumente verteidigten, die beweisen sollen, daß es einen Gott gibt, oder indem sie sie aushöhlten. Die meisten unvoreingenommenen Beobachter der philosophischen Szene würden wohl sagen, daß das Ergebnis ein Unentschieden ist, so wie in fast allen dieser grundsätzlichen philosophischen Debatten. Manche katholischen Philosophen, die der kirchlichen Lehre folgen, wonach die Existenz Gottes durch den Verstand bewiesen werden kann, behaupten, daß die Existenz Gottes tatsächlich bewiesen werden könne. Nur hat das bislang leider noch niemand getan. Die Argumente werden zunehmend gewitzter, scheinen aber niemals vollständig schlüssig zu sein. Wenn wir allein von Argumenten abhingen, könnte man montags und mittwochs an Gott glauben, nicht an ihn glauben am Dienstag und Donnerstag, freitags und samstags dann unentschieden bleiben. Am Sonntag könnte man Backgammon spielen, wie es der schottische Philosoph David Hume vorschlug, und die ganze Sache vergessen.

Es gibt aber einen anderen und vermutlich hilfreicheren Weg, die „fünf Wege des Gottesbeweises" anzuschauen. Wir könnten sie als Meditationsübungen betrachten und versuchen, damit ein Gespür zu entwickeln, worauf das unangemessene Reden von Gott überhaupt hinweisen will. Dann könnten die fünf Wege so funktionieren: Man denke daran, wie alles in der Welt sich ständig verändert. Der Frühling wird zum Sommer, die Jugend zum Alter, Fröhlichkeit zur Trauer, Vergnügen zum Schmerz. Alles scheint in konstanter Veränderung begriffen zu sein. Nichts dauert wirklich an. Sogar ich, der oder die ich all dies beobachte, verändere mich, so daß ich nicht wirklich der- oder dieselbe bin wie vor zehn Jahren und noch weniger wie vor fünfzig Jahren. Wer also war das, mögen wir denken, wenn wir ein altes Photo von uns betrachten. War das wirklich ich oder nur jemand, der oder die sich in mich entwickelt hat, dabei aber doch ganz anders war? Wenn wir so über die Veränderungen all dessen nachdenken, was wir erfahren, sogar die Veränderungen des oder der Erfahrenden, dann könnten wir ein Gespür für das Vorübergehende, den Zufall, die flüchtige Natur all dessen entwickeln, was wir durchleben.

Dann könnten wir auch ein Gespür dafür bekommen, daß diese Veränderungen nicht bloß willkürlich oder zufällig vonstatten gehen. Sie scheinen vielmehr auf geordnete Weise abzulaufen. Denn Menschen verwandeln sich nicht in Möhren, und Schweine fliegen nicht. Es scheint also irgendeine Ursache für die Veränderungen zu geben; einen Grund, warum die Dinge sich so verändern, wie sie es tun; etwas, das sie sich ändern läßt. Wenn wir an das Vergängliche aller erfahrenen Dinge denken, können wir das Gespür für eine dem zugrundeliegende Wirklichkeit entwickeln, die diesen Wechsel verursacht, dabei aber nicht selbst Teil des Prozesses ist, den wir erfahren. Jenseits der Veränderung und der Vergänglichkeit gibt es etwas Unveränderliches und Dauerndes. Das ist das, was den Wechsel verursacht, selbst aber nicht verändert wird. Wir könnten sogar den Sinn dafür entwickeln, daß wir, wie kurz auch immer, diese unveränderliche Quelle der veränderlichen Welt berühren können, was T. S. Eliot „den Ruhepol der sich drehenden Welt" nannte. Wenn wir das tun – und niemand kann garantieren, ob wir es je tun –, dann haben wir das Gespür für den endlosen Gott, unserem Griff und Erhaschen entfernt und doch in jenem tiefen Zustand des Bewußtseins gefühlt, wenn die Veränderung ihre Schatten in die Ruhe wirft. Dies ist der „erste Gottesbeweis" – kein Beweis, daß Gott für einen von uns existiert, wie auch immer dessen Bewußtsein sein mag; sondern es ist, als würde man den Verstand in den Zustand einer bestimmten Wahrnehmung bringen, indem wir über den Wechsel meditieren, bis das Unveränderliche ins Bewußtsein eindringt und alle Unterschiede sich in Harmonie auflösen.

Die anderen vier Wege des Beweises sind ähnlich. Bei dem zweiten Weg meditieren wir über Geburt und Tod, über das, was wird und vergeht; über die Art, in der alles Sein über dem Abgrund des Nichts schwebt. Und dann vielleicht fühlen wir, was jenseits des Werdens und Vergehens ist, was immer ist und daher jenseits von Entstehung und Vergehen.

Bei dem dritten Weg meditieren wir darüber, wie alles so ganz einfach anders sein könnte, als es ist; darüber, wie alles, was wir erfahren, zufällig zu sein scheint. Und wir könnten zu einer Erfahrung dessen gelangen, das wesentlich das ist, was es ist, was einfach so sein muß, wie es ist, was sein muß und sein Sein niemand anderem schuldet als sich selbst.

Bei dem vierten Weg meditieren wir über viele Arten und Abstufungen der guten und schönen Dinge, die es in der Welt gibt. An die Schönheit und Güte vieler Dinge zu denken, kann uns dahin bringen, daß wir spüren, was jenseits aller jeweiligen Schönheiten liegt, nämlich die Schönheit selbst, die eine vollkommene Quelle aller jeweiligen Schönheiten ist, die davon nur ein schwacher Widerschein sind.

Und beim fünften Weg meditieren wir über die Art und Weise, wie in der Natur Ordnung und Verständlichkeit herrschen, so daß die Dinge entsprechend den ausgeklügelt angeordneten Prozessen ablaufen. Wenn wir so denken, können wir zu dem Gespür gelangen, daß hinter aller natürlichen Ordnung, die jedem Ding Ordnung und Zweck gibt, etwas liegt, das dem verständlichen Gebiet ähnelt, von dem alle Ordnung ausgeht, das selbst aber über aller erfahrenen Ordnung liegt.

Dies sind also keine objektiven Argumente. Es sind Anleitungen für den Verstand, der meditiert. Sie funktionieren vielleicht nicht; es gibt keine Garantie, daß sie funktionieren. Wenn sie aber regelmäßig und aufrichtig benutzt werden, können sie im Verstand jenen Sinn für das „Jenseits" erwecken, der dem Vergänglichen, dem Werden und Vergehen, der Unsicherheit, der fragmentarischen Schönheit und teilweise offenkundigen Verständlichkeit der erfahrenen Welt unterliegt und den Geist in Berührung bringt mit der unveränderlichen, ungewordenen, unzerstörbaren, ungebrochenen, ganzen und intelligiblen Schönheit, die der verborgene Grund des Seins und der höchsten Macht ist. Dieses liegt weit über dem Gespür für die Götter, die die einzelnen Anwesenheiten und Mächte darstellen, welche sich in der Welt manifestieren. Es ist das Gefühl für das, was jenseits der Götter liegt, jenseits aller besonderen Anwesenheiten und Formen; das Gefühl für das letzte Mysterium und die Kraft des Seins selbst.

Das ist selten klarer ausgesprochen worden als von Platon, und zwar in seinem Dialog *Das Gastmahl*, der im vierten vorchristlichen Jahrhundert in Athen verfaßt wurde. Dieser Dialog ist eine Feier der Liebe, womit Platon das Verlangen nach, die Freude an und den Respekt vor jeglichem Objekt der menschlichen Kontemplation meint. Platon spricht von den vielen Wegen, auf denen man die Liebe finden kann, wenn man schöne Körper oder Gesichter betrachtet oder die Sterne und den Himmel oder Musik und Kunst. Es gibt viele Formen und Arten der Liebe. Am Ende aber sagt Platon:

> Denn dies ist die rechte Art, sich auf die Liebe zu legen oder von einem anderen dazu angeführt zu werden, daß man von diesem einzelnen Schönen beginnend jenes einen Schönen wegen immer höher hinaufsteige, (...). Und an dieser Stelle des Lebens, (...), wenn irgendwo, ist es dem Menschen erst lebenswert, wo er das Schöne selbst schaut, (...). Was also (...) sollen wir erst glauben, wenn einer dazu gelangte, jenes Schöne selbst rein, lauter und unvermischt zu sehen, das nicht erst voll

menschlichen Fleisches ist und Farben und anderen sterblichen Flitterkrams, sondern das göttlich Schöne selbst in seiner Einartigkeit zu schauen? Meinst du wohl, daß das ein schlechtes Leben sei, wenn einer dorthin sieht und jenes erblickt und damit umgeht? Oder glaubst du nicht, daß dort allein ihm begegnen kann, indem er schaut, womit man das Schöne schauen muß; nicht Abbilder der Tugend zu erzeugen, weil er nämlich auch nicht ein Abbild berührt, sondern Wahres, weil er das Wahre berührt? Wer aber wahre Tugend erzeugt und aufzieht, dem gebührt, von den Göttern geliebt zu werden, und, wenn irgendeinem anderen Menschen, dann gewiß ihm auch, unsterblich zu sein. (…) Darum auch, behaupte ich, sollte jedermann den Eros ehren (…).

(Platon, *Symposion [Das Gastmahl]*, 211c–212b)

Hier finden wir bei Platon das gleiche wie in der prophetischen Vision, welche Gott als die mysteriöse Realität sieht, die versteckt ist hinter dem, was ein englischer Autor des vierzehnten Jahrhunderts als die „Wolke des Nichtwissens" bezeichnet und die, wenn überhaupt, nur durch den „Pfeil der verzehrenden Liebe" betroffen werden kann; einer Liebe, die sich nach dem Wissen um und der Einheit mit der absoluten Schönheit sehnt.

Hier ist der Prophet nicht mehr ein Zauberer und Wahrsager, der vielleicht von Geistern besessen ist und Träume deutet; er ist verwandelt in Geist und Herz, eingefangen und verändert durch eine Realität, vor der alle Worte versagen und alle Bilder zur Bedeutungslosigkeit verblassen. Wenn ein solcher Prophet übernatürliche Macht hat, dann die eines volleren und reicheren Lebens. Wenn er besessen ist, dann von einer Weisheit, die das Herz sucht und die Seele bloßlegt. Wenn er Visionen hat, dann die einer Realität, die sich jeder Beschreibung entzieht und das Sein desjenigen verwandelt, der sieht. Wenn er Zeichen des Heiligen erkennt, sind dies die Manifestationen des Ewigen im vergänglichen Prozeß der Zeit. Nur ein solcher Prophet kann einen solchen Gott erkennen. Solch ein Prophet war Moses, wie die Tradition es behauptet.

Pseudo-Dionysios Areopagita

Ich kann der Versuchung nicht widerstehen, den Namen anzuführen, der für einen Angelsachsen sogar noch schwerer auszusprechen ist als Friedrich Schleiermacher. Nicht nur ist dies ein schwieriger Name, sondern es weiß auch niemand, wessen Namen das zuerst war. Dionysios war ein Schriftsteller des frühen sechsten Jahrhunderts, womöglich aus Syrien. Aber er wurde sehr früh mit dem Dionysios verwechselt, der in der Apostelgeschichte (17,34) erwähnt ist und ein Mitglied des Areopags war (damals vermutlich ein Gerichtshof, der Religion und Moral in Athen kontrollierte) und als Ergebnis der Predigten des Paulus ein Christ wurde. Wegen dieser angeblichen apostolischen Verbindung bekamen seine Schriften eine große Autorität in der mittelalterlichen Kirche und werden oft von Thomas von Aquin voller Respekt erwähnt.

Dionysios wurde weiterhin mit Saint-Denis verwechselt, dem französischen Schutzheiligen des dreizehnten Jahrhunderts. Damals wurde er zum „Pseudo" als auch zum Areopagiten, was ihm aber keinerlei Schaden zufügte. Wichtig ist er vor allem, weil er in vielfacher Hinsicht ein Bindeglied zwischen Platon und Moses ist, was spätere Denker im Judentum, Christentum und Islam allesamt ausnutzten (das mag ein Pseudo-Bindeglied sein, wie Dionysios selbst, wurde aber nie mehr vergessen, nachdem einmal etabliert). Er verband die jüdische Tradition der Unkenntlichkeit des göttlichen Namens (und daher auch der göttlichen Natur) mit der platonischen Tradition der höchsten Transzendenz des „Guten" oder des „Einen", woraus alles andere sein Sein ableitet. Es war dies eine machtvolle Kombination, die die europäischen und nahöstlichen Denkweisen über Gott mehr als tausend Jahre lang vereinte.

Dionysios ging so weit mit der negativen Darstellung Gottes, daß er Gottes Existenz selbst verleugnete: „(Das Göttliche) ist der universelle Grund der Existenz, während es selbst nicht existiert, denn es ist jenseits allen Seins" (aus seinem Buch *Über die Namen Gottes*). Das mag wie Unsinn klingen. Mit Sicherheit würde es aufrührend wirken, wenn ein Priester auf die Kanzel ginge und sagte: „Gemäß unseren größten Autoritäten ist Gott nicht wie irgend etwas, das ihr euch denken könnt. Ja, ich sage euch sogar, daß Gott nicht einmal existiert. Laßt uns beten."

Aber natürlich geht es darum, daß man sagt, Gott existiert nicht auf die gleiche Weise, wie all das existiert, das wir uns vorstellen. Gott ist „Nichts", kein Ding, aber dieses Nichts ist nicht das schiere Vakuum. Er ist das, worin alle Definitionen verblassen, worin sie aber gegründet sind. „Alle Attribute Gottes können auf einmal bekräftigt werden", sagt Dionysios. Und wiederum: „Aus der Einheit wird er zur Vielfalt und bleibt doch in sich." Alles auf einmal zu bekräftigen ist ungefähr so wie alles im einzelnen zu leugnen. Und zu sagen, etwas wird vieles, während es zugleich unverändert bleibt, verleugnet die Regeln der Logik. Was geht hier also vor?

Ich glaube, es geht darum, den Verstand aus seinen normalen Mustern des mühsamen Denkens zur Intuition dessen zu bringen, welches vollständig das menschliche intellektuelle Verstehen übersteigt. Die Bande der Sprache müssen erschüttert werden. Und was dann? Das kann naturgemäß keiner sagen. Dort ist eben das, was unsagbar ist; es kann gezeigt, aber nicht beschrieben werden. Die letzten Worte des Propheten müssen einander aufheben und den Geist in einer neuen Welt zurücklassen; einer Welt, die Nikolaus Cusanus, der Kardinal aus dem fünfzehnten Jahrhundert, beschrieb als eine Welt des „gelehrten Unwissens"; eine Welt, die so weit entfernt ist vom schieren Mangel an Information, wie es nur geht.

Der wesentliche Punkt ist, zu sehen, wie tief die Idee der Unkenntnis Gottes letztlich in den größeren Traditionen des Denkens über Gott verwurzelt ist. Es sind dies nicht die Schriften radikaler Theologen, die darauf aus sind, ihre eigenen Überzeugungen zu zerstören. Sie beruhen auf der Grundlage der Orthodoxie von Judentum, Christentum, Islam und auch vielen andern Traditionen.

So schreibt einer der größten islamischen Denker, der Lehrer al-Ghazali aus dem elften Jahrhundert, die wesentliche Natur Gottes „übersteigt alles, was man verstehen kann". Sie „übersteigt jede andere und ist anders als jede andere Charakterisierung" (in seinem Buch *Die Nische für Lichter*, Abschnitte 3,3 und 3,4). Und innerhalb der indischen Traditionen schreibt der Lehrer Sankara über das *Brahman* (das höchste Wirkliche), daß „seine Allmacht, sein Allwissen und dergleichen alle auf dem Mangel an Wissen beruhen; in Wahrheit gehört keine dieser Qualitäten dem Selbst an" (*Die Vedanta-Sutren*, hrsg. v. Max Müller). Was Sankara das *nirguna Brahman*, also *Brahman* ohne Eigenschaften nennt, liegt jenseits des *saguna Brahman*, des *Brahman* mit Eigenschaften. So beharrt man in vielen orthodoxen religiösen Traditionen darauf, daß die wesentliche Natur Gottes unkenntlich ist.

Warum aber ist diese Tatsache so oft unbekannt oder wird vergessen? Vielleicht, weil bei vielen Menschen der Agnostizismus so beunruhigend nahe beim Glauben sitzt. Glaube, so denken sie, heißt, sich der Überzeugungen sicher sein, und je sonderbarer und unwahrscheinlicher diese Überzeugungen sind, desto mehr Glaube braucht man. Der Mensch mit dem größten Glauben wäre also der, der tatsächlich glaubt, der Mond wäre aus Käse, trotz aller Beweise des Gegenteils.

Ist das aber wirklich Glaube? Es möchte eher sein, daß Glaube eine Art Einsicht in die Natur der Realität ist; eine Einsicht, die das gewöhnliche Faktenwissen nicht schmälert, sondern all unser Wissen und alle Erfahrung in eine neue Perspektive setzt, *sub specie aeternitatis*, ins Licht der Ewigkeit. Wahrer Glaube kann tatsächlich unsere „religiösen“ Gewißheiten reduzieren, da wir merken, wie wenig wir über Gott wissen oder sagen können und wieviel von der wortlosen Erfahrung abhängt, worauf alle religiösen Lehren nur schwach und unangemessen hinweisen.

Christen und Juden haben ohne Ende und erbärmlich untereinander und gegeneinander gestritten, und dies generationenlang. Was aber, wenn ein Christ sich hinsetzte und sagte: „Gut, ich weiß wirklich nicht viel über Gott, und alles, was ich sage, ist so unangemessen, daß es eigentlich falsch ist.“ Dann könnte ein Jude sagen: „Schon lustig, daß du das sagst. Ich weiß ja auch nicht viel über Gott.“ Wie könnten sie sich dann auseinandersetzen? Gäbe es aber eine Diskussion, wäre der Gewinner derjenige, der beweisen würde, daß er noch weniger weiß als sein Gegner. Und was für eine Veränderung wäre das, wenn religiöse Streitereien derartig verliefen; es wäre eine ziemlich erfrischende Veränderung.

Die Lehre von der Analogie

Aber natürlich haben religiöse Menschen wirklich etwas über Gott zu sagen. Selbst wenn unsere ganze Sprache von Gott über Bilder und Metaphern funktionieren muß, sind doch manche diese Bilder und Metaphern weniger irreführend als andere. Wenn ich sage, Gott ist ein Haufen grünen Plastilins, wird das vielleicht einer für ein sehr bewegendes Bild halten. Die meisten Menschen aber würden das sehr viel weniger emotional wirksam finden, als wenn ich sagte, Gott sei ein Schäfer, der sich um seine Schafe sorgt, oder ein Mann, der seine Frau liebt. Unterschiedliche religiöse Doktrinen drehen sich meist um die Bilder Gottes, die von unterschiedlichen Gruppen als die geeignetsten angesehen werden.

Meist folgt man dann verschiedenen Propheten oder religiösen Lehrern, die behaupten, Erfahrung mit Gott zu haben, was sie dazu veranlaßt, eine ganz bestimmte Bildwelt zu benutzen. Wenn Deutero-Jesaja sagt „Denn der dich gemacht hat, ist dein Mann“ (Jesaja 54,5), sagt er nicht, daß Gott ein männliches Wesen ist, das eine Hochzeit hinter sich gebracht hat. Er sagt, daß die Israeliten nicht Sklaven Gottes sind, die sich furchtsam dem göttlichen Willen unterwerfen müssen. Sie sind vielmehr in engerer und liebender Verbindung; ähnlich, wie die Verbindung einer Frau mit ihrem Mann sein sollte. Es gibt eine Analogie zwischen der Verbindung von Mann und Frau und der von Gott und den von ihm erschaffenen Menschen, zumindest einiger dieser Erschaffenen.

Gott kann nicht wirklich heiraten, ist nicht einmal eine Person, noch weniger eine solche männlichen Geschlechts. Wenn man sich Gott aber als liebenden Ehemann denkt, versetzt einen das in die angemessenste und erfüllendste Beziehung zu Gott – so ähnlich sagt es der Prophet Jesaja jedenfalls. Und viele Generationen von Juden und Christen haben das in der eigenen Erfahrung als wahr gespürt. Wenn man sich vorstellt, einem vollständig treuen und liebenden Menschen angetraut zu sein, ist das gut für die Selbstachtung, für das Sicherheitsgefühl und das eigene allgemeine Glück. Außerdem neigt man, wenn man wirklich so denkt, eher dazu, Erfahrungen von Gottes Liebe oder Erbarmen oder Gegenwart anzunehmen, die wiederum das Bild verstärken, das man dem Propheten ganz einfach glaubte. In jedem Fall haben genug Menschen solche bestärkenden Erfahrungen gemacht, so daß diese religiöse Tradition dauerhaft und machtvoll geworden ist.

Natürlich liegt die Gefahr offen zutage, daß man diese Redeweise über Gott nur übernimmt, weil es bequem und sicher ist. Genau das sagen die Religionskritiker – der Glaube sei bloß eine Krücke für emotional unsichere Menschen. Darauf gibt es zweierlei Antworten. Zunächst ist es nicht falsch, wenn man emotional sicher ist, und alles, was uns dazu verhilft, verdient zumindest einen zweiten Blick. Zweitens sind diese Bilder von Schäfern und Ehemännern nicht entstanden, weil sie emotionale Sicherheit geben. Sie entstanden aus einer überwältigenden prophetischen Erfahrung heraus, in Momenten der Inspiration, und es ist einfach ein Glücksfall, daß sie emotional so befriedigend sind (jedenfalls manchmal).

Die grundsätzlichen Bilder und Analogien der Religion sind nicht von Philosophen erfunden worden; sie sind von Propheten ausgesprochen worden, und wir übrigen müssen uns daranmachen, sie zu interpretieren so gut wir können.

Die allgemeine Interpretation, die Thomas von Aquin vorschlägt, wird für gewöhnlich als die „Lehre von der Analogie“ bezeichnet und lautet folgendermaßen: „In bezug auf das, was die Namen meinen, gelten sie von Gott im eigentlichen Sinne … und ihm werden sie ursprünglich beigelegt. In bezug auf die Art und Weise der Bezeichnung aber gelten sie von Gott nicht im eigentlichen Sinne; denn diese entspricht den Geschöpfen“ (*Summa Theologiae*, I, Frage 13, 3).

Thomas' Vorschlag ist der, daß es im Wortsinne stimmt, daß Gott gut und weise ist, und wenn er auch nicht gerade ein Ehemann ist, so ist er uns doch verbunden, wie ein guter Ehemann dies ebenfalls sein sollte. Andererseits sind diese Dinge über Gott nicht in dem Sinne wahr, in dem wir sie verstehen. Um es platt auszudrücken, haben wir zwar recht, diese Worte zu benutzen, wissen dabei aber nicht, was sie bedeuten. Oder etwas weniger platt: Thomas schreibt: „Solche Worte sagen, was Gott ist … aber können nicht angemessen darstellen, was er ist.“

Wenn man dies so ausdrückt, wie ich es getan habe, dann geschieht das durch Nachdenken über all das Gute, über das wir uns der Kenntnis von Gott nähern. Wir dürfen uns aber niemals vorstellen, daß Gott nur so ist, wie auch diese Dinge sind. Sie schlagen einen Weg zu Gott, liefern dabei aber keine hieb- und stichfeste Definition und sollten uns auch nie verleiten zu denken, daß wir Gott zuletzt auch verstanden hätten.

Viele Menschen mißverstehen die Lehre von der Analogie. Sie denken, sie bedeute, daß Gott wahrhaftig so etwas wie die Menschen oder Partner oder Dinge wäre, die wir uns vorstellen, wobei diese Lehre tatsächlich besagt, daß Gott eben nicht wie etwas ist, das wir uns vorstellen können. Die Analogie weist auf eine radikale Differenz hin. Sie besagt aber, daß, obgleich Gott nicht wie etwas ist, das wir uns vorstellen können, es dennoch richtig für uns ist, wenn wir von Gott als dem Vater oder Ehemann sprechen. Es ist das Beste, was wir tun können – so sagen es uns die Propheten –, und wenn eine solche Redeweise mit Feingefühl benutzt wird, kann sie uns zur tiefsten Stille führen, die im Zentrum des Wissens um Gott herrscht, wie es die klassische Tradition lehrt.

Wie es Thomas ausdrückte, als er kurz vor der Vollendung seiner großen *Summa* stand, am 6. Dezember 1273 – man nimmt allgemein an, daß er an diesem Tag eine Erfahrung Gottes hatte, als er eine Messe las: „Alles, was ich geschrieben habe, scheint mir wie Stroh zu sein.“ Und danach schrieb er kein Wort mehr.

Drei Mystiker

Wir alle können bis zu einem gewissen Grad der Analogie in Richtung auf einen Bewußtseinszustand folgen, an welchem alle Worte fehl am Platze sind. Vom vierzehnten bis zum sechzehnten Jahrhundert jedoch versuchten drei große christliche Autoren zu beschreiben, wie eine solche Erfahrung aussieht, wenn sie für die wenigen, die dazu berufen sind, zum wichtigsten Ziel des menschlichen Forschens wird. Oft nennt man sie „Mystiker", obwohl dieser Begriff irreführend sein kann, weil er eine so umfangreiche Bedeutung hat und zu unterschiedlichen Zeiten für so viele verschiedene Dinge benutzt wurde. Wenn aber ein Mystiker ein Mensch ist, der die Wichtigkeit der direkten Kenntnis Gottes oder gar eine Art Verbindung mit Gott, die ohnehin jenseits jeglicher Beschreibung liegt, anstrebt und betont, dann erfaßt das ganz gut den Gedanken, daß Gott letztlich unverständlich ist und dennoch auf bestimmte Art vom menschlichen Verstand begriffen werden kann.

Der anonyme englische Autor von *The Cloud of Unknowing* schreibt: „Die höhere Betrachtung, insofern man sie hinieden überhaupt haben kann, besteht gänzlich in dieser Dunkelheit und dieser Wolke des Nichtwissens, zusammen mit einem Impuls der Liebe und einem dunklen Blick in das einfache Sein Gottes allein."

Im Spanien des sechzehnten Jahrhunderts schreibt Teresa von Ávila sehr positiv darüber, wie es ist, Gott mit reichem Gefühl zu lieben. Am Ende aber verweist auch sie auf die letztliche Stille der kontemplativen Vision des Göttlichen: „Der Herr verbindet die Seele mit sich selbst. Aber er tut das, indem er sie blind und taub macht … sie versteht gar nichts, weil ihr alle Fähigkeiten abhanden gekommen sind" (zitiert aus: Harvey Egan, *An Anthology of Christian Mysticism*, S. 445).

Und der heilige Johannes vom Kreuz, der Teresa in Ávila sehr gut kannte, schreibt von einer Zeit, als „Gott beginnt, sich durch den reinen Geist vermittels einfacher Betrachtung mitzuteilen, worin keine diskursive Abfolge des Denkens ist" (ebenda, S. 456).

Diese Autoren behaupten nicht, die Suche nach einer derartigen Erfahrung wäre für jeden geeignet. Es ist aber für jeden wichtig, ganz klar zu erkennen, daß das Wissen um Gott jenseits allen gewöhnlichen Denkens und Verstehens ist, und es gibt keinen Grund, warum die meisten Menschen nicht in der Lage sein sollten, eine solche Erfahrung zu machen, wie bruchstückhaft auch immer.

Die Praxis der Kontemplation würde wohl von den meisten Heutigen als Meditation bezeichnet werden, wobei der Verstand beruhigt wird, so daß er nur ist und damit offen für die Macht des Seins, die nicht in emotionalen Visionen über einen kommt oder durch erhebende Gefühle. Denn so öffnet sich der Verstand von allein für das vollständig Reale, das die Kraft allen Seins und über jede Veränderung oder Abnahme erhaben ist. In diesem Prozeß wird der Verstand von der Sehnsucht nach rein sinnlichen oder materiellen Dingen und Besitztümern entschlackt oder gereinigt, und er kann tiefe innere Ruhe und Sicherheit erlangen. Der Verstand wird eins mit der Macht des Seins und kann so, nach den Worten Paul Tillichs, des Theologen aus dem zwanzigsten Jahrhundert, den „Mut zum Sein“ gewinnen; er kann das Sein bestätigen, und dies angesichts aller Ängste und Furcht vor der Zukunft oder darüber, daß alles vergeht.

Zuweilen denken die Leute über die Propheten, sie ständen im vollkommenen Gegensatz zu den Mystikern, als wären es ganz unterschiedliche Menschen. Manchmal meinen die Leute auch, Mystiker gebe es nur irgendwo im Osten, während Propheten feurige Menschen seien mit sehr direkten, uneleganten Vorstellungen von Gott. Tatsächlich waren sich die Propheten des Mysteriums des göttlichen Wesens sehr wohl bewußt und redeten über die Art und Weise, wie der Menschenverstand und die höchste Kraft des Seins eins werden können, wie in einer liebenden Vereinigung („Ehe“) oder wie von der Wolke umhüllt, die Gottes Antlitz verhüllt („Vereinigung“). Dies ist ein wichtiger Bestandteil der prophetischen Botschaft, die uns weit jenseits der Götter führt, zu dem hin, was einfach ist, ohne Namen, den man aussprechen könnte, ohne Bild, das man sich formen könnte – was aber auf paradoxe und unbeschreibliche Weise durch die Liebe verstanden werden kann. Der heilige Johannes vom Kreuz spricht in seinen Gedichten oft vom Verhältnis der Seele zu Gott, und zwar in Begriffen der leidenschaftlichen romantischen Liebe. Hinter diesen komplexen und bewegenden Bildern aber liegt etwas anderes, eine „stille Musik, die die Einsamkeit widerhallen läßt“; ein Wort, das niemals ausgesprochen werden kann:

Wer wahrhaft sich dahin erschwungen,
Mißtrauet seiner eig’nen Kraft,
Das Wissen, das er sonst errungen,
Erscheint ihm arm und schülerhaft.
So hoch wächst seine Wissenschaft,

Daß er ist ohne Wissen und Gedanken,
Hoch über alles Wissens Schranken

Doch was es sei, will ich verkünden,
Wenn ihr zu hören willig seid:
Es ist ein himmlisch hoch Empfinden
Von Gottes eig'ner Wesenheit.
Nur seine Güte uns verleitet,
Zu weilen ohne Wissen und Gedanken.

(Johannes vom Kreuz, *Gesang über eine erhabene Entzückung und Beschauung*, V. Band, Kösel-Verlag, München 1956)

Zur weiteren Lektüre

Eine gute Einführung in die gelehrte Sicht auf das Alte Testament ist: Bernhard Anderson, *The Living World of the Old Testament*, Englewood Cliffs, Prentice-Hall 1973.

Moses Maimonides schrieb den Klassiker *Führer der Unschlüssigen*, Hamburg, Felix Meiner Verlag 2007.

Der wichtigste römisch-katholische Philosoph ist Thomas von Aquin, der Verfasser der *Summa Theologiae*. Der wichtigste und für uns relevante Teil ist Teil 1, Fragen 2–11, Gottes Dasein und Wesen. Die wichtigen Überschriften sind zumindest der Aufmerksamkeit wert.

Platons Dialog über die Natur der Liebe ist das *Gastmahl*, nachzulesen in *Sämtliche Werke in 3 Bänden*, Darmstadt 2004.

Ein Schlüsseltext über den apophantischen Weg ist Pseudo-Dionysios Areopagita, *Über die Namen Gottes*, wichtige Auszüge in: Dionysios Areopagita, *Von den Namen zum Unnennbaren*, Einsiedeln, Johannes Verlag 2002.

3. Die Liebe, die die Sonne bewegt

Worin der Leser entdecken wird, daß es 603 weitere Gebote gibt, mehr als man gedacht hätte. Der Leser wird aber nicht herausfinden, warum die Juden kein Schweinefleisch essen. Er wird aufgefordert, zu bedenken, daß Jesus ein orthodoxer Jude war und daß Calvin den Sonntag nicht besonders hervorheben wollte. Man wird zudem einen gedanklichen Ansatz dafür finden, warum Gott die Menschen geschaffen hat und wieso die Metaphysik durch einen Irrtum zustande gekommen ist. Der Leser wird endlich ergründen, daß Kant nicht durch und durch Rationalist war, wie manche denken, und daß dieser Philosoph der Aufklärung der Meinung war, Glaube sei weiterhin notwendig, um in jene Bereiche vorzudringen, die dem Verstand verschlossen sind.

Die 613 Gebote

Zur jüdischen Tradition gehörte die Betonung des geheimnisvoll Unkenntlichen, der vollständigen Andersartigkeit Gottes. Ein ebenso wichtiger Teil der Tradition war das Insistieren darauf, daß Gott mehr, und nicht weniger vollkommen ist als alles, was wir uns vorstellen können. Als die eine vollkommene Quelle unserer gesamten Existenz gebietet Gott über unseren absoluten und kompromißlosen Gehorsam. Der Gott der Juden mag ein Gott sein, dessen innere Natur unbekannt ist, er ist aber ein Gott, dessen Anordnungen zwingend sind. Gott mag über alles menschliche Verstehen erhaben sein, besteht aber darauf, daß seine Anbeter sich in vollem Umfang der Gerechtigkeit und dem Mitleid widmen. Genau diese Vision Gottes als moralisch bindend ist der besondere Beitrag der Propheten des alten Juda und Israel zum Verständnis des Göttlichen in der Welt.

Nachdem er Israel aus Ägypten befreit hatte, bestieg Moses den Berg Sinai und verschwand vierzig Tage lang in einer Wolke. Dort traf er Jahweh, der ihm eine Liste mit „Gesetzen und Verordnungen“ gab, denen die Israelis gehorchen sollten. Es war eine sehr lange Liste. Allgemein glaubt man, es waren nicht zehn, sondern 613 Gebote – obwohl man die Gesamtsumme offensichtlich auf unterschiedliche Arten errechnen kann. All diese Gebote wurden aufgeschrieben – von Jahweh selbst, so heißt es – und zusätzlich gab es viele weitere Gebote, die Moses in Erinnerung behalten mußte, und sie wurden erst sehr viel später niedergeschrieben. Diese bilden den *Halakhah*, was man ungefähr mit „dem Weg“ Israels übersetzen kann. Im zweiten nachchristlichen Jahrhundert wurden sie in der Mischna zusammengefaßt, wovon ein Teil im fünften Jahrhundert seinen endgültigen Kommentar im babylonischen Talmud erhielt, der zu der Zeit zum Haupttext des jüdischen Rabbinertums wurde.

Das mag sich alles sehr verwirrend anhören, und es ist ja auch viel einfacher zu sagen, daß Gott dem Moses die Zehn Gebote gab, und das war's. Nur müssen wir uns eben daran erinnern, daß das eine arge Vereinfachung ist, obwohl die Zehn Gebote (in der Bibel die „Zehn Worte“ genannt) von besonderer Bedeutung sind. Was Gott dem Moses wirklich anvertraute, war die Thora, die eine Menge von Gesetzen und Verordnungen enthält, zusammen mit der Geschichte der Patriarchen Israels, dazu noch viele Geschichten, Allegorien und weise Sprüche. In der jüdischen Bibel, dem Alten Testament, werden die ersten fünf Bücher, von der Genesis bis zum Deuteronomium, oft die „geschriebene Thora“ genannt, und es ist klar, daß dies nicht einfach eine Liste von Gesetzen ist. Es ist vielmehr die gesamte Offenbarung oder Lehre (das Wort *Thora* ist jüdisch für „lehren“) von Gott an Moses. Es schließt die Erinnerung an die verschiedenen Taten Gottes ein, der Israel beruft, befreit, belohnt und bestraft, und es finden sich Aufzeichnungen über Israels sehr unterschiedliche Antworten auf diese Taten und Regeln, nach denen Israel leben sollte.

Gott stellt nicht einfach Listen mit Gesetzen in einen luftleeren Raum, als würde er sagen: „Tut das, weil ich es so sage, und stellt keine Fragen.“ Manchmal kann es sich zugegebenermaßen so anhören. Gott sagt solche Dinge wie: „Ihr sollt keine Hummer essen.“ Und die Israeliten haben sicher geantwortet: „Hummer? So ein Glück müßte man haben. Hummer mitten in der Wüste! Soll das ein Witz sein?“ Und Gott sagte: „Ihr sollt keine Lämmer essen, die in ihrer Muttermilch gekocht wurden.“ Die Israeliten antworteten: „Wer hätte auch je an so etwas gedacht? Aber wo du es jetzt sagst, hätte ich direkt mal Lust, es zu probieren. Was soll denn schlecht daran sein?“ „Auch sollt ihr keine Schweine essen." „Was? Keine Würste? Könntest du das bitte mal erklären?" „Eines habe ich noch zu erwähnen vergessen: Ihr sollt dem Herrn, eurem Gott, keine Fragen stellen." Womit das Gespräch beendet wäre.

Orthodoxe Juden versuchen nicht, eine Erklärung für die Gesetze zu finden. Sie kamen von Gott, und das reicht. Trotzdem sind sie nicht willkürlich. Die Gesetze bilden die Grenzen einer Lebensweise in Hinblick auf Gott, der Israel zu folgen aufgerufen war. Alles ist verboten, was diese Lebensweise und diese Beziehung zu Gott kompromittieren könnte. Und wie der Verzehr von Würsten aus Schweinefleisch damit zusammenhängt, das wird wohl im Dunkeln bleiben. Nur ist dieses Verbot integraler Bestandteil einer ganzen Reihe von Gesetzen geworden, die das jüdische Leben definieren, das einem zum religiösen Juden macht, weshalb es mit dem Rest der übrigen Weisungen akzeptiert wird.

Schweine und andere Tiere

Wenn man wissen will, warum Schweine verboten sind, dann schlägt man am besten in einem anthropologischen Buch nach, das von ähnlichen Verboten berichtet. Früher dachte man, daß Schweinefleisch verboten war, weil es in heißem Klima leicht Krankheiten verursachen kann und das Verbot schlicht und einfach eine frühe Hygienemaßnahme war. Aber alle anthropologischen Bücher dieser Welt über Stammesgesellschaften bezweifeln dies. In Polynesien sind Dinge, die „tabu" oder „tapu" sind, gebannt, wegen ihrer Beziehung zum „mana" oder zur Macht, die von der Verwandtschaft mit den Göttern herrührt. Mana ist eine gefährliche Kraft und muß durch ein striktes Regelwerk in Grenzen gehalten werden. So sind die Stammeshäuptlinge, ihre Speere und Häuser, auch die Knochen und Kämme der Toten sowie alles, was mit der Anbetung der Götter zusammenhängt, tabu. Ein Rest dieser Einstellung ist noch in manchen Kirchen zu finden, wo zum Beispiel Laien, vor allem Frauen, zuweilen im Allerheiligsten nicht zugelassen sind, in dem das Meßopfer dargeboten wird. Das Allerheiligste ist ein geheiligter Ort; er ist tabu. Tabus schätzen die heiligen Kräfte und verhindern, daß sie ausbrechen und die Menschen zerstören.

All das kann vielleicht auch bedeuten, daß Schweine einst heilig waren oder irgendwie mit den Göttern assoziiert wurden. Vielleicht wurde ihre Fruchtbarkeit als Zeichen der göttlichen Macht gesehen, weshalb sie ausgenommen, eben tabuisiert, wurden. Das ist eine Vermutung. Eine andere ist, daß Schweine als Tiere gelten, die, wie die Bibel berichtet, weder wiederkäuen noch geschlossene Hufe haben und damit als irgendwie unpassende Tiere angesehen wurden. Viele Dinge, die man als Vermischung von Kategorien einstuft, sind verboten – Leinen mit Wolle zu mischen oder auch mit einem Ochsen und Esel zu pflügen. Vielleicht wurden Schweine als mehrdeutige Tiere betrachtet, die zwischen zwei Kategorien fallen und daher mögliche Zentren der göttlichen Zerstörungsmacht waren, durch welche diese in die Welt sickern könnte. Derartige Erklärungen werden von der Anthropologin Mary Douglas vorgebracht, in ihrem Buch *Purity and Danger* (Reinheit und Gefahr) – zugleich der Name einer vorzüglichen Eiscreme, die man in einer Eisdiele in Oxford kaufen kann, die von zweien ihrer Studenten eröffnet worden ist.

In Wahrheit weiß niemand, warum in der Thora das Essen von Schweinefleisch verboten ist. Der Ursprung derartiger Tabus liegt in ferner Vergangenheit, vor der erinnerten Zeit. Viele Generationen lang geriet dieses Tabu in die Liste der sauberen – *koscheren* – und unreinen Lebensmittel, nur eben auf der falschen Seite. Und heute wird es akzeptiert, weil es eben vorhanden ist. Es ist eine Tradition des Volks, es definiert, was einen religiösen Juden ausmacht, und die Regeln zu beachten ist ja ein Weg, Loyalität gegenüber Gott zu bezeugen. Nicht zu gehorchen hieße, die Beziehung zu Gott zu kompromittieren; einfach deshalb, weil es absichtlicher Ungehorsam wäre. „Ich tue es nicht, weil ich mir denken kann, daß es vernünftig ist, sondern einfach, weil Gott es gesagt hat, und ich tue gerne, was Gott befiehlt" – das ist schließlich ein guter religiöser Grund.

Stimmt das auch? Ich vermute, es hängt davon ab, was für einen Gott man im Sinn hat. Es ist nämlich kein guter Grund, sofern man einen Gott wie Zeus hat, der die Menschen mit einer gewissen leidenschaftslosen Verachtung betrachtet. Und es ist sogar ein sehr schlechter Grund, wenn man einen Gott wie Ares hat, den „Hasser der Menschen". Es kann aber ein guter Grund sein, wenn es einen Gott gibt, der einen liebevoll umsorgt und die Macht hat, uns Gutes zu tun. Von Jahweh hat man angenommen, er habe Israel erwählt, so wie ein Mann seine Frau erwählt; und er habe Israel aus der ägyptischen Sklaverei befreit und ihm versprochen, es werde ein großes und blühendes Volk werden. Ein solcher Gott würde nicht ohne Grund befehlen, und wir können sicher sein, daß das, was dieser Gott befiehlt, sich als gut erweisen werde.

Die zwei großen Gebote

Die Befehle Gottes in der Thora sind vielfältiger Natur. Es gibt dort Rituale, in denen ein Priester heiliges Wasser, Mehl und Erde vermischt und dies einer Frau zu trinken gibt, um zu sehen, ob sie Ehebruch begangen hat, was einigermaßen nach Zauberei aussieht. Es gibt auch Gesetze, die die Ausflüsse von verschiedenen Körperteilen reinigen sollen. Es gibt Verbote, Tiere zu essen, die nicht wiederkäuen, aber Hufe haben. Alles in allem sieht es für Anthropologen sehr danach aus, als wäre eine ganze Reihe von Tabus und Ritualen in eine Tradition eingebettet und in die Thora verpflanzt worden. Jeder Jude würde sagen, daß die meisten dieser Gesetze seit langem nicht mehr befolgt werden, manchmal aber bilden sie dennoch die Basis für neuere Entscheidungen der Rabbiner. So leitete sich das moderne Verbot, Schalen oder Öfen durcheinanderzubringen, die für Fleisch und Milchspeisen benutzt wurden, über manche Umwege von dem Verbot ab, Lämmer zu essen, die in Muttermilch gekocht wurden (was in Golders Green oder Manhattan auch nicht gerade eine besondere Versuchung sein dürfte). Und das Verbot, an Samstagen elektrisches Licht anzuzünden, das manche Juden befolgen, leitet sich vom Verbot ab, am Sabbat Feuer zu machen.

Es wäre ein großer Fehler anzunehmen, daß Juden, selbst die am strengsten orthodoxen, die Verbote wörtlich nehmen. Diese Regeln sind eher wie Präzedenzfälle, welche die Rabbis den wechselnden Umständen gemäß anwenden können; sie können sie für veraltet erklären, sie neu interpretieren – niemals aber ignorieren. Das jüdische Gesetz ist ein Körper von Prinzipien für ein Leben im Bund mit Gott, und während Tradition für die Orthodoxen sehr wichtig ist – und eher flexibel für die Reformierten, Konservativen oder Liberalen –, ist es niemals das bloße geschriebene Wort, das exakt definiert, was in einer bestimmen Situation zu tun ist. Ironischerweise sind es oft die Christen – obgleich manche Christen die Juden des Legalismus bezichtigen – ‚die in Hinblick auf die geschriebenen Texte gesetzestreuer sind als die jüdischen Rabbis, welche diese Statuten und Anweisungen als Grundlage religiöser Diskussionen, häufiger Ablehnungen und ausführlicher Debatten darüber ansehen, was Gott verlangt.

Es mag den Anschein haben, als seien viele dieser Anordnungen nur triviale Regeln, was sie sicherlich auch sind. Für einen folgsamen Juden aber gehören sie alle zum Gehorsam gegenüber Gott, wodurch sie ihre Liebe und Verehrung Gott gegenüber bezeugen und ihr ganzes Leben in bewußte Beziehung zu Gott stellen. Das eigentliche Herz der Thora liegt nicht in diesen Regeln. Es liegt vielmehr in dem beschlossen, was manche Rabbis – und Jesus – als die beiden „großen Gebote" bezeichnet haben: Gott zu lieben mit ganzem Herzen (Deuteronomium 6) und den Nächsten wie sich selbst zu lieben (Leviticus 19).

Dieses mögen recht seltsame Gebote sein, denn wie kann einem befohlen werden, man solle Gott oder andere Menschen lieben? Die Hebräer aber dachten über die Liebe nicht als emotionales Gefühl; sie ist eine sehr praktische Angelegenheit. Man liebt andere Menschen, indem man sich um sie kümmert, ihnen freiwillig gibt und in Schwierigkeiten hilft. Man liebt Gott, indem man die von Gott geschaffene Welt wertschätzt, umhegt und Sorge für sie trägt, und indem man am göttlichen Werk der Erschaffung neuer und wunderbarer Dinge teilhat. Die Thora benennt einige der Wege beim Namen, wie sich eine solche praktizierte Liebe zeigen kann.

Es gab allerdings schon vor der Thora Gesetzeswerke, die von den Göttern gegeben wurden. Hammurabi, Erschaffer des ersten Babylonischen Reiches, ca. um 1792 vor Christus – als Abraham Ur verließ –, erließ einen großen Gesetzeskodex, der angeblich vom Sonnengott befohlen worden war. Darin fanden sich Gesetze über Recht und Bestrafung, ganz ähnlich den jüdischen Gesetzen. Was aber die jüdische Sichtweise aufwies, und für Hammurabi nicht zutraf, war das Gefühl, daß Gott der Schöpfer aller Dinge war und daher Verehrung und Dankbarkeit für alles Gute in der Schöpfung erheischte sowie verantwortliches Handeln vor allem gegenüber all denen, die nicht ihren Anteil an dem Guten hatten, gegenüber den Armen also und den Bedürftigen. Jahweh war kein Gott, der seine Meinung änderte, der Stimmungen hatte und schmollte und von seinen Anbetern Opfer brauchte. Jahweh war ein Gott, der alle erschaffen hatte und den Menschen auftrug, für sich und für einander zu sorgen. Zumindest hatte sich Jahweh zur Zeit des Deutero-Jesaja dahin entwickelt, und man kann die Anfänge dafür in den Zehn Geboten erkennen, die durch Moses dem Volk Israel gegeben wurden.

Die Zehn Gebote

Man findet sie im Buch Exodus, Kapitel 20. Manche Leute denken, die Zehn Gebote seien eine Sammlung von universellen Moralgesetzen, die alle Menschen befolgen sollten. Das sind sie aber nicht. Sie sind an die Juden gerichtet, die Nachkommen Abrahams durch Isaak. Jahweh beginnt damit, daß er sie erinnert, wie eine göttliche Befreiungstat sie aus der Sklaverei in Ägypten befreit hat; daher gehören sie nun Gott. Jahweh verbietet den Juden, andere Götter anzubeten oder Bilder von natürlichen Gegenständen zu machen und diese dann anzubeten. Jahweh ist also ein „eifersüchtiger" Gott. Das heißt, er beansprucht die exklusive Loyalität des Volks, das befreit wurde. Würden sie einen anderen Gott anbeten, käme dies einem Ehebruch gleich; es würde die besondere Beziehung zerbrechen, die Jahweh zu den Nachkommen Abrahams hergestellt hat. Daher sind die ersten beiden Gebote vor allem für die Juden bestimmt.

Dann verbietet Jahweh jede Benutzung des göttlichen Namens für böse oder magische Zwecke. Jahweh soll nicht verwendet werden, um Streitgespräche zu gewinnen oder an Feinden Rache zu üben, wofür viele Götter gebraucht wurden. Und Jahweh befiehlt, daß jeder siebte Tag ein Ruhetag sein soll, an dem nicht einmal ein Feuer entzündet werden darf. Wiederum sind dies keine Gesetze für die ganze Welt. Sie existieren exakt darum, um das Volk Israel anderen Völkern gegenüber als verschieden abzusetzen; als auserwählt für einen besonderen Bund mit Gott.

In vielen reformierten christlichen Kirchen wurden die Zehn Gebote auf die Wand oder auf eine Seite des Hauptaltars geschrieben. Die ersten vier Gebote sind dabei gewöhnlich auf der linken Altarseite, die restlichen sechs auf der rechten. Die auf der Linken – die „erste Gesetzestafel" – aber waren nur an die Juden gerichtet, um sie daran zu erinnern, daß sie nur Jahweh, ihren Befreier, anbeten und Jahwehs Gesetze achten sollten – Gesetze, die die Christen schon vor langer Zeit nicht mehr betrafen.

Es ist nichts Schlechtes daran, alte Gesetze von einem christlichen Standpunkt aus neu zu interpretieren, solange man sich bewußt ist, was man da tut. Die Christen halten sich für das „neue Israel", gleichfalls von Gott befreit; nicht aus Ägypten, sondern von der Sklaverei der Sünde. Die ersten vier Gebote erhalten so eine recht andere, weniger soziale und mehr persönliche Interpretation und gestatten den Christen, Bilder von Jesus anzufertigen, die Sabbat-Regeln einigermaßen zu lockern und selbst den heiligen Tag von Samstag auf Sonntag umzulegen – mit anderen Worten, die Gesetze genau andersherum anzuwenden, als sie ursprünglich gemeint waren. Auch das ist in Ordnung – die Menschen können die Regeln adaptieren, wenn sie es für notwendig halten. Überraschenderweise aber denken manche Christen, sie nähmen die Gesetze wörtlich, wo sie tatsächlich aber die Bedeutung ganz beträchtlich in Hinblick auf den ursprünglichen Textsinn abändern. Christen können die Zehn Gebote sicher benutzen, sofern sie das wollen. Aber diese Gebote waren einst – und sind es in ihrer ursprünglichen Interpretation immer noch – auf die Juden gemünzt und gelten eben nicht für absolut alle Menschen. Sie sind Grundregeln, die die besondere Beziehung der Juden mit Gott lebendighalten sollen.

Die letzten sechs Gebote sind von eher universellem Zuschnitt – keinen Mord oder Ehebruch zu begehen, nicht zu stehlen oder falsche Anklagen zu erheben, nicht das Gut anderer Leute zu begehren und die Eltern zu respektieren. Dies sind recht gute Regeln für jede gesunde Gesellschaft. Nimmt man sie aber wörtlich, dann sind es ziemliche Bagatellen. Man kann sie alle einhalten, indem man still dasitzt und sich nur um seine Sachen kümmert. Genauer gesagt, man kann sie alle in einer Gesellschaft befolgen, die weitgehend ungleich ist, die Sklaverei betreibt, dazu gewalttätig ist und Gesetzte hat, die strenge Strafen vorsehen (so wie das alte Israel). Man kann nämlich ein Millionär mit Hunderten von Sklaven und Dutzenden von Frauen sein, der ruhig zuschaut, wie der Rest der Welt im Chaos versinkt und dabei, nicht ganz unähnlich Nero, auf seiner Geige übt. Und dennoch könnte man sagen: „Ich habe keinen Mord oder Ehebruch begangen, gestohlen oder falsche Anschuldigungen erhoben noch anderer Leute Gut begehrt – das brauche ich alles nicht, danke. Ich habe genug von allem." Man könnte meinen, man sei auf diese Weise ein vollkommen moralischer Mensch – und dennoch wäre irgend etwas hier falsch.

Und es wird tatsächlich eine ganze Menge mehr von den Menschen erwartet, als nur diese minimalen Moralregeln einzuhalten. Wir müssen uns schon außerhalb der Zehn Gebote bewegen, zum Rest der Thora, um zu sehen, was das ist. Wenn man das tut, sind die Fingerzeige ziemlich klar. Die Menschen haben die Verpflichtung, Gott, ihrem Schöpfer, zu dienen und zu gehorchen. Dies ist die erste und wichtigste Menschenpflicht. Wie aber soll man das bewerkstelligen? Es ist verführerisch, den Dienst an Gott auf besondere „religiöse" Zeremonien zu begrenzen. Wenn man korrekt das Opfer bringt, wird Gott es zufrieden sein und tun, was man will.

Diese Versuchung existiert in Israel geradeso wie in jeder anderen religiösen Gemeinschaft. Manchmal wird daher von Jahweh gesprochen als einem einigermaßen schrecklichen Stammesgott, der Israel Gutes verspricht und den Feinden Schaden androht – als Belohnung für korrekt ausgeführte Opfer (so wie die Götter der *Ilias*). Amos, Micha, der erste Jesaja und Hosea, die ersten Propheten

Israels, deren Lehren im Alten Testament aufbewahrt sind, haben alle mit stärksten Worten gegen diese Versuchung protestiert: „Ich bin euren Feiertagen gram und verachte sie und mag eure Versammlungen nicht riechen. Und ob ihr mir gleich Brandopfer und Speiseopfer darbringt, so habe ich kein Gefallen daran; so mag ich auch eure feisten Dankopfer nicht ansehen. Tue nur weg von mir das Geplärr deiner Lieder; denn ich mag dein Psalterspiel nicht hören! Es soll aber das Recht offenbart werden wie Wasser und die Gerechtigkeit wie ein starker Strom" (Amos 5,21–24). So verwirft Amos, der im Namen Gottes spricht, alle Ansichten von Religion als eine Sache von Ritualen, die einem private Vorteile einbringen sollen. Micha klingt ähnlich: „Es ist dir gesagt, Mensch, was gut ist und was der Herr von dir fordert, nämlich Gottes Wort halten und Liebe üben und demütig sein vor deinem Gott" (Micha 6,8). Und Jesaja schreibt: „Ich bin satt der Brandopfer von Widdern ... laßt ab vom Bösen; lernet Gutes tun, trachtet nach Recht, helfet dem Unterdrückten, schaffet den Waisen Recht, führet der Witwe Sache" (Jesaja 1,11.16–17).

Gott, was auch immer er war, ist nun nicht mehr ein Geist für den Ort oder die Verwandtschaft, der durch schmeichelhafte Geschenke besänftigt wird. Er ist vielmehr der einzige Schöpfer der ganzen Erde, dessen Wille es ist, daß die Welt aufblühe und daß die Menschen, die nach seinem Bilde geschaffen sind, ihre Berufung darin finden mögen, das Wachstum aller guten Dinge zu fördern. Wahre Religion ist also nicht das korrekte Opfer von geschlachteten Tieren, sondern der Gehorsam gegenüber dem Willen Gottes, der für das Erblühen der Erde steht, für Gerechtigkeit und Freundlichkeit sowie für Sorge um alle die, die leiden.

Dies ist jedenfalls die grundlegende Bedeutung des Opfers, daß man den Göttern freiwillig einen Teil dessen darbietet – vielleicht gar den besten Teil –, was sie uns gegeben, was wir durch eigene Anstrengung vermehrt haben. So zeigen wir, was wir getan haben (daß wir gut „gearbeitet" haben), und so wird der Dank für die grundlegende Bereitstellung alles Lebensnotwendigen durch Gott abgestattet, für der Götter Schutz und Hilfe. Natürlich haben solche Geschenke an die Götter noch weitere Bedeutungen. Sie können zur Bestechung werden, um einen Gott dazu zu bringen, einer Bitte zu entsprechen – am Anfang der *Ilias* betet der alte Priester zu Apollo: „... hab ich dir je von erlesenen Farren und Ziegen fette Schenkel verbrannt, so gewähre mir dieses Verlangen." Die Geschenke können auch zur Entschädigung werden, um einen Gott dazu zu bringen, manchen Fehltritt zu übersehen, so werden sie zur Beruhigung für Fehlverhalten – „er wird vielleicht den makellosen Rauch von Lämmern und Ziegen annehmen und dafür die Plage von uns fernhalten“. Solche Geschenke können dazu dienen, am glücklichen Leben der Götter durch ein Fest teilzuhaben, wo gutes Rindfleisch und Wein mit gutem Gewissen genossen werden können – „sie besänftigten den Gott mit Musik … und er hörte mit entzücktem Herzen zu“. Aber die wichtigste Bedeutung – wie bei allen Geschenken an einen Höheren – ist die, ihn zu ehren und Loyalität zu bezeigen, Dank für erwiesene gute Taten abzustatten und Hoffnung auf weitere Hilfe und Unterstützung auszudrücken. Die Menschen kooperieren, indem sie die Absichten der Götter herbeiführen, bleiben dabei aber immer Diener und Instrumente dieser Absichten.

Die jüdischen Propheten taten einen großen Sprung in Richtung religiöser Einsicht, als sie lehrten, daß die rechte Art, die Götter zu ehren, nicht im Opfern von Bullen und Ziegen besteht, die einem verdrießlichen und begrenzten Gott um ersehnter Güter für sich und der Freunde willen dargebracht wurden. Die rechte Art der Götterverehrung geschieht vielmehr durch das Opfer eines geringen Teils des eigenen Lebens und Glücks, das dem unendlichen Schöpfer dargeboten wird, um aller Geschöpfe willen. „Das Opfer, das der Herr annimmt, ist ein gebrochener Geist; ein gebrochenes und reuiges Herz, o Gott, wirst du nicht verachten“ (Psalm 51,19).

Das ist die Bedeutung der Thora und zugleich das Kriterium, wonach all ihre Statuten und Anordnungen ausgelegt werden müssen. Im Lichte all dessen geben die beiden „großen Gebote“ der Thora die klarste Anweisung, wie die unterschiedlichen Gesetze aus unterschiedlichen Zeiten und Umständen für die alltägliche Praxis interpretiert werden müssen. Das zweite der Gebote vor allem, „Liebe deinen Nächsten wie dich selbst“, ist ein Gebot, das sehr bald alle möglichen Gesetze ausschließen wird, wenn man genauer darüber nachdenkt. So können Sklaverei und grausame Bestrafung danach nicht mehr toleriert werden, wenn man sich wirklich klarmacht, was einem selbst angetan würde, wenn man in anderen Schuhen steckte. Frauen können nicht als dem Mann unterlegen angesehen werden; und wenn man bedenkt, daß auch Tiere unsere Nächsten auf der Erde sind, müßten eine ganze Menge unserer menschlichen Praktiken geändert werden – einschließlich des Schlachtens von Tieren für Opferzwecke. Dies ist eine Regel mit Hand und Fuß und schließt naturgemäß ein, daß man sich selbst lieben soll – es wäre nicht besonders sinnvoll, uns zu erzählen, wir sollten den Nächsten lieben wie uns selbst, wenn man sich *de facto* haßt und vorhat, Selbstmord zu begehen. Sie schließt auch ein, daß man auf eben diese Art für sich und die anderen ein wahrhaft gutes Leben erstreben soll. In diesem Punkt weisen die 613 Gebote der Thora auf eine wahrhaft universelle Moral hin.

Jesus und das Gesetz

Wenn das aber stimmt, ist dann die Thora irrelevant, weil sie ganz einfach von einer universellen menschlichen Moral abgelöst wird? Christen scheinen zuweilen anzunehmen, Jesus habe gelehrt, die Thora, welche sie das „Gesetz" nennen, sei abgeschafft, und sie zitieren dazu gern die Bergpredigt (bei Matthäus 5–7, und recht anders, weil in der Ebene stattfindend, bei Lukas 6). Jesus sagt: „Ihr habt gehört, daß da gesagt ist", und fährt dann fort: „Ich aber sage euch", was wie eine Widerrede auf das Gesetz klingen könnte. Schaut man aber genauer hin, bemerkt man, daß Jesus dem Gesetz keineswegs widersprochen hat. Er verglich nur einige eher wörtliche, traditionelle Interpretationen des Gesetzes mit einer gründlicheren Auslegung, die von inneren Motiven wie auch von äußerlicher Befolgung handelt. Aber er redet immer noch über das Gesetz. In der Tat, der Beginn der Bergpredigt sollte das eigentlich klargemacht haben. Jesus sagt: „Denkt nicht, ich sei gekommen, um das Gesetz und die Propheten aufzuheben. ... wird auch nicht der kleinste Buchstabe des Gesetzes vergehen, bevor nicht alles geschehen ist" (Matthäus 5,17.18). Das hört sich einigermaßen kleinlich an, will dabei aber sicher nicht besagen: „Kümmert euch nicht darum, was das Gesetz sagt; tut statt dessen, was ich sage."

Die Tatsache, daß Jesus ein folgsamer Jude war, der lehrte, daß man das Gesetz befolgen solle, nur eben im tieferen und inneren Sinne, wird durch zwei Schlüsselabschnitte des Neuen Testaments bestätigt. Erstens bestand der Apostel Petrus, der sehr wohl wußte, was Jesus gelehrt hatte, stets darauf, daß das Gesetz geachtet würde, und er war schockiert von einer Vision, die er dreimal hatte und die anzudeuten schien, daß er sogar zu Heiden reden sollte. Zweitens: Auf einer großen Versammlung in Jerusalem, wovon die Apostelgeschichte 15 berichtet, gab es eine hitzige Debatte darüber, ob neue Jünger das Gesetz beachten müßten. Es hätte hierüber keine Debatte gegeben, wenn nicht Jesus schon gesagt hätte, daß sie sich nicht darum sorgen sollten. Und das Ergebnis dieser Debatte war ein Kompromiß – und zwar daß neue Konvertiten nicht beschnitten werden müßten (was den Männern eine recht schmerzhafte Behandlung ersparte angesichts dessen, daß sie ohne Betäubung mit einem Steinmesser ausgeführt wurde), sie mußten aber dennoch koscheres Essen zu sich nehmen. Die Thora aufzugeben war offensichtlich ein allmählicher und unerwarteter Prozeß, weitgehend durch die Tatsache auf den Weg gebracht, daß die neue Bewegung fast zur Gänze und sehr schnell vollkommen nichtjüdisch wurde.

Da dies alles im Neuen Testament so klar ist, warum denken dann so viele Menschen, daß Jesus das Gesetz aufhob? Ich denke, hier herrscht eine Art antijüdisches Vorurteil, das mit der lächerlichen Behauptung einherkommt, die Juden seien Legalisten, während die Christen sich eher um die innersten Motive der menschlichen Handlungen kümmerten. Christen können sehr wohl sehr kleinlich gesetzestreu sein, was die Anwendung ihrer eigenen Moralgesetze angeht, und Juden können sehr eifrig und bereitwillig die Thora lesen, so wie Jesus es vermutlich tat, und dabei mit inneren Motiven wie auch den äußeren Handlungen beschäftigt sein.

Tatsache ist, daß Jesus sich um die Thora kümmerte, um die Gesetze und Gebote, die von Gott durch den Propheten Moses gegeben worden waren. Aber er interpretierte sie im Licht einer allgemeinen und rigorosen Anwendung auf das Prinzip des „Liebe deinen Nächsten wie dich selbst“; eine Anwendung, die ihrerseits sich von der Liebe Gottes ableitete, die als allgemein und unbegrenzt begriffen wurde. So lehrte Jesus, daß Wut, Lust, Untreue, Unehrenhaftigkeit, Rachsucht und Haß innere Motive des Menschen seien, die allesamt der universellen Liebe Gottes für die gesamte Schöpfung zuwiderliefen (dies die Lehre der Bergpredigt, Matthäus 5,21–48). Gott wahrhaft zu lieben heißt ihn zu bewundern und zu wünschen, man wäre wie Gott, und das verlangt das Ausmerzen aller jener Motive aus unseren Herzen. Es verlangt, daß man den Nächsten liebt, nicht wie man sich selbst liebt, sondern wie Gott uns liebt.

Alles dies war eine Interpretation der Thora. Es scheint aber, daß man diese Prinzipien übernehmen kann, ohne die Regeln der Thora exakt einzuhalten. Als die frühen christlichen Kirchen feststellten, daß sie fast vollständig nichtjüdisch waren, konnten sie daher auf die 613 Gebote der Thora – die ja für Juden bestimmt waren – verzichten, wobei sie beanspruchten, trotzdem den ethischen Lehren Jesu treu zu bleiben. Sie meinten aber nicht, daß sie deshalb eine vollkommen weltliche Moral hätten. Vielmehr folgten sie dem Beispiel der Bergpredigt und versuchten den geoffenbarten Gesetzen Gottes eine innere und geistige Bedeutung zu geben.

Calvin und die Gebote

Dies ist eine Haltung, die sich durch die christliche Geschichte fortgesetzt hat. Ein sehr gutes Beispiel dafür findet man im Werk des französischen Reformationstheologen Johann Calvin (1509–1564), und zwar in seinem Hauptwerk, *Unterricht in der christlichen Religion* (*Institutio religionis christianae*) genannt. Von Calvin ist zuweilen angenommen worden, er gründete seine Lehre auf der ursprünglichen Bedeutung der Evangelien, sei zur Reinheit der Lehre Jesus zurückgekehrt und habe sich damit von Aberglauben und Verderbtheit der kirchlichen Tradition abgewandt. Vielleicht dachte er auch selbst von sich so (zumindest an den Dienstagen und Donnerstagen, aber an den Montagen und Mittwochen, denke ich, wußte er es besser).

Sicher wollte er die Korrumpierungen der Kirche des sechzehnten Jahrhunderts reformieren, so wie er sie vorfand. Als er aber über die Zehn Gebote schrieb (im II. Buch, Kapitel 8 seines *Unterrichts*), gab er ihnen *de facto* eine neue und machtvolle Interpretation. Er verwarf ohne Umschweife jede wörtliche Auslegung, die nur die einfache Bedeutung der Wörter akzeptiert, so wie sie dastehen (Protestanten irren, wenn sie meinen, daß es eben dies ist, was sie tun oder Calvin tat). Statt dessen behauptete er, daß „man also bei einer verständigen Auslegung des Gesetzes über die Wörter hinausgehen darf, liegt auf der Hand". Ferner heißt es: „Auch daß mit dem Verbot des Bösen das Gegenteil als Pflicht befohlen wird, wird man allgemein ohne Widerspruch annehmen" (II, 8, 7).

So bedeutet das Gebot „Du sollst nicht töten" in Wahrheit: „Wir sollen dem Leben unseres Nächsten alle Hilfe gewähren, die in unserer Macht steht." Wir müssen hinter die Worte gelangen hin zum darunterliegenden Sinn des Respekts für das menschliche Leben, das nach dem Bilde Gottes geschaffen wurde. Nun ist die naheliegende Frage, woher Calvin wußte, was das zugrundeliegende Prinzip ist. Seine Antwort wäre die, daß er wisse, Jesus habe Gehorsam gegenüber dem Gesetz gelehrt (dessen war er sich wohlbewußt), und daß Jesus in der Bergpredigt lehrt, daß dem Gesetz genau die radikale Auslegung gegeben werden muß, die er, Calvin, im Sinn hatte. Wenn Jesus das Gebot nimmt „Du sollst nicht töten", sagt Calvin, es impliziere „Du sollst nicht wütend sein". (Man glaubt generell, daß Matthäus sich daran so störte, daß er hinzufügte „ohne einen Grund", was sich nur in einigen vorhandenen Handschriften findet.) Dies wiederum unterstellt Calvin, nämlich daß Gott das Gegenteil befiehlt, was so etwas wie Liebe ist. (Aber ist Liebe wirklich das Gegenteil von Wut?) Das Gebot „Du sollst nicht töten“ ist also soviel wert wie das Gebot „Liebe deinen Nächsten wie dich selbst“. Wenn sich jemand daran störte – was der Fall war –, und zwar durch die Tatsache, daß Liebe nirgendwo in den Zehn Geboten vorkommt, hat Calvin die beste Antwort: Das zugrundeliegende Prinzip der Zehn Gebote ist die Liebe, und sie benennen manches eindeutige Gegenteil von Liebe beim Namen, was auf jeden Fall vermieden werden muß.

Calvin behandelt alle Gebote auf diese Weise. Die ersten vier drücken die spirituelle Lehre aus, daß Gott allein angebetet werden soll, ihm allein vertraut, er allein angefleht, ihm gedankt werden soll; daß wir nicht glauben sollten, wir könnten uns Gott angemessen vorstellen; daß wir die Religion nicht um des Ehrgeizes oder des Vorteils willen benutzen und uns stets der Gegenwart Gottes bewusst sein sollen.

Calvins Behandlung des Sabbat-Gebots ist besonders interessant. Die, die sich Calvinisten nennen, werden oft in erster Linie durch ihre strikte Befolgung des Sonntags als Tag des Herrn unterschieden, an welchem keinerlei Arbeit getan werden darf und man sich keinen leichtfertigen Unterhaltungen wie Kartenspiel oder Fernsehen hingeben soll. Viele Kinder aus kalvinistischen Häusern mögen sich des Sonntags als etwas Fürchterliches und als Tag vollständiger Langeweile erinnern, wenn sie in ihrer besten Kleidung dasitzen und erbaulichen Gebeten lauschen sowie langweilige Psalmen singen mußten.

Aber man höre, was Calvin selbst zum Thema zu sagen hat: „Christen sollen mit der abergläubischen Einhaltung von Tagen nichts zu schaffen haben.“ Es sollte vielleicht einen Tag in der Woche geben, an dem den Bediensteten freigegeben wird, und es sollte eine Zeit innerhalb der Woche für öffentliche Anbetung geben. Das wichtigste Prinzip aber der Sabbat-Gebote ist das folgende: „Wir müssen gänzlich ruhen, damit Gott ins uns wirke“ – und nicht an einem Tag der Woche, sondern immer. Solch ein „fortwährendes Ausruhen von unserer Arbeit“ ist ein fortwährendes inneres und geistiges Prinzip, das sehr schön in einem der Motti der Anonymen Alkoholiker ausgedrückt ist: „Laß los und laß Gott zu.“ Es hat nichts damit zu tun, daß man in der besten Kleidung den ganzen Tag dasitzt und nichts tut; es hat aber alles damit zu tun, daß man alles Gott überantwortet – alles, was man tut.

Wir können nunmehr leicht erraten, wie Calvin die verbleibenden Gebote abhandelt. „Du sollst Vater und Mutter ehren“ wird zu „Wir sollen denen Ehrfurcht, Gehorsam und Dankbarkeit erweisen, die über uns sind“. Es ist der allgemeine Grundsatz von Ordnung und gebührendem Respekt innerhalb der Gesellschaft. „Du sollst nicht ehebrechen“ wird zu „Sei rein in Gedanken, Worten und Taten“. Wir sollen andere respektieren als Menschen voller Würde, nicht nur als Objekte von sinnlichem Vergnügen und somit als Instrumente unseres Verlangens. „Du sollst nicht stehlen“ wird gedeutet als „Gib allen Menschen das ihrige“. „Du sollst nicht falsches Zeugnis reden“ wird zu „Verteidige den Namen und das Eigentum deines Nachbarn“. Und „Du sollst nicht begehren …“ bedeutet, daß die ganze Seele von Liebe zum Nächsten durchdrungen sein soll.

So bewerkstelligt Calvin den Übergang von einer Anzahl minimaler Stammesregeln zur universellen und höchst fordernden Ethik des Respekts für andere und Empathie mit anderen. Ich meine, Calvin hat vermutlich recht, daß Jesus gerade solch eine Nächstenliebe als Essenz der Thora lehrte. Natürlich lehrte Jesus noch als orthodoxer Jude und deutete nicht an, daß das zeremonielle Gesetz aufgegeben werden sollte. Orthodoxe Juden könnten sehr wohl gutheißen, daß eine solche Interpretation den beiden großen, ersten Geboten zugrunde liegt und daß sie ein guter Schlüssel zur Auslegung der anderen Gebote sind.

Calvin erlangt eine alte Einsicht zurück, aber er faßt sie auf neue Weise. Denn er verwirft die wörtliche Auslegung insgesamt, um dem „zeremoniellen Gesetz“ zu entsagen. Dann macht er die Gebote so schwierig, daß es unmöglich ist, sie wortwörtlich zu befolgen. Die Zehn Gebote, die so aussahen, als könnte man ihnen leicht gehorchen, werden so angefüllt, daß sie außerhalb der Erreichbarkeit aller gewöhnlichen, vernünftigen Menschen sind. Wer kann denn absolut jeden lieben wie sich selbst? Nur wenige Augenblicke des Nachdenkens werden erweisen, daß das unmöglich ist. Was wie eine Reihe von eher leichten Sozialgesetzen schien, wird nun als eine Ansammlung unmöglicher Gebote dargestellt, die einer vollständigen Umwandlung unserer Herzen bedürfte. Und das ist keine säkulare Ethik; das Problem ist vielmehr, daß es nun nach einer unmöglichen Ethik aussieht.

Glauben und Werke

Genau das ist es, was sein reichlich merkwürdig klingender Kommentar meint, daß jedes Reden über gute Werke ohne den Glauben an Gott „in Gottes Sicht leer und frivol“ sei. Das mag sich anhören, als würde Calvin sagen, Moral ohne Religion sei Zeitverschwendung. Was er aber wirklich meint, ist, daß es sehr schwer ist, wahrhaft moralisch zu sein und genau das zu tun, was Gott will; daß jeder, der den Anspruch erhebt, moralisch gut zu sein, entweder ein Heuchler ist oder keine Ahnung hat, was Moral ist. Die Anforderungen der Moral (die für Calvin die Anforderungen Gottes sind) sind absolut, aber wir können ihnen gleichwohl niemals entsprechen. Deshalb müssen wir uns vollständig auf das Mitleid Gottes verlassen, wenn wir nur etwas Hoffnung auf Gottes Versprechen hegen, daß der Rechtschaffene für immer mit Gott lebt. Es ist wohlbekannt, daß Calvin glaubte, sich auf Gottes Mitleid zu verlassen hieße, den Opfertod Jesu für uns anzunehmen. Es ist gleichfalls bekannt, daß Calvin der Meinung war, jene, die Jesus nicht als ihren Retter erkennen, würden für immer verdammt sein (da sie ja auch Gottes Mitleid dadurch verwirkt hätten).

Das kann eine eher deprimierende und einengende Aussicht werden, und zuweilen ist es das auch: alle Menschen zu ewiger Strafe zu verurteilen außer denen, die zufällig von Jesus gehört haben und sich der rechten Kirche anschlossen. Dadurch ist das entstanden, was manche eher unfreundlich das „Gnadenwahl-Syndrom“ nennen: der Schrecken nämlich, daß manche unglükkselige Seelen offenkundig spüren, daß sie vorherbestimmt sind, verdammt zu sein, was auch immer sie tun. Schließlich werden gute Werke einen niemals erretten, und wie soll man dann zum Glauben kommen und woher wissen, ob man je genug davon erlangt?

Das ist in der Tat eine traurige Angelegenheit und zugleich eine der Ironien des menschlichen Denkens, daß eine Ansicht wie die Calvins, der alles von einem vollständig mitleidigen Gott abhängig macht, darin enden kann, daß die Menschen mit der Furcht der ewigen Verdammnis erfüllt werden. Vielleicht ist die Lehre vom ewigen Höllenfeuer einer der moralisch blinden Flecken in Calvins Denken. Denn wenn „Du sollst nicht töten“ eine absolute moralische Regel ist, ist es ja wohl klar, daß man Menschen nicht auf ewig in Flammen foltern kann, was auch immer sie getan haben – zumindest, wenn das, was für Menschen gilt, auch für Gott gilt.

Natürlich muß Calvins Sicht hier keineswegs enden. Er konnte ganz einfach behaupten (wie es mancher seiner Nachfolger, so der Schweizer Theologe Karl Barth aus dem zwanzigsten Jahrhundert, auch tat), daß Gottes Gesetz absolut ist, menschliches Fehlen unvermeidlich, Gottes Erbarmen aber unendlich; daher würden alle gerettet, solange sie nicht ausdrücklich und letztlich Gottes freies Angebot des ewigen Lebens zurückwiesen.

Calvin selbst gelangte nicht bis zu diesem Punkt. Hauptsächlich deswegen, weil nach seiner Auffassung Vergeltung geübt werden mußte: Er glaubte, die Guten sollten belohnt und die Schlechten bestraft werden – jeweils im Verhältnis zu ihren guten oder schlechten Taten. Da keiner von uns es je schafft, dem moralischen Gesetz entsprechend zu leben, verdienen wir alle fortwährende Bestrafung, die niemals aufhört, da wir die Dinge nie richtig machen können. Selbst während wir das Urteil für ein Quantum Untaten verdienen, tun wir doch etliche Quanten weiterer Untaten, weshalb die Strafen sich akkumulieren. Eine reichlich elende Aussicht. Nur göttliches Erbarmen bietet einen Ausweg, und man muß zugeben, daß Calvin eine eher begrenzte (nach eigener Ansicht rechte) Sichtweise auf das Ausmaß des göttlichen Erbarmens hatte (wenn es Erbarmen ist, liegt es schließlich ganz bei Gott, wer dessen teilhaftig wird, und keiner hat ein Recht darauf). Es könnte auch eine tiefere Auffassung von göttlichem Erbarmen sein, die sich zudem mit Calvins eigenen Einsichten in die Weite von Gottes Erbarmen deckt, wenn man sagt, daß dieses Erbarmen keine Grenzen kennt und Gott uns beschert, was uns ermangelt, wenn wir nur seinem Geist gegenüber wahrhaft offen sind.

Theistische Moral als Erfüllung der göttlichen Absicht

Für Calvin geht es bei der Religion großenteils um göttliches Urteil und göttliche Gnade, um die Unmöglichkeit, das moralische Gesetz zu erfüllen, und um die Notwendigkeit der göttlichen Vergebung. Moralische Unterweisung ist ein wesentlicher Teil der Religiosität, aber Moral selbst hängt nicht von religiösem Glauben ab. Was den Inhalt des moralischen Gesetzes betrifft, wird die göttliche Offenbarung nicht benötigt. Die 613 Gesetze der Thora werden zunächst auf die Zehn Gebote reduziert, danach zu dem einen Gesetz des „Liebe deinen Nächsten". Und dieser Grundsatz ist doch vermutlich unabhängig von Religion. Dem Entwicklungspsychologen Piaget zufolge entsteht bei Kindern eine Regel der grundsätzlichen Fairness ungefähr mit sieben Jahren, gleichgültig, ob sie religiös sind oder nicht. Was man die „Goldene Regel" nennt – handle so, wie auch du behandelt sein willst –, scheint einigermaßen universal zu sein. Diese Regel geht nicht ganz so weit zu verlangen, man solle das gute Leben für jedermann suchen (da man vielleicht gern lieber allein ist und daher auch die anderen lieber gern allein läßt). Aber sie kommt dem ziemlich nahe, und sie erschließt sich naturgemäß aufmerksamen Menschen, wie auch immer sie über Gott denken. Es scheint also kein besonderes Bedürfnis nach Gott zu sein, wenn man Regeln wie diese erläßt. Jeder, der sich genügend damit beschäftigt, wie die Menschen miteinander umgehen sollten, so daß sie es öffentlich rechtfertigen könnten, würde das sehr schnell auch herausarbeiten und mitteilen. Gott mochte es mit Donner und Blitz angeordnet haben, hätte aber in Wirklichkeit sich nicht darum kümmern müssen.

Manche Menschen würden noch weitergehen und sagen, diese Vermischung von Gott mit Moral war ein großer Fehler. Götter wie Zeus können auch angebetet, um Wohlwollen angefleht, verehrt, verflucht und gefürchtet werden. Wir können ihnen Schwüre und Opfer darbringen. Aber Moral ist etwas anderes, und was in Tempeln und religiösen Ritualen vor sich geht, sollte damit nicht verquickt werden. Tatsächlich haben viele griechische Schriftsteller festgestellt, daß die meisten Götter in der Abteilung „Moral" ganz klar fehlen. Vielleicht sollte Moral also vollständig von Religion geschieden werden.

Dieser Gedanke wird durch manche Probleme noch verstärkt, die zuweilen über die Beziehung von manchen alten „geoffenbarten" Gesetzen und allgemeinen ethischen Prinzipien der modernen säkularen Staaten formuliert worden sind. Religiöse Anhänger sämtlicher Traditionen haben hier und da solche Dinge wie Theater, Bücher und Tanz zu verbannen gesucht, oder sie haben die Institutionen einer demokratischen Regierung bekämpft, weil sie mit geoffenbarten moralischen Grundsätzen in Konflikt zu stehen schienen. Es scheint für viele Menschen Ironie zu sein, daß Offenbarung als Grundlage der menschlichen Moral gelten soll, wo doch gemäß mancher Auslegungen die Offenbarung in vielfacher Hinsicht mit säkularer Moral in Konflikt gerät.

Natürlich kann man wie Calvin immer die Zehn Gebote neu auslegen, und genau das haben Juden und Christen ständig getan, was auch die Moslems mit ihren ziemlich ähnlichen Gesetzen in der *Shari'a* tun. Wenn man aber einmal damit anfängt, weiß keiner, wo er aufhören soll. Warum also nicht alles abwerfen und von neuem anfangen? Wozu soll man überhaupt ein religiöses Gesetz haben? Vielleicht kann man Dinge wie die Gesetze über das Essen als Zeichen eines besonderen religiösen Engagements ansehen, für das Judentum oder den Islam. Wenn aber die rigide Anwendung alter Gesetze in einen offenen Konflikt mit der allgemeinen Moral gerät (wie das Gesetz, die Amalekiter auszulöschen, was, wörtlich genommen, dazu führen könnte, in der ganzen Welt die noch verbliebenen Amalekiter aufzuspüren), dann kann man sie schlicht fallenlassen.

Andererseits ist es keine so gute Idee, Religion von Moral zu trennen. Moral kann ohne Religion, aber Religion sollte nicht ohne Moral existieren. Man bedenke die Frage: Kümmern sich die Götter darum, wie die Menschen leben? In der *Ilias* scheinen die Götter sich meist eher darum zu sorgen, ob sie die gebührende Anzahl von Opfern erhalten. Die Götter werden die bestrafen, welche sie entehren, und sie können, sofern ihnen danach ist, die belohnen, die ihnen gefallen. Es gibt aber eine enge Verbindung von Verehrung der Götter und dem Wohlleben. Man hat Glück, wenn sich die Verehrung der Götter auszahlt, weil sie Pläne haben können, die einem Kummer bringen, was auch immer geschieht – und gewöhnlich haben sie auch solche Pläne, wie alle Personen in der *Ilias* zu spüren bekommen.

Der Gott von Moses und Jesaja aber sorgt sich mehr um das, was die Menschen tun. Zunächst gibt es nur einen Gott, der alles erschuf, einschließlich der Menschen. Wenn Gott sie zu einem bestimmten Zweck geschaffen hätte, dann will er vermutlich auch, daß sie diesen Zweck erfüllen. Der Gottgläubige hat also gute Gründe, moralisch zu sein – Moral legt die Zwecke des Schöpfers dar, der es den Menschen zur Aufgabe gemacht hat, ihnen zu folgen. Das schließt ein, daß man den Inhalt der Moral erfassen kann, indem man herausfindet, was Gottes Absichten sind, wozu Gott den Menschen schuf.

Die wichtigste Frage ist demnach: Was hat Gott für uns gemacht? In früheren Mythen der Sumerer haben die Götter die Menschen erschaffen, damit diese die harte Arbeit des Felderbestellens übernähmen, damit sie die Götter ernähren können. Das hört sich ziemlich platt an, als bräuchten die Götter Essen, das nur die Menschen liefern können. Es ist aber unwahrscheinlich, daß die alten Sumerer so wenig intelligent waren, um nicht zu erkennen, daß die Götter die Speisen nie wirklich aßen, die sie ihnen auf den Altären niedergelegt hatten. Es ist klar, daß die Darbringung von Speisen im Opfer hauptsächlich ein symbolischer Akt war, nicht im Wortsinne ein Füttern. Die „Arbeit", die die Menschen zu tun hatten, war, die Felder zu bestellen, um die Erde produktiv zu machen, um die Umwelt zu hegen und sie fürs ganze Leben fruchtbar zu machen. „Die Götter nähren" ist eine Art zu sagen, daß die Götter den Menschen die Verantwortung für die Sorge um die Erde und dafür übergeben, sie fruchtbar zu machen. Dann wurden aus dem Überfluß heraus, der menschlicher Anstrengung zu verdanken war, einige der Früchte – in Form von Korn oder Vieh – den Göttern dargeboten, als Zeichen der Dankbarkeit und Loyalität, aber auch als Hinweis, daß die eigentliche Menschenarbeit, die Erde fruchtbar zu machen, ausgeführt wurde.

Die alten Hebräer stimmten mit den Sumerern überein, daß die Götter die Menschen schufen, damit sie die Erde kultivieren und fruchtbar machen. Es mag aber noch einen weiteren Grund für die Erschaffung der Menschen gegeben haben; einer, der im alten Israel sehr wichtig war. Wenn Gott auch keine Speisen benötigte und auch keine Hilfe der Menschen, um seine göttlichen Absichten in die Tat umzusetzen, so gibt es dennoch das Gespür dafür, daß Gott Gesellschaft oder persönliche Beziehungen braucht, zumindest verlangt.

Warum haben die Menschen Kinder? Manchmal durch Zufall natürlich. Aber viele Leute erwählen sich absichtlich diese kleinen, lauten, Arbeit machenden, Ärger verursachenden Wesen. Wir haben keine Kinder, damit sie unsere Sklaven seien oder uns das Essen bringen. Wir haben sie meist deshalb, weil sie uns helfen, einen wichtigen Teil unserer Natur auszudrücken: die Fähigkeit, für andere zu sorgen und deren Persönlichkeit zu genießen. Wir sorgen uns um sie, sehen, wie sie größer werden und an Interesse und Schwierigkeiten zunehmen, an Vergnügen und Schmerz, und wir sehen, wie kompliziert sie mit uns verkehren. Wir drücken unsere Liebe aus, indem wir diesen kleinen Menschen dabei helfen, größer zu werden und ihre eigenen Wege zu entwickeln, während sie ihr Leben freiwillig mit uns teilen und uns gestatten, daß wir ihnen helfen, sie selbst zu werden.

Vielleicht dachten die jüdischen Propheten also, daß wir nicht so sehr die Sklaven als vielmehr die Kinder Gottes seien. Wir sind Wesen, die es Gott ermöglichen, seine Liebe auszudrücken, indem er uns hilft und zusieht, wie wir unsere eigenen Naturen entwickeln und an den guten Erfahrungen Gefallen finden, die wir in unserem kleinen Leben haben.

Das trifft sicherlich das, was Gott zu Moses im brennenden Dornbusch sprach. Gott sagte: „Ich habe gesehen das Elend meines Volks in Ägypten und habe ihr Geschrei gehört über die, so sie bedrängen; ich habe ihr Leid erkannt und bin herniedergefahren, daß ich sie errette von der Ägypter Hand und sie ausführe aus diesem Lande in ein gutes und weites Land, in ein Land, darin Milch und Honig fließt“ (Exodus 3,7–8). Gott ist eher wie ein Vater, der seine verzweifelten Kinder sieht und verspricht, ihnen zu einem angenehmeren Leben zu verhelfen, wenn sie dem guten väterlichen Rat folgen. Warum aber erschuf Gott uns? Weil er Kinder wollte. Wozu sind wir dann da? Nun, wir sind für nichts da, in einer Hinsicht. Wir sind keine Werkzeuge oder Sklaven. In einem anderen Sinn aber sollen wir Kinder Gottes sein, die wir unseren jeweils eigenen Charakter entwickeln und in Gemeinschaft mit anderen und mit Gott aufwachsen. Deshalb sorgt Gott sich um das, was wir tun – weil Gott wie alle guten Eltern will, daß wir zu uns kommen, wir selbst werden, aufwachsen, erblühen und als Menschenwesen leben. Moralisch zu sein, heißt daher, Gott zu gehorchen und unsere Erfüllung darin zu finden, daß wir die göttlichen Absichten erkennen. Anstand und Nächstenliebe sind wesentliche Bestandteile einer solchen Moral, aber es liegt noch mehr darin, und das Wichtigste eines guten Lebens ist, in eine Beziehung zu Gott einzutreten; zu fühlen und zu wissen und erfüllt zu sein, bis zum Überfluß, von der Liebe Gottes.

Kant, der kategorische Imperativ und der Glaube

Das hört sich alles vielleicht sehr schön an, wenn man in der rechten Stimmung ist. Aber genau das führt auch bei manchen Menschen zu Wutanfällen. „Wir wollen keine Kinder sein", rufen sie. „Wir wollen Erwachsene sein, unsere eigenen Entscheidungen fällen. Laßt uns aus dem Kinderzimmer fliehen und in die Erwachsenenwelt ziehen, wo wir die Götter auf immer hinter uns gelassen haben."

Dies ist das Stichwort für Immanuel Kant (1724–1804), den preußischen Philosophen, der einst sagte, daß es nichts Abstoßenderes gebe als den Anblick eines Menschen auf den Knien, der zu Gott betet. Natürlich ließ Kant die Tatsache außer acht, daß Jesus und manche Christen zum Beten aufstanden; aber es war eben genau das, was er als das Katzbuckeln vor einer höheren Autorität ansah und das er nicht vertrug (obwohl er eine ziemlich kriecherische Widmung an den Preußischen Staatsminister Baron von Zedlitz verfaßte, anläßlich der zweiten Ausgabe der *Kritik der reinen Vernunft*). Merkwürdig und sicherlich auch irrational war nur, daß es ihm nichts ausmachte, vor Menschen zu katzbuckeln. Vor Gott sich aber zu beugen, der absoluten Macht und Autorität, war ihm zuwider.

Kant ist vielleicht am besten bekannt dafür, daß er angeblich alle Argumente für Gott widerlegte. Aber er sagte auch: „Ich mußte also das Wissen aufheben, um zum Glauben Platz zu bekommen" (*Kritik der reinen Vernunft*, Vorwort zur zweiten Ausgabe). Kants großes Ziel war es, die Metaphysik auf eine feste Grundlage zu stellen – obwohl merkwürdigerweise manche Leute zu denken scheinen, daß er ausgezogen war, die Metaphysik zu zerstören, was exakt das Gegenteil ist von dem, was er wollte.

Das Wort „Metaphysik“ ist einer kurzen Abschweifung wert. Es stammt vom griechischen *Ta Meta ta Physika* ab, was bedeutet: die Werke nach dem Buch über Physik. Nun war aber „die Physik“ eine Sammlung von Aristoteles’ Schriften über die Natur. Als die Herausgeber seiner Schriften an ein Bündel von Vorlesungsnotizen über unterschiedliche Themen gerieten einschließlich einiger Bemerkungen über ein mögliches höheres Wesen, entschieden sie, dies nach das Buch über Physik zu stellen, eben *Ta Meta ta Physika*. Und so wurde die Metaphysik erfunden. Es war anfangs keineswegs ein Gegenstand, ein Thema, sondern nur eine Sammlung von Vorlesungsnotizen von Studenten, die sehr wohl auch einen guten Teil der Vorlesungszeit geschlafen haben können. In der kuriosen Geschichte des menschlichen Denkens aber muß es, wenn es ein Wort gibt, hierfür auch einen Gegenstand geben. So entstand eben ein Gegenstand, ein Thema, und heute gibt das *Shorter Oxford English Dictionary* die erste Definition dafür: „Metaphysik – der Zweig der Philosophie, der von den ersten Prinzipien der Dinge handelt, einschließlich solcher Begriffe wie Raum, Zeit, Substanz und dergleichen“.

Kant aber, der es liebte, die Sprache zuzurichten und neue Bedeutungen für Wörter zu erfinden, an die bislang niemand gedacht hatte, benutzte den Begriff „Metaphysik“ auf eine Art, wie es die meisten Menschen heutzutage nie vermuten würden. Er bezeichnete damit eine Gesamtheit von notwendigen und universellen Wahrheiten, die nicht aus der Erfahrung abgeleitet sind. Und es wäre keine Überraschung, wenn es keine solchen Wahrheiten gäbe. Kant aber dachte, es gebe sie, und seine spätere, sogenannte kritische Philosophie machte sich auf, genau dies zu begründen.

Sein grundsätzlicher Ansatz war, darauf zu bestehen, daß es notwendige Wahrheiten gebe, sowohl in der Physik wie in der Moral, daß sie aber auf das Gebiet der Erfahrung begrenzt werden müßten. Was Gott betraf, bedeutete dies, daß es, da Gott über aller Erfahrung ist, keine universellen und notwendigen Wahrheiten von Gott geben kann – und weil alles menschliche Wissen Erfahrung benötigt, kann es überhaupt kein Wissen von Gott geben. Es ist aber möglich, an Gott zu glauben – also gleichsam den Satz aufzustellen, daß Gott existiert. In der Tat argumentierte Kant, daß wir notwendigerweise Gott postulieren müssen, damit wir einen wahrhaft rationalen Ansatz für Wissenschaft wie auch Moral bekommen, obgleich wir keinerlei Wissen von Gott haben können. Viele Philosophen finden es sehr merkwürdig, etwas zu postulieren, von dem wir nichts wissen. Aber wir müssen Kants sehr einschränkende Benutzung der

Idee des „Wissens“ festhalten. Kant meint nämlich, daß wir Gott nicht erfahren können. Aber wir können und müssen die Idee von Gott benutzen, um aus unserer Erfahrung schlau zu werden.

Da Kant alle Erfahrung von Gott ausschloß, hatte er wenig Zeit für die Offenbarung, die ja eine gewisse Erfahrung von Gott als Offenbarer einschließt. So bestand Kant fest darauf, daß Moral nicht von welcher Offenbarung auch immer abhängen kann. Kants großer Beitrag zur Ethik war (es sei denn, es wäre, wie manche meinen, ein großer Irrtum) zu behaupten, daß es notwendige und universelle moralische Wahrheiten gebe und sie dem Menschen angeboren seien, nicht von einer äußeren Autorität verliehen, nicht einmal von Gott. Kant erfand sogar eine Methode, sie zu entdecken (denn wir müssen uns nicht dessen bewußt sein, was uns angeboren ist). Die Methode bestand darin, den vom ihm so genannten „kategorischen Imperativ“ zu gebrauchen. Wahrhaftig eine sehr elegante Art, die Goldene Regel anzuwenden.

Was man dabei macht, ist zu fragen: „Was könnte ich als universelles Handlungsprinzip aller Menschen legitimieren, in welcher Situation auch immer sich die Menschen zufällig befinden?“ Ich muß offenkundig etwas finden, dem alle zustimmen können, also suche ich nach einem universellen Prinzip, dem alle zustimmen könnten und würden, wenn sie so rational wären wie ich. Diese Methode verleiht mir einen Imperativ, denn sie kommt mit der Regel daher: „Tu dies.“ Und er ist kategorisch, weil es keinen anderen Grund gibt, es zu tun, als den, daß es ein Handlungs-Prinzip ist, dem alle rationalen Wesen zustimmen könnten. Es gibt nur einen kategorischen Imperativ, obwohl Kant mehrere Formulierungen davon gab. Eine Variante ist: „Handle nur nach derjenigen Maxime, durch die du zugleich wollen kannst, daß sie allgemeines Gesetz werde.“ Es gibt aber viele besondere moralische Regeln, die daraus entstehen. Generell war Kant der Meinung, daß diese Regeln allesamt unter die beiden größeren Regeln der Suche nach Glück für andere und der Erfüllung der eigenen intellektuellen Fähigkeiten fallen.

Es gibt viele technische Probleme mit Kants Vorschlag. So ist zu fragen, ob es wirklich eine Reihe von Grundsätzen gibt, denen absolut jeder zustimmen kann. Und warum sollte man einem rein hypothetischen Prinzip Aufmerksamkeit schenken, dem alle zustimmen *könnten*, wenn sie rational *wären*, wo doch *de facto* die meisten Menschen nicht vollständig rational sind und dem auch nie zustimmen würden? Kant jedoch weist darauf hin, daß man sehr wohl eine rationale Moral ohne jeden Bezug zu Religion oder Offenbarung entwickeln kann. Auch wenn eine solche säkulare Moral nicht all unsere moralischen Dilemmata löst, wird der Appell an die Offenbarung nicht weiterhelfen, sondern nur noch mehr Vielfalt mit sich bringen, und zwar der besonders unlösbaren Art – da religiöse Menschen gewöhnlich nicht bereit sind, viele Kompromisse einzugehen.

Stellt man Kant die Frage: „Warum sollte ich diesen moralischen Regeln folgen?", wird seine Antwort sein, daß man sehr leicht erkennen könne, daß sie richtig seien, und man müsse ihnen folgen, weil sie eben stimmen, und aus keinem anderen Grund. Wenn man dann fragt: „Warum sollte ich moralisch sein?", ist man vermutlich verderbt und korrupt. Auf diese Weise kann man jede Diskussion zum Ende bringen, und vielleicht gar ein wenig zu schnell. Will man nämlich wissen, ob Moral wichtig ist, sogar von höchster Wichtigkeit, und ob sie das ist, was uns wahrhaft zu Menschen macht, ist meine Frage vielleicht eine echte und verwirrende. Es war sicherlich so, daß Kant ein besonderes Bild der Menschennatur in sich trug, das er seinem kategorischen Imperativ unterlegte. Es war das Bild, das die Menschen als rationale Wesen darstellte – von Natur aus –, der Natur und Sinneserfahrung überlegen, dabei fähig und in der Tat verpflichtet, die Natur den Ansprüchen des Verstandes unterzuordnen sowie ihre Erfüllung in heroischer Unterwerfung unter den Verstand zu finden, was auch immer dies koste. Für Kant sind die Menschen zunächst und vor allem moralische und rationale Wesen. Sie besitzen Autonomie, die Fähigkeit also, den Verlauf ihrer eigenen Handlungen zu wollen und zu entscheiden, nach Prinzipien zu handeln, die sie selbst legitimieren, und genau darin liegt ihre innere Würde und Überlegenheit über die Natur. Dies ist eine grandiose Vision, obgleich sie einen etwas unbequem an Satans durchdringenden Ruf in John Miltons *Paradise Lost* erinnert: „Besser in der Hölle zu herrschen als im Himmel zu dienen!"

Kants Bild vom Menschen ist aber verschwommener, als es den Anschein haben mag. Er wird oft als großer Rationalist angesehen, der Sichtweise der Aufklärung verpflichtet, wonach die Menschen vernünftige Wesen sind, befreit von den Fesseln von Religion und Aberglaube und allmählich fortschreitend zur Vervollkommnung durch Erziehung – vor allem in Kants Preußen, wie es scheint. Doch er ist der Philosoph, der verkündete, daß der Verstand, in seine Grenzen verwiesen, bei unvermeidlichen Widersprüchen landet (die Kant, der seinen Ruf aufrechterhielt, niemals ein leichtes Wort zu benutzen, wo auch ein schwieriges möglich war, typischerweise „Antinomien" nannte). Kant sagte, daß die Wirklichkeit selbst dem Menschen vollkommen unbekannt sei. Und er behauptete, daß wir großenteils nach dem Glauben leben müßten, denn das Wissen sei vollkommen unfähig, von den letzten Dingen zu handeln. Kant war sicher ein Rationalist, insofern er sagte, es gebe angeborene Begriffe im Menschen, die jeder einzelnen Erfahrung vorausgehen. Und er war sicher kein Rationalist in dem Sinne, daß er meinte, der Verstand sei von sich aus in der Lage, die höchste Wirklichkeit zu begreifen. Also war Kant ein eher seltsamer Rationalist und kurz davor, zum Romantiker zu werden.

Auch in der Moral sind die Dinge nicht so klar, wie sie zunächst scheinen. Eine der Kant am häufigsten zugeschriebenen Behauptungen ist der Aphorismus: „Sollen schließt können ein.“ Das heißt, wenn es unsere Pflicht ist, etwas zu tun, muß dies uns auch möglich sein. Nur hat Kant dies nie gesagt (es war ein anderer preußischer Philosoph, was ich aber als Forschungsprojekt für die Neugierigen so stehen lasse), sondern hat vielmehr wie Calvin gemeint, es sei dem Menschen nicht möglich, vollständig seine Pflicht zu erfüllen. In einem seiner weniger bekannten Werke, *Die Religion innerhalb der Grenzen der bloßen Vernunft*, geschrieben 1793 nach seinen drei großen *Kritiken*, schreibt er, daß es in der Menschennatur eine entschiedene Disposition zum Bösen gebe, was heißt, das niemand je seine Pflicht erfüllen kann (die Ursünde lebt weiter!).Und wieder ist er das Echo von Calvin und führt weiter aus, daß nur göttliche Gnade diese Situation heilen könne. Aber seine Furcht vor dem Enthusiasmus in der Religion bedeutet, daß Kant, anders als Calvin, vollständig die Möglichkeit jeglicher Erfahrung der Gnade leugnet. Man muß nur darauf hoffen, daß sie da ist, wird sie aber nie erfahren. Das absolute Verlangen, das moralische Fehlen und das Geschenk der Gnade sind allesamt vorhanden; der Vorteil ist, daß man dabei nie zur Kirche gehen muß, was meist eher langweilig ist, und das gilt auch für unangenehme Dinge wie das Niederknien beim Gebet. Der Nachteil ist, daß man dabei keinerlei Gotteserfahrung macht.

Schließlich aber ist auch das noch keine vollständig säkulare Ethik. In Kants zweiter *Kritik*, der der *Praktischen Vernunft*, geht er, nachdem er, wie er sagt, alle möglichen Argumente für Gott widerlegt hat, dazu über, ein Neues zu erfinden. Das hat die Leser so sehr verwirrt, daß man gesagt hat, Kant habe nur seinen Diener Lampe trösten wollen, der niedergeschlagen war, weil die Existenz Gottes nicht mehr bewiesen werden konnte. Was Kant nämlich sagt, ist, daß, während die Existenz und das Wissen um Moral nicht von Gott abhängen, die Verpflichtung zu einer absoluten Moral nur dann rational gerechtfertigt werden kann, wenn man meint, man würde eines Tages das Glück erfahren, das man verdient, weil man so eifrig seine Pflicht erfüllt hat. Weil das aber in diesem Leben wohl nicht passiert, muß es ein Nachleben geben, in dem die Menschen das Glück entsprechend ihrer Tugend ernten (oder natürlich und dementsprechend das Unglück gemäß ihren Untaten). Und das heißt wiederum, daß es einen Gott geben muß, der sicherstellt, daß alles richtig vonstatten geht. Unsterblichkeit und Gott werden zu Postulaten der Vernunft, und Lampe kann wieder glücklich sein.

Das Problem ist nur, daß die ganze Argumentation sich sehr verdächtig anhört. Wenn ich meine Menschenwürde darin finde, daß ich tue, was um ihrer selbst willen richtig ist, warum dann alles verderben, indem ich zugebe, daß ich vernünftigerweise nur das Richtige tun kann, wenn ich Belohnung dafür erwarte? Aber Kant wird gerade in diesem Punkt weitgehend mißverstanden. Er versucht seine Ansicht von Moral zwischen zwei widerstreitende Ansichten zu setzen, die er verwirft (das tut er in seiner *Vorlesung über Ethik*). Eine dieser Ansichten nennt er die „epikureische", was heißen soll, daß man tun solle, was recht ist, damit man glücklich wird. Die andere ist nach Kant die „stoische" Sichtweise. Sie besagt, daß man tun soll, was recht ist, was auch immer dabei herauskommt. Viele Menschen denken, daß Kants eigene Ethik stoisch war, aber genau das verwirft er. Er will vielmehr das Glück wichtig machen und dennoch die moralische Handlung zur unabhängigen Bedingung dafür, daß man glücklich sei, nicht einfach zu einem Mittel zum Glück. Ich muß tun, was richtig ist, weil es richtig ist, aber wenn ich mich der moralischen Handlung verschreibe, verschreibe ich mich, sofern ich rational bin, so etwas wie einer moralischen Ordnung des Universums. Ich widme mich der realen Möglichkeit, daß die Güte triumphieren kann, daß moralisch zu sein nicht nur eine flüchtige Geste im bedeutungslosen Kosmos ist.

In der Tat behält Kant alle Komponenten einer religiösen Annäherung an Moral. Diese besagen, daß es eine absolute Verpflichtung zur Moral gibt, was auch heißt, daß dies nicht einfach eine Frage von langfristiger Klugheit oder natürlicher Sympathie ist (was von Mensch zu Mensch variieren kann). Es gibt die Unfähigkeit des Menschen, zu tun, was richtig ist, was einen zurückläßt mit der Notwendigkeit einer gewissen Ergänzung oder der Vergebung wegen moralischen Fehlens. Und es gibt ein moralisches Ziel, das man erreichen kann, wo die Güte triumphiert und das Böse seine Quittung erhält.

Was Kant aber nicht hat, ist jegliche Vorstellung der Erfahrung eines liebenden Gottes. Diese Vorstellung kann uns dazu verleiten, das Richtige zu tun, weil man Gott liebt und weniger aus einer heroischen freien Wahl heraus. Kant fehlt jegliche Erfahrung der göttlichen Gnade, die einem ermöglichen kann, an der göttlichen Liebe teilzuhaben, was die eigene Unfähigkeit zur Liebe kurieren kann. Und bei Kant fehlt schließlich der Gedanke, daß das moralische Ziel in der persönlichen Bewußtwerdung eines Gottes liegt, der keine abstrakte Forderung der Vernunft ist, sondern einer, der die Kinder aufzieht; der die Wege der Liebe gelernt hat, bis hin zum Status eines geliebten Freundes oder Ehepartners. Moral mag weitgehend aus Regeln für moralische Kinder bestehen, und die meisten von uns sind, wenn alles gesagt und getan ist, moralische Kinder. Aber das höchste Ziel der Moral wird in einer gegenseitigen Liebe für all jene erfüllt, die durch ihre einzigartige Lebenserfahrung zur Reife geführt wurden.

Autonomie ist am Ende nämlich nicht der höchste menschliche Wert; dies ist eher, wie es der Theologe Paul Tillich nannte, die „Theonomie", die Fähigkeit, in Gegenseitigkeit und Beziehung zur Quelle der Macht zu leben, unendlich zu sein und zu lieben. In der jüdischen Tradition ist das höchste Lebensziel, mit Gott „verheiratet" zu sein, und die jüdische Lehre der Ehe ist, daß darin aus zwei Menschen einer wird. Das theistische Ziel ist, Glück nicht nur in Entsprechung zur Tugend zu erlangen, was sich ein wenig zu wohlüberlegt und quasimathematisch anhört, entgegen Kants besserer Einsicht. Das theistische Ziel ist, wie Gott zu werden, mit Gott eins zu werden. Aber Kant war ja nie verheiratet, und der Gedanke der „Liebe zu Gott" kommt in seinen umfangreichen Schriften nie vor. Er war vielleicht kein konsequent weltlicher Moralist, aber er verlor die Berührung mit all jenen Erfahrungen, die die theistische Moral entstehen lassen.

Gott als schöpferische Freiheit, affektives Wissen und unbegrenzte Liebe

Es ist gut möglich, daß man eine weltliche Moral hat und die Menschen tun, was richtig ist, ohne daß sie religiöse Überzeugungen haben. Es ist auch gut möglich, den grundlegenden Inhalt moralischer Überzeugungen herauszuarbeiten, indem man fragt, was die „Liebe zum Nächsten" verlangt, und das ohne einen expliziten Hinweis auf Religion. Aber es gibt einen eindeutig theistischen Moralstandpunkt, und vor allem in der jüdischen Bibel (dem Alten Testament, wie es die Christen nennen) können wir sehen, wie er sich über Jahrhunderte hin entwickelt. Zur Zeit von Moses, vielleicht im dreizehnten vorchristlichen Jahrhundert, ist Jahweh der Gott Abrahams, Isaaks und Jakobs, eine Familiengottheit, die ihren Freunden Gutes verspricht und Schaden den Feinden; die Gesetze stellen sich als eine Kombination von erhabenen moralischen Einsichten und alten Stammestabus dar. Bedauerlicherweise ist ein Großteil von Religion auf diesem Niveau stehengeblieben. Die Götter unterstützen die Ambitionen einer sozialen oder ethnischen Gruppe und flößen Haß auf all jene ein, die diesen Ambitionen im Wege stehen. Die Götter sind nicht besser als die Ideale jener, die sie anbeten, und wo diese Ideale durch Egoismus, Nationalismus oder generelle moralische Kurzsichtigkeit begrenzt sind, da werden die entsprechenden Götter ähnlich begrenzt sein.

Gleichwohl hat fortgesetztes Nachdenken über Gott als Verkörperung des moralischen Ideals die Macht, auch solche begrenzten Ansichten auszulöschen. Im alten Israel und Juda kam um das achte vorchristliche Jahrhundert eine bemerkenswerte Reihe von Propheten auf, die predigten, daß Jahweh der einzige Schöpfer des Himmels und der Erde sei, der sich um die gesamte Schöpfung sorgt und dessen Gesetze absolute Gerechtigkeit und Mitleid verlangen. Dieser Gott ist immer noch ein Gott der Vergeltung, dessen Gerechtigkeit die Sünden der Väter bis zur dritten und vierten Generation bestraft. Doch Gott bezeigt unerschütterlich seine Liebe gegenüber den Tausenden, die Gott lieben (Exodus 20), und er wendet sich nicht von den Sündern und Reuigen ab. Es ist ein Gott zum Fürchten, wenn das, was man tut, falsch ist. Aber ein solcher Gott verleiht der Moral Zentrum und Wichtigkeit, wie die Gebote des Schöpfers, was Religion von einer Angelegenheit ritueller Zeremonien zur Praxis einer Umwandlung der Herzen macht, das Gute zu lieben.

Die dritte Stufe dieser Entwicklung ereignete sich um das sechste vorchristliche Jahrhundert, als Deutero-Jesaja über das babylonische Exil schrieb. Damals wurden einige der umfassenderen Folgerungen der göttlichen Offenbarung in der Erfahrung der israelitischen Propheten deutlicher gemacht.

Es gibt die drei wesentlichen Kennzeichen des Charakters Gottes, die Jesaja herausstellt. Erstens ist Gott der Schöpfer, der die Welt in freudvoller Freiheit erschafft. Daher sollten seine Anbeter es sich zum Ziel setzen, wie Gott zu sein und so weit wie möglich im Leben der Menschen die schöpferische Freiheit realisieren, die die guten Dinge bewirkt, die der Quell alles Lebens sind.

Zweitens ist Gott jemand, der die Schreie der Menschen hört und ihre Schmerzen fühlt: „Kann auch ein Weib ihres Kindleins vergessen, daß sie sich nicht erbarme über den Sohn ihres Leibes? Und ob sie desselben vergäße, so will ich doch dein nicht vergessen“ (Jesaja 49,15). Gott hat affektives Wissen, ein Gefühl für und mit den Geschöpfen, in all ihrem Schmerz und auch aller Freude. Anbeter sollten also danach trachten, Schmerz und Freude aller Geschöpfe zu fühlen, was unvermeidlich dazu führt, daß sie Schmerz lindern wollen und sich freuen an den vielen Formen der Freude, die die Welt bereithält. Es wird dazu führen, ein Leben des wahren Mitleids und der geteilten Freude zu erlangen.

Drittens ist Gott einer, dessen Liebe unbegrenzt ist. Gottes Sorge um die Schöpfung kennt keine Grenzen, und er wird die göttliche Güte mit anderen teilen: „Denn der dich gemacht hat, ist dein Mann … der Herr hat dich zu sich gerufen wie ein verlassenes und von Herzen betrübtes Weib … Ich habe dich einen kleinen Augenblick verlassen; aber mit großer Barmherzigkeit will ich dich sammeln“ (Jesaja 54,5–7). Gott will das göttliche Leben mit seinen Geschöpfen, als Ehemann sein Leben mit seinem Weib teilen. Seine Anbeter sollten also versuchen, so zusammenzuleben wie jene, die ihre Sorgen und Freuden teilen, die unauflöslich einander verbunden sind und ihre größte Erfüllung darin finden, anderen Freude zu bereiten.

Schöpferische Freiheit, affektives Wissen und unbegrenzte Liebe: dies sind die Qualitäten Gottes, wie sie von einem der größten Philosophen Israels erkannt wurden. Es sind auch die Qualitäten, die die Menschen in sich selbst zu kultivieren trachten sollten, als Wesen, die nach dem Bilde Gottes geschaffen wurden. Und es sind dies keine Qualitäten, die wir in uns einfach kultivieren oder nachmachen könnten, so wie man Äußerlichkeiten nachahmt. Sie sind vielmehr als göttliche Qualitäten bereits in allem vorhanden und warten in den Herzen der Männer und Frauen darauf, ans Licht gebracht zu werden. Güte kann nicht einfach von uns entwickelt werden; sie ist tatsächlich und existiert, dynamisch und kraftvoll. Um Calvins Interpretation des Sabbats zu gebrauchen: Wenn wir von der Arbeit des Selbst ausruhen und Gott in uns arbeiten lassen, dann werden wir durch das verändert, was wir undeutlich erkennen können.

Der religiöse Weg wird vielleicht, wenig sympathisch, als Angelegenheit interpretiert, nicht-rationalen Stammestabus zu gehorchen und Opfer zu bringen, um die Götter zu versöhnen oder ihnen zu schmeicheln. Aber bei den größten jüdischen Propheten sind die Gesetze und Anweisungen der Thora eben Wege, alles menschliche Leben der Vision der vollkommenen Güte zu verbinden. Als Antwort auf diese Vision wird als absolutes Erfordernis ausgegeben, daß man andere so lieben soll wie sich selbst. Wahres Opfer ist das Hingeben des Selbst, so daß Gott die Kraft der Kreativität, des Mitleids und der Freundschaft sehen kann, in und durch unser Leben. Gott ist derjenige, der die Liebe befiehlt, der unsere Unfähigkeit zu lieben vergibt, der die göttliche Liebe in uns setzt und sicherstellt, daß die Liebe stärker als der Tod ist.

Moral kann wohl ohne Religion existieren, und wenn man findet, daß Religion nur ein Traum ist, muß das reichen. Aber die Art von Religion, die die jüdischen Propheten lehrten, gibt der Moral eine Absolutheit, ein Mitgefühl, eine Kraft und eine Hoffnung, die von säkularer Moral einfach nicht geleistet werden können. Der Glaube an Gott hat eine seine stärksten Wurzeln im Gefühl für die Absolutheit der Moral, der Notwendigkeit der Vergebung und der Hoffnung auf den Triumph des Guten, als Vermächtnis der Propheten des alten Israel an die Welt.

Das Gespür für die Absolutheit gründet sich in der Erfahrung einer Liebe, die so gebieterisch wie unbegrenzt ist, die so vergebend ist wie gebieterisch, so erfüllend wie vergebend. Die göttliche Liebe ist das endliche, aber tragischerweise oft nicht zu erkennende Objekt jedes selbstlosen Verlangens, und sie ist die Kraft, die das aufmerksame Selbst in ein williges Instrument der Liebe verwandelt. Im Herzen der theistischen Moral ist das, was Kant nicht sah und was seinem moralischen Ausblick Leben und Macht verleiht; es ist die Vision der aktiven, vergebenden, erfüllenden Liebe Gottes, die alles an sich zieht durch ihr tiefstes, oft unerkanntes Verlangen.

Als Dante Alighieri um 1300 in Florenz sein großes Werk *Die Göttliche Komödie* schrieb, beendete er es mit diesen Worten, die seine letzte Vision Gottes beschrieben. Sie handeln von einer inneren Wendung, wodurch die Seele verändert wird in das, was sie betrachtet, in eine Bewegung durch Liebe. Das ist vielleicht der Kern der theistischen Moral, und er drückt elegant die jüdische prophetische Vision der Natur Gottes aus, sofern Gott je von uns verstanden werden kann:

> So war mein Geist gespannt und unbeweglich,
> Vollkommen der Betrachtung hingegeben
> Und mit dem Schauen immer mehr entbrennend.
> In jenem Lichte muß man also werden,
> Daß man unmöglich sich entschließen könnte,
> Sich einem andern Bilde zuzuwenden,

Denn jenes Gut, nach dem der Wille trachtet,
Ist ganz vereint in ihm …
Nun, durch die Sehkraft, die in mir gewachsen
Beim Schauen, ward die Erscheinung
Verändert, während ich mich selbst gewandelt …
Doch schon bewegte meinen Wunsch und Willen,
So wie ein Rad in gleichender Bewegung
Die Liebe, die beweget Sonn' und Sterne.

(Dante, *Göttliche Komödie, Paradies*, letzte Strophe)

Zur weiteren Lektüre

Eine gute anthropologische Darstellung religiöser Tabus ist: Mary Douglas, *Purity and Danger*, London 1966.

Zur Behandlung der Zehn Gebote durch Johann Calvin ist lesenwert: *Unterricht in der christlichen Religion* (*Institutio religionis christianae*), Neukirchen 1997.

Ich habe eine Darlegung von Kants Ansichten über Ethik und Religion verfaßt, wie sie sich durch sein Leben ziehen, in *The Development of Kant's View of Ethics*, Oxford 1972. Es ist eine umfangreichere Darstellung, als sie hier gegeben werden kann.

Dante: *Göttliche Komödie. Das Paradies*, deutsch von Hermann Gmelin, Stuttgart 1970.

4. Der Gott der Philosophen

Worin der Leser entdecken wird, warum Platon ein metaphysischer Höhlenkundler war, warum dumme Menschen sich in Fische verwandeln und warum Aristoteles' Gott so wenig wie möglich tut, nämlich gar nichts. Der Leser wird auch herausfinden, was Gott machte, bevor er das Universum schuf und warum die Menschen für Dinge verantwortlich gemacht werden können, an denen sie nichts ändern können. Es wird auch gezeigt, wie Gott etwas aus nichts machen kann, und es wird die eleganteste Definition Gottes gegeben, die je ersonnen wurde – und die fast, wenn auch nicht ganz, korrekt ist. Auch den langweiligsten, je ersonnenen Beweis Gottes (durch denselben Mann) wird man kennenlernen, der fast, wenn auch nicht ganz, funktioniert.

Gott und Hiob

Am 23. November 1654 hatte der französische Theologe und Mathematiker Blaise Pascal eine so lebhafte und intensive Erfahrung, daß er eine Beschreibung davon in seine Kleidung eingenäht bei sich trug, die erst nach seinem Tod entdeckt wurde. Den Kern dieser Erfahrung faßte er in folgende Worte: „Feuer. Der Gott Abrahams, der Gott Isaaks, der Gott Jakobs, und keiner der Philosophen und Männer der Wissenschaft."

Vielleicht hatte Pascal die lebhafte Erfahrung einer persönlichen und dynamischen Anwesenheit mit dem abgeleiteten Gott Descartes' verglichen, der eingeführt werden mußte, um sicherzustellen, daß unsere Sinneswahrnehmungen uns nicht täuschen.

Pascals Punkt war, daß der Glaube an Gott auf der menschlichen Erfahrung beruht, vor allem der begabten (oder verleiteten) Menschen – der Propheten –, der Erfahrung einer überwältigenden, herausfordernden, furchtbaren und feurigen Gegenwart. In der Bibel gibt es sehr wenig, das man als philosophisch bezeichnen kann. Es gibt die „Weisheits"-Schriften, weise Sprichwörter und das gequälte Nachdenken über unschuldiges Leiden im Buch Hiob. Aber die Geschichte, wie Jahweh im Garten umhergeht und Adam fragt, wo er sei (und sollte Jahweh das nicht längst wissen, da er doch angeblich alles weiß?), ist typischer als jeder Versuch, eine systematische Lehre von Gott zu begründen oder Gott zu fragen, warum die Dinge sich so ereignen.

Der Gott des Alten Testaments erklärt gar nichts. Dieser Gott verwirrt, macht wütend und tröstet, wenn man Glück hat. Aber jede Annahme, daß Gott die Geheimnisse des Lebens erkläre, wird vom Buch Hiob vollständig durcheinandergebracht, das alle derartigen „Erklärungen" als von den Feinden Gottes gegeben ansieht, den „Freunden" Hiobs, die unablässig Erklärungen dafür liefern, warum er leidet. Hiob verwirft all diese Erklärungen, und der Schreiber betrachtet offenbar jeden Versuch der Erklärung als vergeblich.

Am Ende wird Hiob mit einer Vision Gottes „aus dem Wirbelwind" konfrontiert, die ihn ganz einfach zu erschrecktem Schweigen bringt. „Ich hatte von dir mit den Ohren gehört", sagt er. „Aber nun hat mein Auge dich gesehen. Darum spreche ich mich schuldig und tue Buße in Staub und Asche" (Hiob 45,5–6). Es gibt keine Erklärung, keine Antwort, nur den Wirbelwind und eine Vision der unergründlichen Macht Gottes; nur die Feststellung der Nichtswürdigkeit des Menschen und die vollständige Hingabe an das Mitleid Gottes.

Gleichwohl ist viel über das Buch Hiob nachgedacht worden. Die abschließende Erfahrung Hiobs ist die eines alles erschaffenden Gottes, der fragt: „Wo warst du, da ich die Erde gründete?" Es mag keine Antwort geben auf die Frage, warum Gott alles so schuf, wie er es schuf. Aber da ist der Glaube, daß es einen Gott gibt, der Macht hat über alle Dinge, so daß Hiob nicht sagt: „Ich weiß nicht, was du eigentlich bist". Er sagt vielmehr: „Ich erkenne, daß du alles vermagst" (Hiob 42,2). Hier ist in der Tat eine der wenigen Doktrinen des Alten Testaments – die Feststellung, daß Gott allmächtig ist und fähig, alles zu tun. Woher weiß man das aber, außer durch Nachdenken über die Natur Gottes? Und woher weiß man genau, was es bedeutet, außer, indem man die Vernunft so gut wie möglich einsetzt, um alle Auswirkungen und Voraussetzungen zu enthüllen?

Der Glaube an Gott ist vielleicht nicht auf Vernunft gegründet, obwohl er eine Hypothese ist, die erklären könnte, warum das Universum so ist, wie es ist. Vernunft aber muß bei all jenen menschlichen Erfahrungen angewandt werden, die den Glauben an Gott entstehen lassen; um auszusondern, welche Erfahrungen verläßlich und vertrauenswürdig sind. Danach muß die Vernunft zu erkennen trachten, welche Vorstellung von Gott (oder die einer anderen religiös erfahrenen Realität) in solchen Erfahrungen eingeschlossen ist. Und sie muß zu erkennen suchen, wie solche Vorstellungen mit anderem Wissen um die Welt zusammenhängen, die von anderen Erfahrungen abgeleitet sind. Das ist eine ganze Menge Arbeit für die Vernunft, auch wenn das mit der Gesundheitswarnung einhergeht, daß die Wege Gottes jenseits allen menschlichen Verstehens sind.

Platon und die Götter

Das Problem mit den Göttern Griechenlands, Ägyptens, Roms und der Sumerer ist, daß kein Mensch es je geschafft hat, sie in eine wie auch immer geartete rationale Ordnung zu bringen. Der griechische Dichter des achten vorchristlichen Jahrhunderts Hesiod schrieb eine *Theogonie*, die versuchte, die Götter irgendwie schlüssig zu ordnen. Aber er bot nur eine eher langweilige Ansammlung von Genealogien, die die Götter durch unterschiedliche Heiratspläne und Elternschaften miteinander verband. Diese Familiengeschichten haben keinerlei Überzeugungskraft, vermitteln vielmehr den unwiderstehlichen Eindruck, daß sie eher willkürlich konstruiert wurden, um die ermüdend große Anzahl von Göttern in irgendeiner verständlichen Beziehung zu erfassen.

Platon (429–347 v. Chr.) war ein athenischer Philosoph, der viele Dialoge verfaßte, meist mit Sokrates als dem Haupt-Disputanten. Welche Beziehung dieser Sokrates zu der echten historischen Gestalt hatte, die 399 vor Christus starb und deren Schüler Platon gewesen war, ist unklar. Es stimmt vermutlich, daß dank Platon Sokrates nach seinem Tod mehr Streitgespräche gewann als zu Lebzeiten. Die meisten halten es für sehr wahrscheinlich, daß er nach seinem Tode auch viel dogmatischer wurde. Um ehrlich zu sein, widerlegte er aber seine Theorien so oft wie die von anderen, weshalb er mit Recht als der Vater der kritischen Philosophie gilt.

Sokrates fragt typischerweise die Menschen zunächst, was ihrer Meinung nach Begriffe wie „Gerechtigkeit“ oder „Mitleid“ bedeuten. Dann zeigt er, daß sie nicht gut das meinen können, was sie sagen und sie in Wahrheit vollkommen verwirrt sind bezüglich dessen, was sie tatsächlich meinen. Schließlich sagt er ihnen, was sie eigentlich meinen würden, wenn sie sich selbst besser begreifen würden – aber alle wissen, daß vermutlich im nächsten Dialog Sokrates zeigen wird, daß selbst das, was sie meinen würden, wenn sie sich begreifen würden, so verworren ist, daß es besser wäre, wenn sie etwas anderes meinten. So ist es wohl keine Überraschung, wenn Sokrates viele Athener wütend machte und sie ihn der „Gottlosigkeit“ bezichtigten, was immer das hieß.

So geschah es, daß, als Platon auftauchte, er sehr wenig mit den Göttern Homers und Hesiods anfangen konnte. Für ihn hatten sie den Status von Fabeln und Legenden, und so viele Geschichten waren unmoralisch oder schlicht so dumm, daß Platon in seinem *Staat* sich für eine Zensur der Götter aussprach und nur jene beließ, die Beispiele für gute und edle Charaktere seien (vermutlich wäre keiner der Götter der *Ilias* übriggeblieben). Das Problem hier ist, worauf Platon selbst hinweist, daß für uns dabei nur Geschichtenerzähler „der kargsten und am wenigsten attraktivsten Art“ blieben, „die nur die Manier eines Menschen von edlem Charakter wiedergeben“. Religion wie Seifenoper würden bald alle Anziehungskraft verlieren, wenn man diesem Ratschlag folgte. Religion mag wohl erhebender sein, aber sie wäre noch langweiliger, als sie es ohnehin schon ist.

Sokrates, dessen Denken Platon in seinen Dialogen auszudrücken beansprucht, wurde zum Tode verurteilt: Er sollte nach seiner Verurteilung durch den athenischen Staat Gift trinken, weil er die Jugend verdorben habe. Angeblich hatte er die Existenz der Götter angezweifelt. Man hielt ihn allgemein für anti-religiös, nach Begriffen jener Tage. Aber niemand konnte sagen, daß Sokrates und Platon nicht allgemein mit religiösen Themen befaßt waren – Themen der letztlich spirituellen Natur des Universums, der menschlichen Sterblichkeit in Hinblick auf einen höheren und letzten Geist. Sie konnten nur keinen Weg finden, diese Themen mit der wilden Götterschar des öffentlichen griechischen religiösen Lebens zu verbinden.

Daher ersann Platon seine eigenen Gottesideen, ohne sie in irgendeiner Weise mit den religiösen Praktiken Athens zu vereinen. Wenn irgendein Gott ein Gott der Philosophen ist, dann der von Platon. Auch dann aber ist er nicht so weit entfernt von dem Wirbelwind bei Hiob, wie man denken könnte. Und er sollte die christlichen Gottesideale beeinflussen – weitgehend auch die jüdischen und moslemischen –, und zwar grundsätzlich. Tatsächlich kamen sie sogar erst auf, nachdem Platons Ideen mit denjenigen des frühen Christentums vereint wurden, in Verbindung mit der lebendigen religiösen Praxis. Die Stimme aus dem Wirbelwind und die aus der Akademie (der Schule der Philosophen, die Platon in Athen gründete) sollten gemeinsam die religiösen Ideen Europas und des Mittleren Ostens mehr als tausend Jahre lang ausformen.

Sicherlich war Platon ein Philosoph, das erste vollkommene Beispiel seiner Art. Er war sogar Sprachanalytiker und verbrachte viel Zeit damit, Begriffe zu analysieren. Aber er war nicht nur Intellektueller; in vielfacher Hinsicht war er eher das, was man einen Mystiker nennen könnte. In dem berühmten „Höhlengleichnis" aus seinem *Staat* (7. Buch) stellt er sich die Menschen als in einer Höhle gefangen vor, so daß sie, durch den Schein des Feuers hinter sich, nur die Schatten der Marionetten auf die Wand geworfen sehen. Sie sehen also nur die Schatten von künstlichen Objekten, und dies in künstlichem Licht. Wenn, wie Platon sagt, sie von ihren Fesseln befreit und aus der Höhle entlassen sind, dann werden die Befreiten zunächst die Marionetten, dann die Marionettenspieler, dann das Feuer und danach die Höhle selbst sehen. Am Ende dann, wenn sie aus der Höhle spazieren, werden sie lernen, die Sonne selbst anzuschauen, „nicht nur ihren Widerschein ... nein, sie selbst in ihrer richtigen Gestalt". Aus der Höhle der Erscheinungen befreit zu sein und die Sonne, wie sie ist, zu sehen lernen, ist das Ziel der Weisheit, welche Platon lehrt.

Hier haben wir einen weiteren Begriff des religiösen Lebens; nicht einen, wo den Göttern Opfer dargeboten werden, um sie vom Pfad der strengen Gerechtigkeit abzubringen – was nach Platon eine Form der egoistischen Ungerechtigkeit ist –, sondern den des Lernens, sich von dieser veränderlichen Welt abzuwenden, bis das Auge „es ertragen kann, die Wahrheit und den höchsten Glanz zu schauen, welchen wir das Gute genannt haben".

Was ist das Gute? Platon sagt: „Das, was den Objekten des Wissens ihre Wahrheit und dem, der sie kennt, die Macht des Wissens gibt, das ist die Form oder wesentliche Natur der Güte. Es ist der Grund von Wissen und Wahrheit." Es ist sogar jenseits von Wahrheit und Wissen, selbst „jenseits des Seins, und es übertrifft es an Würde und Macht". Es ist das höchste Objekt wahren Wissens und ist weit entfernt von der Welt der sichtbaren Dinge und der Sinneserfahrung, welche das Gebiet von Erscheinung und Glaube ist.

Die Vision des Guten

Platons Ansicht ist fast das genaue Gegenteil dessen, was die meisten Menschen der modernen Welt annehmen. Oft denken die Menschen über Religion, sie sei das Gebiet des Glaubens, während Wissen durch Sinneserfahrung und Beobachtung zustande kommt. Aber Platon war der Meinung, Wissen sei eine intellektuelle Eingebung des Wesens oder der wahren Natur der Dinge und vor allem des Guten, wovon alles Wesen abstammt, während Sinneserfahrung uns nicht mehr als Überzeugungen oder Meinungen über bloße Erscheinungen gibt. Wir haben Platon gleichsam auf den Kopf gestellt, und deshalb erscheint der modernen Welt Religion zumeist so merkwürdig, zumindest diese platonische Version, die so großen Einfluß auf das Christentum hatte. Solch eine religiöse Vision gehört einer Art und Weise an, die Dinge zu sehen, die viele von uns nicht mehr teilen können und die das genaue Gegenteil unserer eigenen Sichtweise ist.

Für Platon ist Philosophie, die Liebe zur Weisheit, eine Sache dessen, daß man sich von den Erscheinungen abwendet, hin zu einer Vision der Güte selbst. Und ist das wirklich so weit von Feuer und Wirbelwind entfernt? Die Metapher des Sehens als Erkennen ist den Geschichten von Abraham, Hiob und der Höhle gemein. Als Abraham Gott erblickt, verläßt er die größte Kultur der damaligen Zeit. Als Hiob Gott sieht, scheinen seine Fragen wie sinnloses Stammeln. Als der befreite Gefangene die Sonne sieht, wird all das, was er dachte, zur Verrücktheit. In allen genannten Fällen wird etwas gesehen, das alles radikal in Frage stellt, das man zuvor noch als Wissen erkannt hatte. Und in jedem Falle scheint der, der die Vision hat, töricht zu sein, wenn er denen davon zu erzählen versucht, was er gesehen hat, die noch dem Gefängnis der Welt verhaftet sind. Aber für die Visionäre hat sich die Welt auf immer verändert, und die Welt der Veränderung und der Zeit wird zur Irrealität angesichts der Vision der Ewigkeit.

Manchmal wird von Platon als dem Vater des „Dualismus" gesprochen, als dem Hasser der Sinnenwelt und der Körper, und als jemand, der empfahl, dem Materiellen insgesamt zu entfliehen und zu einer besseren, reineren, spirituellen Welt zu gelangen. Der Körper wird schlecht, und die spirituelle Suche soll vorgeben, er sei nicht einmal anwesend. Wer Platon in einem solchen Licht sieht, vergißt vielleicht die beiden anderen berühmten Dialoge, das *Symposion* oder *Gastmahl* und den *Timaios*. Das *Gastmahl* ist eine einzige Feier der homosexuellen Liebe. (Ich gebe zu, daß, wenn ich die schöne Passage aus dem *Gast-*

mahl, die ich in Kapitel 2 zitiert habe, in der Kathedrale in Oxford lese, was ich oft tue, diese Tatsache nicht betone.) Während Platon mit Sicherheit von der Vision der „Schönheit selbst" spricht, betrachtet er auch schöne Dinge (und er redet zum Teil auch von schönen jungen Männern) als Bilder oder als Ausdruck jener Schönheit und eben nicht als etwas, das ihr entgegengesetzt ist. Wenn er sagt, daß man von der Betrachtung schöner Dinge zur Betrachtung der Schönheit selbst übergehen solle, sagt er sicherlich nicht, daß man vom Materiellen zu dem übergehen soll, was dem entgegengesetzt ist. Er sagt vielmehr, daß man vom Bild zur Realität übergehen solle. Aber das Bild ist eben ein Bild und kein Widerspruch der Realität, und als solches hat es wohl seinen ihm gemäßen, wenn auch relativen, Wert.

Ähnlich spricht Platon im *Timaios*, der nahezu das einzige von ihm bekannte Werk im Mittelalter war (durch eine lateinische Übersetzung von Chalcidius), von der materiellen Welt, vor allem von der Zeit, in welcher sie existiert und die ihr wesentliches Charakteristikum ist; das „bewegte Bild der Ewigkeit". Der „Demiurg" oder Weltenerschaffer bildete diese Welt aus der präexistenten Materie, wobei er das Muster der ewigen Formen oder Ideen nahm. Alles in der materiellen Welt hat also Anteil an und ist gemacht nach der geistigen Welt der wirklichen Ideen. Die Welt ist nichts Schlechtes oder Böses, als wäre sie das Produkt eines bösen Gottes. Sie ist gut, weil sie von einem Gott geformt wurde, der auf die ewigen Ideen achtet, und weil sie ein reales Bild – in materieller Form – der geistigen Realität der höchsten Güte ist. Wir sollten vom Bild zur Wirklichkeit fortschreiten, aber das Bild kann wahrhaft all denen von der Wirklichkeit berichten, die noch teilweise in Gefühlshaftigkeit und Unwissen befangen sind.

Es stimmt, daß Platon ein griechisches Wortspiel benutzt, wenn er vom menschlichen Körper (*soma*) als dem Grab (*sema*) der Seele spricht. Das mag den Eindruck erwecken, daß die Seele vom Körper gefangen wird, gleichsam als Strafe. Dieser Eindruck mag sich verstärken, wenn wir einiges von dem lesen, was Platon über das Schicksal der unterschiedlichen menschlichen Seelen sagt. Er glaubte an die Reinkarnation und war der Meinung, die Seelen existierten ohne Anfang oder Ende und nähmen in zahllosen Leben unterschiedliche tierische und menschliche Formen an. Es gibt so viele Seelen wie Sterne, und jede Seele ist ursprünglich einem Stern zugeteilt. Sie fallen aus dem Reich der Sterne zur Erde, so daß das irdische Leben eine Art Strafe ist. Dennoch ist diese Erde zugleich die Arena, in der die Seelen lernen können, die Gerechtigkeit zu lieben und den Weg nach oben zu nehmen. Dort können sie dann den Preis der Gerechtigkeit empfangen und zurückkehren zu ihrem Geburtsstern, um ein angemessen glückliches Leben zu führen, nach der Reise durch viele Leben, die sie sich durch ihr Verlangen und ihre Taten gewählt haben.

Manche von Platons eher reaktionären Ansichten kommen an die Oberfläche, wenn er einige Details der Seelenreise ausmalt. Männer, die ein feiges oder unmoralisches Leben führen, so sagt er im *Timaios*, werden als Frauen wiedergeboren. Die, die „in ihrer Beschränktheit meinten, die Erklärung dieser Dinge" – es geht um Astronomie – „durch den Augenschein sei die zuverlässigste", werden als Vögel wiedergeboren. Und wirklich dumme Menschen – vermutlich hätten weibliche Astronomen dieses besondere Unglück – werden als Fische wiedergeboren, da sie unfähig sind, reine und klare Luft zu atmen.

Wenn man solche Abschnitte liest, muß doch auch daran erinnert werden, daß damals die meisten Menschen in Europa in bemalten Tierhäuten herumliefen. Man kann von einem aristokratischen Athener des fünften vorchristlichen Jahrhunderts wie Platon nicht erwarten, daß er Meinungen vertritt, die wir als wahrhaft demokratisch bezeichnen würden. Tatsächlich war Platon der Meinung, Demokratie sei die schlechteste Regierungsform, die Herrschaft des Pöbels, die um jeden Preis zu vermeiden sei. Vielleicht erwarten wir in seinem Werk eine ähnlich elitäre und konservative Haltung gegenüber der Religion, was ja auch der Fall ist. So nahm er an, daß die, die das Gute kennen, alle anderen Klassen der Gesellschaft regieren und sorgfältige Kontrolle über Kunst und Wissenschaft ausüben sollten. Wie es Sir Karl Popper nachdrücklich sagte, ist Platon kein Freund einer „offenen Gesellschaft", und die Art von Regierung, die er bevorzugte, würde heute als repressive ideologische Tyrannei angesehen.

In dieser Hinsicht ist die jüdische Religion ganz anders als der Platonismus, da sie die harte körperliche Arbeit vor dem abstrakten Theoretisieren preist, und Visionen von Feuer, die Schäfern und Hirten erscheinen, stehen über der Vision von intellektuellen Ideen, die einer Gruppe elitärer mathematischer Gymnastiker erschienen (die Vorbereitung auf die Vision des Guten besteht großenteils natürlich in gymnastischen Übungen und Mathematik). Die prophetische Tradition der Juden ist ein nützliches Gegengewicht zur platonischen Idee von Religion als Domäne der Akademie.

Aber was Platon tat, wurde früher oder später für das religiöse Denken wichtig. Abraham wurde mit einem Stammesgott konfrontiert, und seine Erfahrung hatte keine Verbindung zu möglichen weiteren Ansichten darüber, was andere Götter tun würden oder wie die Welt im allgemeinen beschaffen wäre. Hiob (wie er uns von einem unbekannten Autor gezeigt wurde) sah Gott als den Schöpfer der ganzen Erde an. Aber noch hatte er wenig Vorstellungen von oder Sorge darum, was der Schöpfer mit dem gesamten Universum im Sinn hätte oder womit das große Universum wohl Ähnlichkeit haben könnte. Die Absichten Gottes blieben ein vollständiges Mysterium. Früher oder später mußten die, die an Gott glaubten, sich folgende Frage stellen: Welche Absicht, falls überhaupt, hatte Gott bei der Schöpfung, und wie hängen die Visionen von Gott mit unserem Wissen über die geschaffene Welt zusammen? Die Akademie mochte der Gefahr erliegen, das Feuer und den Wirbelwind zu vernachlässigen, aber, wie Platon sagte: „ein Leben ohne Selbsterforschung" verdiene es nicht, „gelebt zu werden", und das ist innerhalb der Religion so wahr wie überall.

Erscheinung und Wirklichkeit

Als Platon die Götter Athens unter die Lupe nahm, fand er, daß man sie eigentlich nicht verstehen konnte. Es gab keine Erklärung, warum sie da waren, welche Rolle sie im Universum spielten. Genauer gesagt: sie schienen oft eher zum Egoismus zu ermutigen (meine Götter existieren, um mir zu helfen), als zur wahren Güte anzuregen (ein großes Opfer, hundert Ochsen etwa, anstatt sich richtig zu verhalten). Platon leugnete die Götter daher nicht, aber in seinem Werk spielen sie keine zentrale Rolle.

Seine erste Sorge war, daß er herausfinden wollte, wie man ein gutes menschliches Leben führt; eines, das dem Platz des Menschen im Kosmos entspricht und das Verständnis widerspiegelt, wie die Dinge wirklich sind. Als er über die Welt nachdachte, in der die Menschen leben, entdeckte Platon den tiefen Zwiespalt, mit dem alle Religion und Philosophie anfängt. Die Menschen werden zum Guten angehalten, zur Erlangung von Gerechtigkeit und der Hoffnung auf Glück. Aber sie sind durch Habgier, Haß und Leidenschaft gefesselt, zudem in einer Welt, in der sich das Unrecht oft auszuzahlen scheint und die Güte durch den Tod aufgehoben wird. Was für eine Welt ist das, die einen solchen tragischen Zwiespalt hervorbringt? Und gibt es eine Lösung für diese Tragödie, die unsere Existenz ausmacht?

Eine Möglichkeit – und ihr wird in Platons Werk hauptsächlich das Wort geredet – ist die, zwischen Erscheinung und Wirklichkeit zu unterscheiden. Was in dieser auf die Sinne fixierten Welt auftaucht, sind Verlangen und Zuneigung, Ungerechtigkeit und hoffnungslose Liebe, Streit und Tod. Aber es gibt eine Wirklichkeit, die diese Welt zum Teil ausdrückt, zum Teil verdreht. Es ist eine Wirklichkeit von Schönheit und Güte, das wahre Heim der Seele, von woher die Seele jedoch durch das abstrakt irrationale und dennoch zutiefst verständliche Verlagen nach Stolz, Besitz und Vergnügen herabstürzt. Die Reise einer jeden Seele zur Erde hin ist ihre Erforschung der Leidenschaft mit all ihren offensichtlichen Attraktionen und doch auch ihrer letzten selbstzerstörerischen Leere. Und das wahre Schicksal einer jeden Seele ist es, nach erschöpfter Leidenschaft zurückzukehren zum Bereich der Sterne, jenseits von Korruption und Täuschung; es ist dies eine Reise aus einer Welt, die zwischen Wirklichkeit und Nichtwirklichkeit schwebt, hin zur Welt des Realen. „Führe mich vom Unwirklichen zum Wirklichen" – dieses Gebet aus den *Upanishaden* ist auch Platons Gebet. Es ist nicht an die Götter gerichtet, die ihrerseits in der Unwirklichkeit verharren; es ist an das Eine gerichtet, das hinter allem endlichen Sein ist, das diesen Kosmos ordnet in all seiner offensichtlichen Tragödie und letztlichen Harmonie.

Platon war entschieden kein Körperhasser, wohl aber ein Liebhaber der Seele. Er sah das Universum als im Wesentlichen gut an. Tatsächlich beschreibt er es am Ende des *Timaios* als „ein sinnlich wahrnehmbares Abbild des nur der Vernunft zugänglichen Gottes, sie, die größte und beste, schönste und vollendetste, eine und eingeborene Welt". Die Vollkommenheit des Universums besteht darin, daß es alle Möglichkeiten der endlichen Güte enthält – selbst Fische haben eine Art wässeriger Güte, obwohl sie keine reine Luft einatmen können. Das Universum bezeugt also einen Weltenformer, der „gut" war und wünschte, daß alle Dinge so sehr wie möglich wie er seien. Das Universums existiert wegen der Güte, der Schönheit und der angenehmen Dinge, die es enthält, die in vielfacher Hinsicht die eine ungeteilte Güte seines Ursprungs widerspiegeln. Anders als Zeus ist diese Güte vollkommen an Schönheit und Vorzüglichkeit, und weil sie ohne Neid ist, möchte sie, daß so viel unterschiedliche Formen der Schönheit und Vorzüglichkeit wie möglich existieren, die auf unterschiedliche Art so wie ihr göttliches Original sind. Das ist der Grund für die Existenz des Universums: daß die Güte des Demiurgen sich in einer Vielzahl endlicher Formen ausdrücke.

Doch das Universum ist auch das Reich von Konflikten, Zerstörung, Leiden und Tod. Deshalb sagt Platon nie, der Demiurg sei der Schöpfer. Der Demiurg ist eher der Weltenformer, und was da geformt wird, ist die bereits existierende Materie. „Denn die Entstehung dieser Welt war ja eben eine gemischte, indem sie aus einem Zusammentreten der Vernunft und der Notwendigkeit hervorging; jedoch herrschte dabei die Vernunft über die Notwendigkeit, dadurch daß sie dieselbe überredete, das meiste von dem, was da entstand, zum besten zu führen." Sein, Raum und Werden existieren; sie enthalten durch Notwendigkeit die vier Elemente Luft, Erde, Feuer und Wasser. Sie entstehen nicht durch irgend etwas anderes. Wenn der Demiurg sich daranmacht, den „sichtbaren Gott", den Kosmos also, zu schaffen, überzeugt er gleichsam die Notwendigkeit, großenteils mit den Formen der Ideen der Vollkommenheit übereinzustimmen, die auch auf ihre eigene Art notwendig sind.

In Platons Sichtweise sind drei Hauptfaktoren am Werk – eine Art chaotischer Materie, deren Eigenschaften notwendig sind; eine Welt der Formen, die auch notwendig ist; ein Demiurg, der versucht, soviel Form wie möglich der Materie aufzudrücken, dabei aber nie den perfekten Job verrichten kann. Der Kosmos, der dabei herauskommt, ist gerade recht, um all jene schwachen und strahlenden Seelen anzulocken, die zwar die Vorstellung von Nichtstun und Ferien in der Welt der Materie mögen, sich dabei aber nicht vollständig der Konsequenzen bewußt sind. Jedenfalls ist es nicht des Demiurgen Fehler, daß sie verkörpert werden wollen. Tatsächlich war es den Göttern überlassen (die der Demiurg aus dünner Materie schuf), die Menschen zu erschaffen, und der Demiurg will mit der ganzen menschlichen Geschichte weitgehend nichts mehr zu tun haben.

Aus Platons Sicht gibt es keinen Teufel, keine böse Kraft, die dem Schöpfer opponieren will. Es gibt ja auch nicht wirklich einen Schöpfer. Es gibt Intelligenz und Notwendigkeit und die freie Wahl der Seelen, in der materiellen Welt zu leben, die niemals ihre Güte verliert und doch notwendig die Möglichkeit von Streit und Zerstörung enthält, von Habgier und Verzweiflung. Gemäß Platon gibt es in dieser Darstellung eine Menge Mythos und viele spekulative Phantasie. Es bedürfte der Entmythologisierung, und ich vermute nicht, daß Platon dagegen Einwände hätte. Aber der wichtige Kern der Geschichte ist die Behauptung, daß der Kosmos eine Struktur hat, die die tragische Situation der Menschheit erklärt, indem sie sie in den Zusammenhang einer Art innerer Reise der Seelen durch das Reich von Begierde, Unwissenheit und Notwendigkeit stellt, die hin zu einer Vision der vollkommenen Güte und Verständlichkeit führt.

Warum aber hat diese platonische Weltsicht nicht eine platonische Religion entstehen lassen? Sie hatte doch die meisten der dazu benötigten Elemente. Sie hatte einen charismatischen religiösen Lehrer, Sokrates, der wie ein Held starb und eher den Regeln eines ungerechten Staats gehorchte als die Flucht zu versuchen, was er hätte tun können. Sie hatte einen Apostel, Platon, der die sokratischen Lehren vermittelte, welche der aristokratischen Zuhörerschaft entsprechend modifiziert waren, und das in unvergänglicher Prosa. Sie hatte ein attraktives Kosmosbild und Mythen, die von Ursprung und Schicksal der Seelen berichteten. Sie hatte einen hohen ethischen Gehalt und eine oberste spirituelle Realität (oder auch zwei, den Demiurgen und das Gute). Warum also gibt es keine platonische Religion?

Nun, in einem gewissen Sinne gibt es eine solche: man nennt sie das Christentum. Zumindest übernahm das Christentum von Platon viele der wichtigsten Aspekte seines Denkens und fügte sie der eigenen zentralen Lehre hinzu, wonach Jesus die höchste Manifestation Gottes ist. Vor allem in der griechisch-orthodoxen Form bewahrte das Christentum die Sichtweise, daß die zeitlichen Dinge Bilder des Ewigen sind oder sein können (Jesus ist natürlich das perfekte Bild des unsichtbaren Gottes, und so wird er im Neuen Testament auch beschrieben, Kolosser-Brief 1,15). In der Liturgie werden die materiellen Dinge transparent für die darunterliegende spirituelle Wirklichkeit. Die Sinnenwelt ist die Welt des Irrealen, und eine große Tugend ist die *apatheia*, die Leidenschaftslosigkeit, ein wichtiges Ziel im griechischen Klosterleben. Die reale Welt ist die der Essenz, die des Guten, die Gegenstand der Kontemplation der Mönche ist. Wächter der Wahrheit sind die Bischöfe, die alle Kunstwerke zensieren, die die ihnen anvertraute Bevölkerung in die Irre leiten könnten. Und die spirituelle Suche besteht in der Flucht vor dem Verlangen und der Sinnlichkeit in die unveränderliche und ewige Quelle aller Güte, „jenseits des Seins selbst".

Der Platonismus lebte weiter, während die Götter, die ihm nie wirklich wichtig waren, verblaßten, zu Engeln (oder Dämonen und sogar Heiligen) wurden, zu Boten einer höheren Wirklichkeit. Natürlich ist das ein Platonismus, der durch die Berührung mit der jüdischen Religion verändert wurde, und eben, weil er zum veränderten Platonismus wurde, wird oft laut protestiert, es sei keineswegs mehr der Platonismus (Formen, die einander sehr ähnlich sind, haben die Neigung, ihre Unterschiede sehr laut zu verkünden, obwohl die Unterschiede für niemanden offensichtlich sind).

Der Platonismus findet sich naturgemäß am strengsten in den griechischen und byzantinischen Formen des Christentums (so genannt, weil Byzanz, das spätere Konstantinopel und dann Istanbul, die Hauptstadt des Oströmischen

Reiches war und bis heute Sitz des Patriarchen des östlichen orthodoxen Christentums ist). Aber der Platonismus spielte auch eine bestimmende Rolle im lateinischen Christentum, der Form des Christentums, die dem Bischof von Rom die Treue hält.

Augustinus und die Schöpfung *ex nihilo*

Der größte Architekt des lateinischen Christentums war Augustinus, der Bischof von Hippo (354–430), einer Stadt an der Küste des heutigen Algerien. Augustinus übernahm Platons System des dreifachen Ursprungs des Kosmos: den Demiurgen, das Gute und die Materie, zusammen mit ihrer eher fernen Verbindung zu den Göttern, die von den Menschen angebetet wurden. Und er verwob sie zu einer schlüssigen Synthese, die bis auf den heutigen Tag die Grundlage des klassischen christlichen Theismus bildet. Das erreichte Augustinus, indem er die Lehre von der Schöpfung *ex nihilo*, aus nichts, entwickelte. Sie wurde nicht von ihm erfunden, sondern war schon gegen Ende des zweiten Jahrhunderts in den christlichen Kirchen weitgehend akzeptiert, obwohl formal dann erst 1215 von der römisch-katholischen Kirche definiert. Aber Augustinus gab ihr eine ausgearbeitete und definitive Form.

Was er tat, war wirklich sehr ordentlich. Zunächst begriff er sämtliche Formen oder Essenzen, an deren Spitze die Form des Guten, als Ideen im Geiste Gottes. Dann machte er Gott zum Schöpfer der Materie, so daß sie keine unabhängige Existenz mehr hatte. Und schließlich degradierte er alle alten Götter zu Engeln oder Dämonen, zu Dienern des einen Schöpfergottes. So gab er dem ganzen Kosmos eine einfache und elegante Erklärung als Wille des Schöpfergottes, der das einzig geeignete Objekt der Anbetung und Verehrung der Menschen sei.

Es gab kein unabhängiges Ideenreich, nach dem sich Gott in irgendeiner Form richten mußte. Gott mußte sich nicht nach einem gesondert existierenden Regelbuch richten, um herauszufinden, was gut oder möglich war. Statt dessen waren das Regelbuch, dazu alle möglichen Welten, die je existieren konnten, sowie alle Moralregeln, die je zur Anwendung kommen könnten, im Geiste Gottes; sie waren bildende Teile, die diesen Gott ausmachten.

Wenn man also fragt: „Muß Gott unabhängigen Standards der Güte entsprechen?“, dann lautet die Antwort: „Nein, diese Standards sind Ideen im Geiste

Gottes." Wenn man wirklich anstößig sein will, mag man weiter fragen: „Aber könnte Gott nicht an andere Ideen gedacht haben, und dann hätten wir ganz andere Moralgesetze. Vielleicht solche wie: ‚Töte freitags zwei Leute'?"

Eine solche Frage würde davon handeln, ob Gott irrational sein kann und Moralgesetze ohne jeden Grund erläßt. Die Antwort des Augustinus wäre: „Gott könnte irrational sein, aber warum sollte er?" Irrational zu sein, heißt, Dinge ohne jeden Grund zu tun oder aus unguten Gründen. Rational zu sein heißt dagegen, Dinge zu erschaffen, weil sie wünschenswert sind, weil sie Glück gewähren oder Befriedigung. Gott ist ein Wesen von vollkommener Macht und vollkommenem Wissen. Also kennt Gott alles, was er erschaffen könnte, und er kann alles erschaffen, was möglich ist. Für Gott heißt rational zu sein, das zu erschaffen, was Gott erschaffen will, was Gott Befriedigung oder Vergnügen gibt. Wenn Gott irrational sein könnte, könnte Gott Dinge erschaffen, die keine Befriedigung oder Vergnügen gewähren. Aber kein machtvolles und weises Wesen würde das tun. Also selbst wenn Gott theoretisch irrational sein könnte, würde Gott sich das nie aussuchen.

Wir können also sagen, Gott erschafft Dinge, weil sie Gott Freude bringen, und das ist rational. Aber man kann die Sache noch weiter treiben, indem man fragt: „Könnte Gott nicht an fast allem Gefallen finden?" Gott könnte ja seine Freude daran finden, die Menschen bei intensivem Schmerz zu beobachten. Warum könnte es nicht einen kosmischen Sado-Masochisten geben?

Darauf gibt es eine Antwort: Gott als Allwissender kennt alle möglichen Universen, die je existieren könnten. Sind manche diese möglichen Welten besser als andere? In der alltäglichen Praxis hat keiner von uns Probleme zu sagen, daß manche Zustände besser sind als andere; wir ziehen einige den anderen vor. Wir sind lieber fröhlich als traurig, lieber gesund als krank, lieber frei als an eine Mauer gekettet, und wir ziehen es vor zu wissen, wie man Krankheiten heilt, als daß wir hier gerne unwissend blieben. Manche Zustände sind einfach anderen vorzuziehen, und diese Zustände haben meist mit Überleben, Gesundheit, Glück und einem vernünftigen Maß an Freiheit und Wissen zu tun.

Gott als Allwissender wird wissen, daß Glück, Freiheit und Wissen der Langeweile, dem Zwang und dem Unwissen vorzuziehen sind. Es mag wohl jede Menge quälender Streitgespräche um den Grad von Güte und Schlechtigkeit geben, um ihre Verteilung und darum, wodurch sie entstehen. Aber vor allem würden wir doch zustimmen, daß eine Welt mit viel Glück, Freiheit und Wissen besser ist als eine Welt, die nichts davon hat.

Von wessen Standpunkt aus, könnte man fragen? Nun, vom allgemeinen Standpunkt aus. Oder ich sollte vielleicht sagen, vom Standpunkt eines jeden unparteiischen Beobachters. Wir sagen den Leuten ja nicht, wie sie glücklich sein sollen, welches Wissen sie haben oder ihre Freiheit benutzen sollen. Und wir legen nicht alle möglichen Moralgesetze nieder. Wir sagen bloß, daß bessere Welten, die vorzuziehen sind, mehr Glück, Freiheit und Wissen in sich bergen. Daher sind sie von Wesen bevölkert, die Glück, Freiheit und Wissen erfahren können. Je mehr Dinge es gibt und je mehr davon die Menschen erfahren, desto besser wird die Welt sein. Es scheint also, als wäre die beste der möglichen Welten eine mit einer größtmöglichen Anzahl von Wesen darin, die bis zur Ekstase glücklich, völlig frei und außerordentlich weise und kenntnisreich sind. Man muß zugeben, daß unsere gegenwärtige Welt nicht sehr danach aussieht. Es klingt aber nach einer sehr vernünftigen Beschreibung des Himmels oder auch einer Engelwelt. Und wenn alles sorgfältig arrangiert wäre, so daß niemandes Freiheit ernsthaft in Konflikt geriete mit der von anderen Menschen, dann ist der Himmel (vielleicht) möglich.

Gott als rationales Wesen wird das erstreben, was am erstrebenswertesten ist. Wenn also Gott beschließt, überhaupt etwas zu erschaffen, wird Gott ein oder mehrere Universen mit Wesen erschaffen, die so glücklich, frei und weise wie in jenen Universen möglich sind. Mit anderen Worten muß jede Schöpfung, sofern es einen weisen und mächtigen Gott gibt, gut sein, erstrebenswert für Gott wie auch für die bewußten Wesen in der Welt. Das folgt allein aus der Natur Gottes. Gott als Allmächtiger kann die Materie dazu bringen, zu existieren, exakt deshalb, um vielen glücklichen, freien und weisen Lebewesen die Existenz zu ermöglichen. Die Materie existiert nicht einfach so, ohne Grund, so wie bei Platon. Materie existiert, weil Gott es will, daß sie existiert, damit viele erstrebenswerte Zustände existieren können. Sie ist gänzlich verursacht durch Gott, sowohl in der Existenz als auch in ihrer Natur. Und sie ist nicht irgendeine, ewig existierende unabhängige Masse. Das liegt der Aussage zugrunde, die Schöpfung sei eine „aus nichts“, *ex nihilo*.

Aristoteles und das vollkommene Sein

Für Augustinus ist Gott nicht gezwungen, etwas zu erschaffen. Obwohl es gut wäre, viele endliche Wesen zu erschaffen, die erstrebenswerte Zustände erfahren können, so ist dies doch nicht verbindlich. Gott muß nicht erschaffen, weil Gott bereits das Erstrebenswerteste ist, was überhaupt existieren kann. Gott beinhaltet bereits den größtmöglichen Grad an Glück, Weisheit, Freiheit und Wissen. Selbst wenn Gott also nie etwas erschaffen hätte, wäre da doch ein vollständig begehrenswerter, vollkommen guter Zustand. Wir können die Schöpfung erklären, indem wir sagen, daß Gott sie wegen ihre Güte ausgewählt hat. Wir können sehen, daß Gott zutiefst gut sein mag. Aber erklärt das schon, warum Gott existiert? Kann irgend etwas das erklären? Augustinus und Platon nahmen beide an, die Existenz Gottes würde sich aus sich selbst erklären; sie könne nur durch den Verweis auf sich selbst erklärt werden.

Für Platon ist das deshalb so, weil die grundsätzlichste Erklärungsweise in Begriffen von Güte oder Wert geschieht. Man erklärt, warum etwas existiert, indem man zeigt, daß es gut ist, wenn es existiert, nur um seiner selbst willen. So kann man bei der Frage, warum es Mozarts *Jupiter-Sinfonie* gibt, zunächst auf das Leben Mozarts verweisen, auf die damalige Beschaffenheit der Musik und alles das, was ihn zum Schreiben dieser Sinfonie brachte. (Platon hatte Mozart nicht gehört, aber das war *sein* Pech.) Im Falle Mozarts muß man, nachdem man soviel wie möglich über seine Bildung und Ausbildung herausgefunden hat, letztlich doch sagen, daß diese Sinfonie existiert, weil der Komponist dachte, es wäre gut, sie zu schreiben. Die Sinfonie existiert, weil es genau das ist, was Mozart wollte und er äußerst befähigt war, sie zu erschaffen; ein Kunstwerk, das schöpferisch und schön ist.

Der schöpferische Prozeß, das Ausüben der freien schöpferischen Phantasie und die Fähigkeit sowie das fertige Produkt sind alle gut in sich, um ihrer selbst willen. Die Musik kann wohl Glück bewirken, oder Ruhm und Geld, aber das ist nicht der Grund, jedenfalls nicht der Hauptgrund, warum sie geschrieben wurde. Die Musik ist geschrieben, wird gehört, nur weil es eine an sich wertvolle Erfahrung ist, sie zu erschaffen oder zu genießen. So erklären wir, warum die Sinfonie existiert, indem wir sagen, daß ihre Schöpfung und Würdigung Werte an sich sind, die in sich gut sind. Zumindest aber ist jede andere Erklärung, die diesen Faktor ausläßt, ganz und gar unvollständig.

So erklärt man, warum etwas existiert, indem man zeigt, daß es an sich von

Wert ist; es ist gut, daß es existiert. Und wenn es potentiell wertvoll sein kann, selbst wenn niemand es erfahren wird, liegt der tatsächliche Wert doch in der Hervorbringung oder Betrachtung durch ein bewußtes Wesen. Nach Augustinus können wir daher erklären, warum Gott existiert, indem wir zeigen, daß das Sein Gottes ein Wert an sich ist und daß dieser Wert von Gott bewußt erfahren wird. In diesem Sinne ist Gott gut. Gott enthält den höchsten Grad aller Werte an sich, und das Bewußtsein dessen ist selbst das höchste Gute.

Anstatt ein bewußtes Wesen zu haben, das nach der Welt der Formen schauen muß, um diese als Muster für die Erschaffung der Welt zu benutzen, hat man nun einen Gott, der auf die göttliche Vollkommenheit blickt als Muster aller Güte. Diese Gottesidee war bereits bei Aristoteles (384–322 v. Chr.) vollständig vorhanden, einem Schüler Platons, der später seine eigene Philosophie-Schule (Lykeion) in Athen gründete. Aristoteles teilte die mystischen Neigungen Platons nicht und sagt auch wenig über die Auffahrt der Seele zur Schau des Guten. Sein Interesse lag mehr darin zu erklären, warum die Dinge sich so ereignen, wie sie es im Universum tun; wir würden es heute eine wissenschaftliche Erklärung der Dinge nennen. Aristoteles verwarf die Idee einer Welt der Formen und behauptete, daß Formen oder die wesentliche Natur generell in Materie verkörpert sein müßten, um real zu sein.

Trotzdem ist es laut Aristoteles notwendig, daß es eine unveränderliche ewige Substanz geben müsse (Metaphysik 12,6). Sie wird den anderen Dingen die Veränderung übermitteln, sich dabei selbst aber nicht verändern. Zusätzlich wird sie immateriell sein, da sie jenseits von aller Veränderung oder Zersetzung ist. Sie wird die Veränderung herbeiführen, indem sie geliebt wird, durch eine Art innerer Anziehung, die sie besitzt. Sie kann sich nicht selbst verändern, weil alle Veränderung nur zum Schlechten wäre. Und sie betrachtet das vollkommenste und beste aller Dinge, weshalb sie in reiner Glückseligkeit existiert. Was aber ist das vollkommenste Ding? Nun, es selbst; also muß es an sich selbst denken. So genießt Gott das Schauen des göttlichen Wesens selbst und weiß, daß es das Beste ist, was es gibt. Dieses Denken, so Aristoteles, „ist ein Denken des Denkens". Das heißt, es ist das Objekt seines eigenen Wissens, und in solch einem Wissen liegt das höchste Glück.

Ohne in die Feinheiten von Aristoteles' Argumentation einzusteigen, die seitdem unzählige Bände von Kommentaren gefüllt haben, sehen wir doch, daß er eine Gottesvorstellung von notwendigen, unveränderlichen, vollkommenen, herrlichen Wesen hatte, die andere Wesen veranlaßt, sich durch die innere Anziehung an dieses Höchste zu ändern. Aristoteles schloß die Lücke zwischen dem Demiurgen und dem Guten, indem er das Beste aller Wesen selbst zur Ursache aller Veränderung im Kosmos machte. Der Preis dafür ist, daß Gott, das beste aller Wesen, nie wirklich etwas tut, sondern einfach durch seine Anwesenheit die Dinge verändert.

Aristoteles' Werke wurden – obwohl sie teilweise mit einigen Werken Platons vermischt wurden – von moslemischen Philosophen wiederentdeckt, ehe sie um das zwölfte Jahrhundert in lateinischer Sprache erschienen. Vor allem Ibn Sina (lateinisch Avicenna, 980–1037) und Ibn Rushd (lateinisch Averroes, 1126–1198) entwickelten aristotelische Gottesideen, die spätere christliche Denker ganz beträchtlich beeinflußten. Ersterer fand etwas sehr Anziehendes an Aristoteles' Idee der unveränderlichen Ursache aller Dinge, vollkommen in Liebe und Güte, die das Universum auf sich bezog (wir haben einen kleinen Beweis dafür bei Dante). Doch es gab auch etwas Verdächtiges für die Gläubigen, nämlich in der offenkundigen Zurückweisung der Idee der aktiven göttlichen Vorsehung, die in Aristoteles' Idee anklang, daß Materie ohne Anfang oder Ende sei, und in dem scheinbaren Mangel an jeglichem Begriff der persönlichen Unsterblichkeit. Auch aus diesen Gründen hörten derartige Spekulationen ziemlich bald in der moslemischen Welt auf, in der die Aufmerksamkeit auf eher praktische Punkte überging, beispielsweise wie die *Shari'a* interpretiert werden müßte. Innerhalb der christlichen Tradition wurde Aristoteles mit Erfolg von Thomas von Aquin getauft, und schnell war Platon damit aus dem Spiel – obwohl christliche Gottesideen eine Mixtur aus Aristoteles und Platon blieben und sich nicht weit von der Vereinigung Platons, Aristoteles' und der Bibel entfernten, die Augustinus leistete.

Es liegt für die meisten Theisten etwas Unbequemes in dem Gedanken, daß Gott seine Zeit in Selbst-Kontemplation verbringt, in einer Art unveränderlicher Selbstliebe. Es sieht einfach zu sehr nach ständiger Selbstbetrachtung im Spiegel aus. Aber schließlich könnte man ja auch sagen, Gott ist das einzige, das wirklich der rückhaltlosen Liebe würdig ist, so daß Gott einfach keine andere Wahl hat. „Tut mir leid, aber ich bin einfach der Größte", so könnte Gott sagen. Und es wäre richtig. Gott ist die oberste Vollkommenheit und das Urbild aller Güte.

Aber für Platon und auch Aristoteles ist dieser Gott kein Schöpfer. Aristoteles sagt, es wäre absurd zu denken, daß Zeit und Veränderung je begonnen hätten. Wir können den Grund dafür sehr leicht erkennen, wenn wir an den ersten Moment der Zeit zu denken versuchen und dann fragen: „Und was war davor?" Es scheint, daß es immer eine Zeit vor jeder gegebenen Zeit gab. Deshalb kann die Zeit nie begonnen haben. Was Gott tut, ist, die materielle Welt zu verändern oder zu formen, indem er sie mit einer gewissen Ähnlichkeit mit dem Göttlichen versieht. Diese Ähnlichkeit und deren Grad werden von der Natur der benutzten Materie abhängen. Wir können uns also einen Abstieg von der dünneren zur dickeren Materie vorstellen, und auf jeder Stufe des Abstiegs ist der Spiegel der Vollkommenheit immer weniger perfekt, bis man auf der untersten Stufe vielleicht eine dämonische Welt hat, die so weit wie möglich von der Reinheit und Vollkommenheit des göttlichen Urgrunds entfernt ist.

Für Platon und Aristoteles gibt es keine Erklärung dafür, warum die Materie existiert; sie ist einfach da, durch eine uns unverständliche Notwendigkeit, und das erklärt großenteils, warum die Welt nicht so gut ist, wie sie sein könnte. Wieder geht Augustinus hier weiter als Platon und Aristoteles, indem er die konstituierenden Elemente der Realität vereinigt und die Materie zu einem Produkt Gottes macht. Schöpfung aus nichts heißt, daß Gott den Kosmos nicht aus präexistentem Material formt, sondern daß Gott das Material selbst macht. Weil Gott über alle Maßen gut ist, weiß Gott, daß es gut ist, wenn andere bewußte Wesen existieren, die eigene Werte erschaffen und wertschätzen können. Gott muß sie nicht erschaffen, aber es ist gut, wenn Gott das tut. So erschafft Gott freiwillig solche Geschöpfe und auch den Kosmos, in dem sie existieren.

Augustinus und der Platonismus

Augustinus bleibt in vielfacher Hinsicht ein Platoniker. Er hält die platonische Unterscheidung von Erscheinung und Realität aufrecht, von der Welt der Sinne und der geistigen Vollkommenheit Gottes. Er behält auch die Geschichte von der Seelenreise bei, die von der Bindung an die Sinne bis zur intellektuellen oder spirituellen Vision des Guten führt. Aber er läßt die Vorstellung der Wiedergeburt fallen und sagt, daß jede Seele erneut von Gott geschaffen würde. Und er sieht Jesus als das vollkommene Bild Gottes in Menschengestalt. Obwohl die Vorstellung des *logos*, der Weisheit Gottes, die zu Fleisch wird, ganz platonisch ist, geben die Besonderheiten des Lebens Jesu, eines obskuren Zimmermannes Sohn, der einen Tod als Verbrecher starb, diese Vorstellung in sehr unplatonischer Form wieder. Sie verleihen dem Materiellen und vor allem dem

Handwerk, das das Materielle formt, sowie den Ausgeschlossenen und Benachteiligten eine größere Bedeutung und Wichtigkeit, als dies der aristokratische Platon getan hatte.

Der Gott, der Abraham im Feuer erschien, hatte zumindest die Macht, das zu geben, was er den Nachfolgern des Patriarchen versprochen hatte. Der Gott, der aus dem Wirbelwind zu Hiob sprach, hatte die Macht, die ganze Welt zu kontrollieren, wegen unergründlicher eigener Absichten. Der Gott, der mit Augustinus in einem ummauerten Garten sprach (so Augustinus in seinem bekanntesten Buch, den *Bekenntnissen*), war der eine und einzige Schöpfer des Kosmos, der aus freien Stücken alles erschaffen hatte, wegen der Güte der Dinge, und dessen Wille es ist, daß die rationalen Geschöpfe ihr egoistisches Verlangen überwinden und von göttlicher Liebe zur Vision der göttlichen Vollkommenheit als Erfüllung ihrer rationalen Wünsche gelangen sollten.

Augustinus schien den platonischen Traum erfüllt zu haben, daß einer eine schlüssige Darstellung des ganzen verständlichen Universums geben könne. Die Götter sind nicht länger willkürliche Gestalten, die aus keinem vernünftigen Grund entstehen und keine andere spezielle Sorge um das Leben der Menschen haben als die des Interesses oder des Amüsements und die von Zeit zu Zeit durch Opfer bestochen werden können. Es gibt eine vollkommene Quelle allen Seins, den Schöpfer eines Universums, der selbst äußerst rational und gut ist. Gott kennt alle möglichen Welten und erschafft eine oder mehrere wegen ihrer Güte, die auch ein schwacher Widerschein der göttlichen Güte ist. In der Schöpfung mögen Notwendigkeiten stecken, die nur Gott kennt. Sie machen Gott aber nicht zu äußeren Begrenzungen, sondern drücken nur aus, was in der göttlichen Natur selbst unvermeidlich ist, die notwendig und unabänderlich ist, so wie sie ist.

Das religiöse Leben ist der Aufstieg zu bewußter Kenntnis und Liebe Gottes und ist sowohl äußerst rational und emotional als auch moralisch befriedigend. Das intellektuelle Verstehen dieses Universums und das Ausüben des religiösen Lebens passen nahtlos zueinander.

Philosophen müssen nicht länger verwirrt werden durch die Seltsamkeit und Mehrdeutigkeit religiöser Riten und Mythen. Eine rein rationale und doch spirituell reife Religion kann sie ersetzen. Deshalb war Augustinus so vertrauensvoll, daß das neue christliche Bild (es hätte auch ein jüdisches Bild sein können und war es auch bei Philo von Alexandria; auch ein Moslem-Bild, wenn es den Islam schon gegeben hätte) des einen vollkommenen Schöpfers den Glauben an die alten römischen Götter austreiben und sie als archaische Überreste einer überalterten Weltsicht zurücklassen würde.

Aber es bleiben dennoch größere Probleme mit Augustinus' Synthese, so elegant und anziehend sie auch ist. Er sah sie auch selbst, und obwohl er alles versuchte, sich mit ihnen auseinanderzusetzen, sind sie für die verwirrten Generationen christlicher Theologen dageblieben. Das vielleicht größte Problem ist, wie es nach Augustinus' Theorie soviel Böses und Leid in dem erschaffenen Universum geben kann.

Man kann sich in der Tat wundern, warum ein vollkommener Gott sich überhaupt darum scherte, etwas zu erschaffen, da ja nichts die Dinge für Gott bessermachen konnte, vielmehr alles sie vermutlich schlechtermachen würde. In einem Sinne aber macht die Schöpfung die Dinge besser, indem sie viele andere glückliche, freie und weise Dinge erschafft. Das wird Gottes Vollkommenheit selbst nicht vermehren, sondern die Summe des Guten, das existiert und zu dem übrigen Guten hinzugezählt wird, das bereits existiert.

Warum sollte Gott sich darum scheren? Nun, da es einen objektiven Unterschied zwischen dem Guten (was rational empfindungsfähige Wesen bevorzugen) und dem Bösen (das sie zu vermeiden trachten würden) gibt, weiß Gott auch, was dieser Unterschied ist. Gott weiß daher auch, daß es gut ist, glückliche, freie, weise Wesen, und daß es schlecht ist, traurige, gezwungene und irregeführte Wesen zu erschaffen. Er weiß das, nicht weil er äußere Tatsachen, sondern weil er die göttliche Natur kennt – einschließlich aller vielen guten und schlechten möglichen Welten, die sie enthält. Es ist einfach irrational, Schlechtes zu schaffen, und es ist besser, rational als irrational zu sein, deshalb ist Gott rational. Daher schafft Gott, was gut, und nicht, was schlecht ist.

Alles scheint sehr sanft vonstatten zu gehen bis auf die unangenehme Tatsache, daß wir nicht im Himmel leben, und in der Welt scheint es schrecklich viel Schlechtes zu geben. Wir haben doch den Standpunkt vertreten, daß Gott *per definitionem* gut sein muß, was auch für jeden Kosmos zutrifft, den Gott erschafft. Und für Augustinus stimmt das auch. Die Formen einschließlich der Formen des Guten – das Wissen aller möglichen guten und rational begehrenswerten Zustände – existieren notwendig im Geiste Gottes, und Gott handelt notwendig in Übereinstimmung mit der göttlichen Natur. Aber während das intellektuell alles tadellos in Ordnung ist, scheint es mit den zu beobachtenden Tatsachen nicht übereinzustimmen.

Platon behandelte dieses Problem, indem er sagte, daß das endliche Sein aus einer Mischung von Intelligenz und Notwendigkeit resultiere. Intelligenz bringt das Gute hervor, soweit es kann, aber die Notwendigkeit beschränkt das, was die Intelligenz leisten kann. Nach Augustinus kann es keine äußeren Notwendigkeiten geben, etwa die unabhängige Existenz von Materie, Zeit und Raum, da alles Gott beschränken könnte. Aber so wie Augustinus die Formen in Ideen des Geistes Gottes verwandelte, so versetzte er die Notwendigkeit nicht nach außen, sondern ins innere Wesen Gottes. Während für Platon die Notwendigkeit den Demiurgen von außen her einengte und für Aristoteles die Notwendigkeit die materielle Welt davon abhielt, das göttliche Urbild perfekt nachzumachen, so verschwindet für Augustinus die Notwendigkeit in Gottes Sein selbst. Gott existiert notwendig. Gottes Natur ist notwendig das, was sie ist. Und so mag es in Gottes Schöpfung Notwendigkeiten geben, die in der göttlichen Natur selbst begründet liegen, die wir nicht erkennen können.

Anselm und das notwendige Sein

Die Idee der Notwendigkeit ist keine Hinzufügung, keine Zutat für Augustinus' Gott. Gott ist kein Wesen, das einfach so ist, wo es doch auch ganz anders hätte sein können. Es liegt eine Notwendigkeit darin. So wie mathematische Wahrheiten wie 2 + 2 = 4 einfach sein müssen wie sie sind, so muß Gott sein wie Gott ist.

Es ist schwer, mit dieser Idee der Notwendigkeit klarzukommen, sie war aber für Platons Denken fundamental. Die grundsätzliche Unterscheidung ist die zwischen Dingen, die zufällig sind, die also auch anders sein könnten – mein Haar könnte eine andere Farbe haben oder gar nicht existieren –, und Dingen, die notwendig sind, die nicht anders sein können – so wie 2 + 2 = 4. Manche moderne Philosophen würden sagen, daß alle Wahrheiten außer den trivialen (und 2 + 2 = 4 ist ziemlich trivial) zufällig sind. Alles könnte auch anders sein. Alles ist möglich. Aber für Platon und Augustinus sind manche Dinge notwendig. Sie müssen einfach so sein, wie sie sind.

Die Idee der Notwendigkeit könnte seltsam erscheinen, aber wir alle spüren, wie attraktiv sie ist. Wenn ein Stein zu Boden fällt, sagen wir: „Das mußte er tun, wegen der Schwerkraft. Er hatte keine Alternative." Oder wir tun etwas,

was andere Menschen kritisieren, und sagen dann: „Ich hatte keine Wahl; weil ich bin, der ich bin, mußte ich tun, was ich tat.“ Die Attraktivität dieser Art von Determinismus ist sehr groß. Dinge müssen so ablaufen, wie sie es tun. Die Naturgesetze müssen befolgt werden. Die Taten der Menschen sind alle durch ihren Charakter bestimmt oder ihre Gene oder Elektronen und Quarks. Dies sind alles Formen der Notwendigkeit. Wir benutzen diese Vorstellung allesamt ziemlich oft.

Wenn wir sie rechtfertigen wollen, erweist sich das aber als recht schwer. Warum sollte nicht alles in jedem Moment passieren? Nun, wenn es das täte, wäre das Leben vollständig unmöglich. Ich könnte mich in eine Banane verwandeln, andere werden von Minute zu Minute jünger, wir alle flögen aus dem Fenster. Wir würden nie wissen, was als nächstes passiert. Das Leben wäre ein vollständiges Chaos. Irgendeine Ordnung muß existieren, damit das Leben überhaupt möglich ist. Und es *muß* sein, und zwar notwendigerweise.

Notwendigkeit ist also eine vollkommen natürliche Idee. Und wenn wir zeigen könnten, daß etwas durch Notwendigkeit existiert – daß es also gar nicht anders konnte, auch nicht anders sein, als es ist –, dann wäre das eine Art endgültiger Erklärung. Die höchste Realität, Gott, existiert, weil es einfach so sein muß. Und wenn es, wie Gott, irgendwie die Existenz aller anderen Dinge erklärt, wie die des Universums, dann hätten wir die bestmögliche Erklärung, die wir je erhalten könnten. Wie also können wir zeigen oder auch nur suggerieren, daß etwas durch Notwendigkeit existiert?

An diesem Punkt muß man Anselm (1033–1109) einführen, den Erzbischof von Canterbury, der eine brillante kurze und klare Definition Gottes gegeben hat. Gott, so sagte Anselm, ist „das, über dem Größeres nicht gedacht werden kann“ (*Proslogion*, Kap. 15). Man bedenke, fährt Anselm fort, daß Gott größer ist als alles, was man ersinnen kann. Aber Gott ist sicher nicht geringer als das Vollkommenste, das man sich vorstellen kann.

Wieder lieferten Anselms Argumente reiches Futter für Generationen von Philosophen, die sie wiederkäuten. Dabei sagte er im Grunde, daß, sofern man sich etwas denken könnte, das vollkommener wäre als Gott, dies dann tatsächlich Gott wäre. Wenn man also eine Vorstellung von Gott haben will, denke man an jede Eigenschaft, die man lieber haben sollte als nicht, und man denke sich zudem all diese Eigenschaften im allerhöchsten Grade ausgeprägt. So ist es besser, frei, glücklich und wissend zu sein als nicht, und Gott wird das freieste, glücklichste und wissendste Wesen sein, das überhaupt sein könnte. Anselm fügt noch hinzu – und das führt uns zu unserer gegenwärtigen Diskussion –, daß es besser sei, notwendig zu existieren, ohne Furcht vor Zerstörung oder Nichtexistenz, als nur zufällig zu existieren, so daß man aufhören könnte, zu existieren oder durch ein anderes Wesen verletzt oder zerstört werden könnte. Es ist besser, unveränderlich als veränderlich zu sein – gesetzt den Fall, man wäre überhaupt vollkommen. Man würde gerne sagen, das Beste wäre, notwendig allmächtig zu sein, allwissend und ohne jedes Unglücklichsein. Anselm stimmt vollständig mit Aristoteles und Augustinus überein – Gott ist notwendig das Beste, was überhaupt sein könnte, und Gott weiß das auch.

Man sollte ein Wort der Warnung hier aussprechen. Was wir ersinnen oder uns vorstellen können, kann ganz anders sein als das, was tatsächlich existiert. Mit anderen Worten, wir könnten uns das bestmögliche Ding ausdenken – und es könnte eine sehr schöne und begabte Frau von 27 Metern Körpergröße sein. An diesem Beispiel sieht man leicht, daß unsere Vorstellungen einfach zu begrenzt sind (so wäre es offensichtlich auch besser, sich erst einmal eine unsterbliche Göttin als eine Frau vorzustellen). Aber an unserer Vorstellung des bestmöglichen Wesens kann etwas Falsches sein. Das sollten wir vielleicht im Sinn behalten. Wir könnten immer noch sagen, daß Gott das ist, über das hinaus nichts Größeres existieren kann. Aber das kann anders sein als das größte Wesen, das sich jemand überhaupt vorstellen kann.

Unsere Begriffe sind womöglich kein guter Führer für die Wirklichkeit. Das wird von einiger Wichtigkeit werden, wenn wir darüber nachdenken, warum Gott das Böse schafft. Es wäre dann, als sagten wir, wir könnten uns einen besseren Gott vorstellen; einen, der kein Böses erschafft, und das klingt eindeutig. Aber es kann sein, daß selbst das mächtigste Wesen kein Universum erschaffen könnte mit moralisch freien Menschen darin, ohne zumindest die Möglichkeit des Bösen zuzulassen. Unsere Vorstellungen sind einfach nicht verläßlich genug, um darüber eine Entscheidung fällen zu können. Es ist daher vielleicht richtiger zu sagen, daß Gott das ist, über das hinaus nichts Größeres (Besseres) existieren kann, und das Denken der Menschen kann uns zumindest in die richtige Richtung lenken, obgleich es ja nicht vollständig verläßlich ist, vor allem in Details. Trotzdem scheint es, daß ein solcher Gott so glücklich, weise und frei ist, wie nur irgendein Wesen sein kann.

Die Vorstellung der notwendigen Existenz Gottes ist von keinem besser dargelegt worden als von Anselm. So wie er Gott als das bestmögliche Wesen bestimmte und die „notwendige Existenz“ als eine der Eigenschaften, die man besser hat, als daß man sie nicht hat, so erfand Anselm auch das ontologische Argument für Gottes Existenz. Dieses Argument kann einen wirklich wütend machen! Seit Anselms Zeiten hat es viele Formen angenommen, die sich allesamt um die zentrale Idee der notwendigen Existenz drehen. Hier folgt eine Version dieses Arguments: Wenn es möglich ist, daß es etwas gibt, das in dieser Möglichkeit auch real ist, dann ist es real. Gott ist laut Definition ein solches Ding. Daher ist Gott, sofern er möglich ist, auch tatsächlich real. Gott ist aber offenkundig möglich. Also existiert Gott.

Dieses Argument hat seither die Philosophen rasend gemacht, weil es offensichtlich nicht funktionieren konnte, und doch kann es niemand letztlich widerlegen. Wie kann Gott aus einigen wenigen Aussagen bewiesen werden, ohne daß man dabei die Welt anschaut? Was das Argument zeigt, ist, daß es mit der Vorstellung Gottes etwas Besonderes auf sich hat. Gott ist nicht etwas, das einfach nur so existiert, wo es auch nicht existieren könnte – das wäre ein Gott, der in manchen möglichen Welten existierte, aber nicht in anderen. Und das hieße, es gäbe viele Welten ohne einen einzigen Gott.

Manche Leute sagen, sie könnten sich leicht eine Welt ohne Gott vorstellen, also kann Gott nicht notwendig sein – Notwendigkeit würde bedeuten, daß Gott in jeder möglichen Welt existierte. Aber viele Theisten behaupten genau das: daß es keine möglichen Welten geben könne, gäbe es keinen Gott. Das Argument lautet so: Alles, was passiert, ist offenkundig möglich. Wenn wir an alles denken, das möglicherweise passieren könnte, dann haben wir eine vollständige Aufstellung der möglichen Welten. Man kann aber nicht mögliche Welten nur deshalb existieren lassen, nur weil sie bloß möglich, aber nicht wirklich sind. Wenn es also tatsächlich mögliche Welten gibt, müssen sie in etwas Wirklichem existieren, in etwas, das wirklich existiert. Nun haben wir aber ein vorhandenes reales Ding, in dem alle möglichen Welten existieren. Wir können mit unserer Vorstellung dem am nächsten kommen, wenn wir an einen vorhandenen Geist oder ein vorhandenes Bewußtsein denken, in dem alle möglichen Welten als Ideen existieren. Dieser Geist aber ist Gott, und die möglichen Welten sind Ideen im Geiste Gottes.

Diese Ideen sind notwendig, weil sie alle die möglichen Ideen sind, die je sein könnten, und es bleibt keine Alternative übrig. Und der Geist Gottes ist notwendig, denn existierte er nicht, gäbe es überhaupt keine möglichen Welten. Nun haben wir den Geist Gottes, der existieren muß, wenn überhaupt etwas möglich ist. Und wir haben die Ideen aller möglichen Welten, die im Geiste

Gottes existieren müssen, so wie sie es tun. Wir können sagen, daß Gott notwendig existiert und alles kennt, was möglich ist (Gott ist allwissend).

Weiterhin gilt: Gibt es eine mögliche Welt, in der Gott (das Wesen, das in allen möglichen Welten existiert, wie man sich erinnert) existiert, dann muß dieser Gott in allen möglichen Welten existieren, und es kann keine mögliche Welt existieren, in der Gott nicht ist. Man meint vielleicht, man könne sich eine solche vorstellen, aber tatsächlich würde man dabei etwas übersehen. Denn woher weiß man schließlich, welche Welten möglich sind und welche nicht?

Aber, so spricht der Atheist, wenn man nicht weiß, welche Welten möglich sind, kann man auch nicht sicher sein, ob es eine mögliche Welt mit Gott darin gibt. Das ist womöglich wahr. Wir würden sagen müssen, daß es aber wahrscheinlich so ist, und wenn es möglich ist, dann existiert Gott auch. Aber wir können nicht ganz sicher sein. Gleichzeitig haben wir festgesetzt, daß Gott entweder vollkommen unmöglich oder absolut notwendig ist. Entweder Gott existiert in allen möglichen Welten oder in keiner. Zudem ist es (möglicherweise) sinnvoll zu sagen, daß Gott notwendig existiert (in allen möglichen Welten).

Das wird sehr schnell langweilig (und vielleicht das einzige Heilmittel dagegen ist hinzugehen und mit David Hume Backgammon zu spielen; siehe S. 174). Über Möglichkeit und Notwendigkeit nachzudenken macht einen bald schwindelig. Das könnte zudem manche Leute veranlassen, gleich die ganze rationale Theologie aufzugeben. Andere aber könnte es anziehen und suggerieren, daß, wenn auch das Argument nicht vollständig beweist, daß es einen Gott gibt, es uns doch die Idee zu verstehen hilft, daß Gott notwendig existiert und daß ein solcher Gott eine Art fester Grundlage für die mögliche Welt ist. Gott ist vollkommen anders in seiner Art als alles andere im Universum, ist aber in dessen Grundlagen stets präsent. Und es wird in Gottes Natur Notwendigkeiten geben, die zu verstehen wir mit unserem endlichen Verstand nicht erhoffen können, die aber all jene Arten von Universen erzwingen können, die Gott erschaffen kann.

Das Böse, die Notwendigkeit und die Verteidigung des freien Willens

Einer dieser Zwänge ist vielleicht der, daß in jedem Universum, das Gott erschafft und das moralisch freie Wesen enthält, auch das mögliche Böse sein muß. In unserem Universum und auf unserem Planeten ist das Böse durch die schlechte Wahl der freien Wesen aufgekommen, und der Schöpfer der moralisch dafür verantwortlichen Wesen kann dies nicht verhindern. Man nennt das heute oft die „Verteidigung des freien Willens“. Das Böse existiert wegen des Mißbrauchs des freien Willens. Wie Augustinus es sah, war Satan ein Engel, der vom Himmel gefallen war, und sein Fall hatte die ganze Erde verdorben. Dann hatte er auch Adam und Eva verführt, so daß nun all ihre Nachkommen dazu verdammt sind, in eine verdorbene, „gefallene“ Welt geboren zu werden. Das hört sich sehr nach Platons Theorie der Wiedergeburt an, insofern sie den Ursprung von Leid und Tod aus den vergangenen freien Wahlen der Menschen ursächlich herleitet.

Aber es gibt ein großes Problem mit der Version Augustinus’: Wenn Adam gefallen ist, ist das nicht meine Schuld. Wenn Satan gefallen ist, so war das nicht Adams Schuld. Und am schlimmsten von allem: Wenn Gott Satan erschuf, war das auch nicht Satans Schuld. Am Ende scheint es dann Gottes Schuld zu sein. Zumindest in Platons Version gilt, was ich erleide, rührt durch meine eigene Schuld aus früheren Existenzen her. Wenn ich aber nie existierte, ehe ich geboren wurde, wieso sollte ich dann für einen unglückseligen Zustand verantwortlich gemacht werden, den ich persönlich gar nicht gewählt habe? Das ist Augustinus’ Theorie der „Ursünde“ – man wird schon schuldig geboren und verdient das Fegefeuer, ehe man überhaupt etwas getan hat. Das scheint nicht fair zu sein, um es vorsichtig auszudrücken.

Für Augustinus sind die Dinge in der Tat noch schlimmer. Es mag ja sehr elegant sein, einen vollkommenen Schöpfer zu haben, der alles im Kosmos dazu veranlaßt, so zu sein, wie es ist. Wenn aber Gott die Ursache für alles ist, wie kann ich dann wirklich etwas für mich entscheiden? Wir können sagen, daß Gott mich dazu bringt, für mich zu entscheiden, aber das klingt ziemlich verdächtig. Wenn Gott alles verursacht, dann auch meine Entscheidung. Und wenn Gott sie verursacht, wie kann ich sie dann noch beeinflussen?

Nun sind wir auf eines der größten Rätsel in der gesamten Geschichte des menschlichen Denkens gestoßen. Es lautet so: Ich sollte nur für das bestraft werden, wofür ich verantwortlich bin. Ich bin für eine falsche Tat nur verantwortlich, wenn ich weiß, was ich tue, wenn ich weiß, daß es falsch ist und ich etwas anderes hätte tun können. Niemand hat mich gezwungen, ich war frei. Das stimmt sicherlich in der üblichen Gesetzgebung. Um gerecht bestraft zu werden, muß ich frei sein, anderes zu tun.

Werde ich aber veranlaßt zu tun, was ich tue – durch meine Gene, meine Elektronen, meine Gesellschaft, meine Mutter oder Gott –, heißt das, daß es wirklich keine Alternative gibt zu dem, was ich tue. Wenn ich von einer Klippe springe, gibt es keine Alternative als die, auf die Erde zu fallen.

Die meisten Philosophen, ob sie an Gott glauben oder nicht, denken, daß alles im Universum begründet liegt. Wenn wir also die Gesetze der Physik oder den Willen Gottes vollständig kennen würden, sähen wir, daß die Dinge einfach so sein müssen, wie sie sind. Es gibt keine Alternativen. Aber diese Philosophen denken auch, daß die Menschen mit Recht für ihre Taten verantwortlich gemacht werden, zumindest manchmal, und daß sie deshalb zu anderen Zeiten frei sind, anders zu handeln. So haben sie das Problem zu sehen, wie jemand frei sein kann, anders zu handeln, wenn es keine Alternative gibt zu dem, was er oder sie tut.

Die meisten Philosophen und nicht nur Augustinus waren der Meinung, man müsse beides glauben: daß es keine Alternativen gibt zu dem, was passiert, und daß die Menschen dennoch zuweilen frei sind, anders zu handeln. Das nennt man den Kompatibilismus. Augustinus glaubte daran. Thomas von Aquin auch, nicht anders als Calvin, Kant, Spinoza. Fast alle glauben daran. Er bedeutet, daß die kausale Bestimmung durch die Gesetze der Physik oder den Willen Gottes vereinbar ist mit der menschlichen Freiheit und Verantwortung.

Das Gegenteil davon ist der Libertarismus. Das ist nicht, wie manche meiner amerikanischen Kollegen denken, das Recht, eine Maschinenpistole zu besitzen oder in Venice Beach mit einem Menschen meiner Wahl zu leben. Es ist vielmehr die Sichtweise, daß eine wahrhaft freie Tat nicht gänzlich von irgendeinem früheren Zustand oder einem Naturgesetz bestimmt sein kann. Eine freie Tat kann in vielfacher Hinsicht bestimmt sein, aber ein Teil davon geschieht durch eine wirklich neue Entscheidung des Handelnden, die im Prinzip durch kein Gesetz vorhergesagt werden kann. Selbst Gott konnte sie nicht vorhersagen, da ein Teil der Tat vollständig in der Macht des Handelnden liegt. Die meisten Kompatibilisten geben vor, nicht zu verstehen, was das bedeutet. Sie sagen, eine solche Tat wäre reiner Zufall und daher irrational. Wie auch immer man darüber denkt, ist es dennoch eine Tatsache, daß die meisten Philosophen in der Geschichte Kompatibilisten gewesen sind und gedacht haben, daß Vorhersehbarkeit oder Determinismus nicht der an sich erstrebenswerten Freiheit widersprechen.

Wenn aber der Kompatibilismus angemessen ist und zutrifft, dann ist im Prinzip nichts Falsches an Augustinus' Theorie der Ursünde oder daran, daß Gott die Menschen für etwas verantwortlich macht, was Gott selbst sie zu tun veranlaßt. Gott bestimmt alles, was geschieht, und zugleich können die Menschen für ihre Taten verantwortlich gemacht werden. Moderne säkulare Philosophen mögen hier antworten, daß die Menschen nur verantwortlich gemacht werden dürfen, wenn ihr eigener bewußter Verstand ihnen eine Absicht formuliert hat, etwas zu tun, was sie dann ausführen. Nur ist das eine Sache der Konvention. Es ist offensichtlich, daß die Formulierung von Absichten im Verstand der Menschen genauso bestimmt ist wie alles andere auch. Sie ist nicht befreit von der universellen ursächlichen Bestimmung. So ist es genauso plausibel, wenn man sagt – was in einer säkularen Gesellschaft nicht sehr verbreitet ist –, daß die Menschen verantwortlich gemacht werden sollten, wenn sie die Nachkommen von notorischen Sündern sind oder wenn ihr Verstand Absichten formuliert, Böses zu tun, obwohl letztlich Gott diese Absichten verursacht hat.

Wie Augustinus sagt, sind die Menschen mit Recht von Gott wegen ihrer schlechten Gedanken und Taten zur ewigen Verdammnis verurteilt, auch wenn es bei ihren Entscheidungen und Taten keine Alternative für sie gibt. Wenn Gott sich entschließt, ein paar vor der Verdammnis zu retten, ist das unverdientes Mitleid. Wenn man also ein Kompatibilist ist, hat man keinen Grund, sich über die Lehre vom Falle Satans und der Ursünde zu beklagen. Wenn man sich aber beklagt, ist es Zeitverschwendung, da man nichts dagegen tun kann. Natürlich wäre man entschlossen, sich dennoch zu beklagen, also kann man auch weitermachen – bis man den Entschluß faßt, aufzuhören.

Die meisten Theologen wollen die vollständige Allmacht Gottes bewahren sowie Gottes vollständige Kenntnis der Zukunft. Der Preis, den sie dafür zahlen müssen, Gott für das Böse in der Welt verantwortlich zu machen, ist hoch. Aber es wurde allgemein angenommen, daß Augustinus damit recht hatte, das Böse großenteils als Ergebnis (oder Bedingung) der verantwortlichen Freiheit zu erklären und anzunehmen, daß eine solche Freiheit mit dem vollständigen göttlichen Determinismus vereinbar ist (den man gewöhnlich in Theologenkreisen

Prädestination nennt). Eine unfreundliche Kritik könnte sagen, es wäre dies eine Verteidigung des freien Willens ohne wirklich freien Willen.

Schöpfung als zeitloser Akt

Es gab unzählige subtile Diskussionen in Theologenkreisen darüber, ob Gott manche Seelen zur Hölle vorbestimmt und manche Erwählte für den Himmel (das wäre eine doppelte Prädestination) oder ob die Menschen freiwillig ihr Schicksal wählen. Aber all diese Diskussionen haben innerhalb einer allgemeinen Sichtweise von Gott stattgefunden, was heißt, daß sie wenig mehr als nur subtile Variationen über das Thema der vollständigen Vorherbestimmung sind. Denn mit dem Blick Augustinus' für die Schöpfung muß es wahr sein, daß Gott am Ende alles vorherbestimmt, das passiert – vom Anfang bis zum Ende und in allen Einzelheiten.

Und zwar deshalb, weil die Schöpfung nicht, entgegen der allgemeinen Überzeugung, etwas ist, das sich gleich am Anfang des Universums ereignet. Gott sitzt nicht herum und fragt sich, was zu tun sei, und beschließt dann plötzlich, ein Universum zu schaffen. Augustinus wirft die Frage auf, was Gott tat, ehe er das Universum schuf. Seine Antwort ist überraschend. Gott tat gar nichts, weil es keine Zeit gegeben hat, in der Gott etwas hätte tun können. Warum nicht? Weil, als Gott das Universum erschuf, Gott auch Raum und Zeit schuf. Es gab keine Zeit, bevor Gott sie schuf, weshalb es kein „davor" gegeben haben kann (denn „bevor" setzt schon selbst wieder die Zeit voraus).

Die Zeit hatte, entgegen Aristoteles, einen Anfang, eine These, die die meisten modernen Physiker unterstützen würden. Man kann immer fragen: „Was existierte vor dem ersten Moment der Zeit?" – aber diese Frage ist nicht wirklich sinnvoll. Es ist, als fragte man: „Welche positive Zahl existiert vor der Zahl 1?" Die Antwort lautet, daß die 1 die erste positive Zahl ist. Wenn also Zeit eine Beziehung zwischen Ereignissen ist und es ein Ereignis gibt, das keinen Vorgänger hat, dann ist das der Anfang der Zeit. Ganz einfach.

Gott aber ist der Schöpfer der Zeit. So existiert Gott nicht vor der Zeit. Gott muß vollständig außerhalb und jenseits von Zeit existieren, keinesfalls auf eine zeitliche Art. Gott ist absolut zeitlos. In Gott gibt es kein Davor und Danach, und Gott existiert nicht in der Zeit. Es folgt daraus, daß Gott jetzt gerade nicht existiert. Das hört sich paradox an. Aber es ist exakt das, was Augustinus sagt.

Das Problem ist, daß Gott doch existiert. Aber es gibt keine Zeit, in der Gott existiert. Die gesamte Zeit, am Anfang bis zum Ende, ist von Gott erschaffen. Deshalb ist es auch wahr, wenn man sagt, daß Gott am Ende der Zeit erschafft, so wie es auch stimmt zu sagen, daß Gott am Anfang erschafft. Wenn wir die Gesamtheit der Zeit als eine Linie von A nach Z begreifen, dann wird diese Linie von Gott in ein und demselben Akt geschaffen.

Wenn es 1000 nach Christus ist, muß Gott nicht warten, um zu sehen, was 1001 passiert. Gott macht 1001 zur gleichen Zeit, wie er das Jahr 1000 macht. Tatsächlich erschafft Gott jede Zeit zur gleichen Zeit – oder technisch ausgedrückt: im selben nicht-temporalen Akt. Das bedeutet, daß Gott die Zukunft nicht „vorherweiß" oder weissagt. Gott weiß sie in jedem Detail, da Gott sie zur gleichen Zeit wie die Vergangenheit macht. Nichts ist für Gott Vergangenheit oder Zukunft. Es ist, als sähe Gott die gesamte Zeit in einer „zeitlosen Gegenwart" ausgebreitet.

Weissagung ist kein Problem für einen Gott, der genau weiß, was zu jeder Zeit passieren wird, und Gott kann diese Information nach Belieben jeglichem Propheten eingeben. Aber was ist, wenn wir um etwas bitten, das geschehen soll? Bedeutet das nicht, daß Gott abwartet, was wir beten, ehe Gott entscheidet, was als nächstes zu tun ist? Keineswegs. Gott erschafft das Gebet zur gleichen Zeit wie die Zukunft, welche die Antwort auf das Gebet ist, entweder ja oder nein. So antwortet Gott auf die Gebete, indem Gott unseren Willen beim Beten zu einer der Ursachen des Ereignisses macht, das für uns noch Zukunft ist, aber nicht für Gott.

Wenn wir kurz zur Frage zurückkehren, warum Gott genau dieses Universum erschuf mit all dem Elend, das es enthält, und uns erinnern, daß Augustinus ein Kompatibilist ist, haben wir nun eine klare und zusammenhängende Antwort. „Gott hat seinen ewigen Entschluß nicht geändert, als er die Welt schuf", schreibt Augustinus. Das heißt, Gott hat nicht zuerst an alle möglichen Welten gedacht, die Gott erschaffen könnte, und dann entschieden, eine davon zu erschaffen. Ein solcher Prozeß würde Zeit beanspruchen und würde darin bestehen, daß Gott ein Ding nach dem anderen schuf; erst nachdenken, dann entscheiden. Aber Gott hat keine Zeit zu denken. Gott muß alles auf einmal tun – denken, entscheiden, erschaffen. Gottes Entscheidung zur Erschaffung ist ewig, fest und existiert unabänderlich in Gott.

Wenn man das einmal erkannt hat, sieht man, daß Gott kein sterblicher Handelnder ist, der zwischen Gut und Böse schwebt und sich fragt, was zu wählen ist. Gott ist in der Tat frei, weil es nichts anderes als Gott gibt, das Gott zwingen kann. Gott ist allmächtig, weil es nichts anderes gibt als Gott, das den göttlichen Willen behindern kann, und alle Macht kommt von Gott allein. Gott ist gut als das im Höchstmaß zu Verlangende und unabänderlich Vollkommene. Aber das Universum, das Gott schafft – und vielleicht, wie Augustinus an einer Stelle nahe legt, erschafft Gott viele – wird nicht nach einem Prozeß des Überlegens gewählt. Gottes Entscheidung ist ohne Anfang, ewig, unabänderlich. Wie Gott muß sie so sein, wie sie ist. Es hat einfach keinen Sinn, Gott Vorwürfe zu machen oder zu fragen. In diesem Punkt hatte Hiob schließlich recht. Gott zu sehen, wäre zu sehen, daß das, was ist, sein muß, obgleich es die Schöpfung eines vollkommenen und allmächtigen Schöpfers ist. In dieser Sichtweise fallen Freiheit und Notwendigkeit zusammen. Unsere wahrhaftigste Freiheit, wie Spinoza sagt, liegt in der Akzeptanz der Notwendigkeit. Und Augustinus würde hinzufügen: im freudigen Dienst an dem einen, dessen Sein all unsere Verlangen erfüllen kann und der das Verlangen nach der göttlichen Vollkommenheit in unsere Herzen legt und dies zu unserem tiefsten Wunsch macht.

Glaube und Verstehen

So beschließt Augustinus das System, nachdem er die menschliche Vernunft so weit wie möglich zu den Geheimnissen der Schöpfung und des göttlichen Willens gedrängt hatte. Gott bleibt letztlich unergründlich, aber zumindest kann die Vernunft doch, wenn auch schwach, die Rationalität und Weisheit erkennen, die am Grunde der Schöpfung liegt. Unser Leben in dieser Welt scheint uns ein Produkt von Zufall und Schicksal zu sein, oft auch ein Chaos der widerstreitenden Willen, von frustrierten Ambitionen und tragischen Unglücken. Was bleibt uns anderes, als nach dem Vergnügen zu greifen, wo immer wir es finden, ehe wir enden, wie wir begannen: in der Dunkelheit der Nicht-Existenz. Augustinus hält uns das Bild einer tieferen Realität vor, eines der rationalen Notwendigkeit und eleganten Schönheit, in der alle Dinge ihren richtigen Platz in geordnetem Abstieg vom Ursprung der vollkommenen Weisheit und Schönheit einnehmen.

Es ist uns möglich, von dem falschen Bild der Erscheinungen befreit zu werden und von dem egoistischen Verlangen, wozu dieses Bild führt. Dann können wir aufsteigen und sehen die Notwendigkeit und Schönheit der Dinge, und vor allem sehen wir die eine unveränderliche Schönheit, die der wahre Gegenstand der menschlichen Betrachtung ist. Unser Willen ist in Unordnung geraten in Richtung auf niedere Formen der Güte oder in Richtung der Korruption der Güte, die wir das Böse nennen. Aber unser Willen kann durch göttliche Hilfe umgedreht werden, hin zur Quelle und zum Ziel aller Güte. Wir können das unveränderlich Gute in den wechselnden Mehrdeutigkeiten der Zeit entdecken. Wir können hoffen, uns jenseits der Zeit hinzubewegen, zur Betrachtung des Zeitlosen und Ewigen, und das ist die Glückseligkeit, die die Schöpfung besiegelt als das unvergleichlich Gute.

Ist dies der Gott der Philosophen? Wenn ja, dann ist es kein Gott, der als ferner Grund des Universums erschlossen werden kann, als irgendwie nötig, um die Planeten in ihrer Umlaufbahn zu halten. Es ist nicht der Gott des Aristoteles, der vermutlich nur existierte, um zu erklären, warum Sterne und Planeten auf ihren Bahnen kreisten. Es ist kein Gott, der das bloße Produkt menschlicher Spekulationen ist, den Offenbarungen der Propheten entgegengesetzt und dabei irgendwie den Charakter der Anmaßung und menschlichen Arroganz hat. Es ist ein Gott, der dem Universum Zusammenhalt und Verständlichkeit als göttliche Schöpfung verleiht und die geistige Suche nach Wissen und Liebe zur höchsten Güte mit der wissenschaftlichen Suche nach Verständnis des Universums und dem Platz des Menschen darin verbindet.

Es wird vermutlich immer einen Unterschied der Temperamente geben zwischen jenen, die eine solche „große Erzählung“ und darin eingeschlossener Erklärung aller Dinge verlangen, und solchen, die meinen, der menschliche Geist sei zu schwächlich, um je eine solche Aufgabe zu bewältigen. Manche werden sagen: Laßt die Wissenschaft ihren Job tun, so gut sie kann, und sie soll den Grund aller Dinge gemäß den Gesetzen im physischen Universum zu erklären suchen. Aber laßt die Religion im Reiche des Glaubens, des Vertrauens in den Gott, der Abraham, Isaak und Jakob offenbart wurde, im Reiche der Treue gegenüber der Offenbarung und der Hoffnung auf Erlösung. Für sie spricht die Stimme aus dem Wirbelwind von einem anderen Bereich des menschlichen Lebens als die Stimme der Akademie. Wir müssen von einem Gott sprechen, dem Schöpfer aller Dinge, aber wir können nur in Geschichten erzählen und uns daran erinnern, wie weit von der Realität all unsere Gedanken sein müssen, dabei aber darauf vertrauen, daß Gott uns Geschichten gegeben hat, die uns nicht am Ende in die Irre führen. Der augustinische Ansatz, der später von Thomas von Aquin mehr im Sinne Aristoteles' verfolgt wurde, führt in die Irre, indem er droht, den Glauben auf die Philosophie zu gründen und somit auf die Launen des menschlichen Intellekts.

Für die aber, die das Bedürfnis spüren, intellektuelles Verstehen mehr mit dem Glauben zu vereinen, wird Augustinus ein herausragendes Beispiel für jemanden bleiben, der eben dies zu tun unternahm. Er hatte nicht zuerst eine Philosophie und konstruierte danach einen Glauben, der daraus folgte. Alle derartigen Versuche in der Geschichte der Menschheit sind fehlgeschlagen, und die neuplatonischen Philosophen, die versuchten, den Platonismus zu einer Religion zu machen, fehlten genauso wie alle anderen. Augustinus besaß zuerst den Glauben, der fest gegründet war auf der Antwort seines Herzens auf die Offenbarung über die Natur Gottes in der Gestalt Jesu. Aber er wurde zu dem Versuch getrieben, aus diesem Glauben schlau zu werden – im Zusammenhang mit dem damals bestmöglichen Verständnis der natürlichen Welt, wie provisorisch dieses Verständnis auch war.

Wie Anselm, einer der größten Rationalisten in der Geschichte des religiösen Denkens, es sagte:

> „Ich versuche nicht, oh Herr, deine luftigen Höhen zu erreichen, weil mein Verständnis dem nicht gleicht. Aber ich will deine Wahrheit ein wenig verstehen, diese Wahrheit, die mein Herz glaubt und liebt. Denn ich suche nicht zu verstehen, damit ich glaube; sondern ich glaube, so daß ich verstehen möge. Denn ich glaube auch dies, daß, sofern ich nicht glaube, ich auch nicht verstehe.“ (*Proslogion*, Kapitel 1)

Viele der Rückschlüsse Augustinus' mögen falsch gewesen sein. Aber was er uns zurückläßt, ist ein Bild der Menschenseele, die auf ihrer Reise durch die Welt von Sinnen und Zeit „von Gottes Liebe entflammt, alle zeitliche Lüsternheit verliert und nach Gottes vollkommenem Muster geformt ist und ihm durch Teilhabe an seiner Schönheit gefällt“. Augustinus läßt uns mit dem Gedanken zurück, daß die Suche nach dem Verstehen des Universums selbst die Suche nach Schönheit und Verständlichkeit ist; eine Suche, die ihre Erfüllung in der schließlichen Ansicht der vollkommenen Schönheit findet.

Ach, du meine hungrige Seele, die lange du genährt
hast eitle Phantasien törichten Denkens
und von falschen schmeichelnden Schönheiten als Köder irregeleitet,
hast nach eitlen, täuschenden Schatten gesucht,
erst späte Reue nach deinen Torheiten sich zeigt:
ach, laß ab, was dich bekümmert zu schauen.
Und sieh endlich auf zum höchsten Licht,
von dessen reinem Strahl alle vollkommene Schönheit entspringt,
das Liebe in jedem göttlichen Geist entfacht,
auch die Liebe Gottes, die Abscheu bringt
vor diese feile Welt und dem scheinbar Heit'ren;
mit dessen süßer Lust so angefüllt,
deine verirrten Gedanken hinfort auf immer ruh'n.

Edmund Spenser (1552–1599), An Hymne of Heavenly Beautie

Zur weiteren Lektüre

Zwei Dialoge Platons hatten sehr großen Einfluß auf das nachfolgende religiöse Denken: *Der Staat* (*Politeia*) und der *Timaios*; siehe: Platon, Sämtliche Werke in 3 Bänden, Darmstadt 2004.

Augustinus schreibt über die Schöpfung in seinem Hauptwerk *Der Gottesstaat* (*De Civitate Dei*): *Vom Gottesstaat*, München 2007.

Aristoteles' Abhandlung über Gott ist in seiner *Metaphysik* zu finden, 12, 6–9; Metaphysik, Ditzingen 1986 (siehe dann auch: Michael Bordt, Aristoteles' *Metaphysik XII*, Darmstadt 2006).

Anselm von Canterbury bringt das ontologische Argument in seinem *Proslogion*, 1 und 2, vor (*Proslogion*, Ditzingen 2005), eine erhellende Diskussion über Gott findet sich in seinem *Monologion*, Kapitel 1–15 (*Monologion*, Stuttgart 1964).

5. Der Poet der Welt

Worin der Leser in Hegel eingeführt wird, der dachte, er wäre der absolute Geist; und in Karl Marx, der dachte, er wäre der auf dem Kopf stehende Hegel. Der Leser wird herausfinden, daß es keine Pantheisten gibt und Prozeßphilosophen allesamt Ansammlungen von Monaden sind. Der Leser wird froh sein zu erfahren, daß das Universum kontinuierlich besser wird; aber enttäuscht, wenn er hört, daß es keiner besonderen Richtung zustrebt.

Der zeitlose und unbewegliche Gott

Mehr als tausend Jahre lang beherrschte die klassische Sicht auf Gott, wie sie von Augustinus, Anselm von Canterbury und Thomas von Aquin wie auch von jüdischen und islamischen Denkern ausgebildet wurde, das westeuropäische Denken. Diese Sicht ist keineswegs anthropomorph. Sie zeichnet Gott nicht als ein männliches Menschenwesen. Ganz im Gegenteil; wenn sie ein Problem hat, dann das, daß sie zu agnostisch ist und behauptet, Gott sei so gänzlich anders als alles Vorstellbare, daß man überhaupt sehr wenig von Gott sagen kann.

Die klassische Sicht sagt aus, Gott sei immateriell, in jeder Hinsicht unbegrenzt, nicht aus Teilen bestehend, zeitlos, unbeweglich und gefühllos (in keiner Weise von etwas betroffen). Diese sehr abstrakten Ausdrücke folgen alle recht fließend auf die grundlegende Behauptung, daß Gott „einfach" sei und nicht teilbar, selbst in Gedanken nicht. Wir müssen von Gott alles abstreiten, was am Universum wahr ist. Gott ist vollkommen anders als alles im Universum, ein vollkommen anderes Wesen.

Trotzdem können wir etwas über Gott aussagen. So ist Gott nach Anselms Definition das, „worüber nichts Größeres gedacht werden kann". Wir denken, daß Gott alle guten Eigenschaften hat, die wir uns vorstellen können; Gott sei unübertroffen schön, weise, glücklich – obwohl wir uns nicht einmal ansatzweise vorstellen können, wie das für Gott ist. Gott muß kein Universum erschaffen, denn Gott ist bereits im göttlichen Wesen und ohne jegliches andere vollkommen. Wenn Gott erschafft, ist das vollständig überflüssig. Das Universum hätte nie sein müssen.

Wenn wir sagen, daß Gott das Universum erschafft, meinen wir damit nicht, daß Gott zunächst an ein Universum denkt und es dann Stück für Stück erschafft, indem Gott hier und da ein Stück hinzufügt, wenn die Dinge nicht nach Plan gehen. Das ganze Universum muß von Anfang bis Ende aus Gott in einem zeitlosen Akt entspringen. Wir können sagen, daß Gott das Universum kennt und will, aber diese Begriffe sind Analogien, die nichts mit menschlichem Wissen und Willen gemein haben. Sie besagen, daß das Universum absichtsvoll und verständlich ist und einem Wesen entspringt, auf das Begriffe wie „Absicht" und „Einsicht" nur auf eine Art angewendet werden können, die wir uns nicht vorstellen können.

Wenn wir einen solchen Gott anbeten, können wir das ersichtlich nicht tun, indem wir Gott zu schmeicheln oder zu beeinflussen versuchen, indem wir Gott sagen, wie wunderbar Gott ist und welch gute Arbeit Gott geleistet hat. Wir müssen vielmehr die unerschöpfliche Macht und unabänderliche Vollkommenheit Gottes nur wertschätzen und ihr ehrfurchtsvoll zuhören, wovon alles Gute kommt und alles Böse als Entehrung oder als Abfallen von der Güte entsteht. Gott allein ist im höchsten Maße begehrenswert und grenzenlos, und Anbetung ist die bewußte Anerkennung dieser Tatsache, der wir uns widmen, wenn wir die göttliche Vollkommenheit so klar wie möglich spüren.

Es ist ein langer Weg von den populären Bildern eines Gottes, der stets eifrig den Gebeten lauscht und entscheidet, auf welches „er" reagieren will und „seinen" Sinn ändert (die Menschen sprechen gewöhnlich von „ihm" als Maskulinum), wenn neue Ereignisse eintreten; der sich auf lange Diskussionen und Streitgespräche mit den Patriarchen und Propheten einläßt. Es ist auch ein langer Weg von manch populären Vorstellungen eines Christengottes, der dreigeteilt ist in Vater, Sohn und Heiligen Geist zu der Frage, welcher von den dreien sich als Mensch inkarnieren sollte und nach einigem Zögern entscheidet, die Welt zu erlösen; er wird Mensch, leidet und stirbt am Kreuz und wartet geduldig im Himmel, ehe er am Ende der Zeit über die Welt das Urteil spricht.

Es ist wichtig, daß man sieht, wie verschieden die klassische von der volkstümlichen Ansicht ist. Was auch immer die Trinität ist, so kann sie doch nicht aus drei getrennten „Teilen“ in Gott bestehen; Gott hat keine Teile. Was immer mit dem „Gott wird Mensch“ gemeint ist: es kann nicht heißen, daß Gott sich verändert, indem Gott Menschengestalt annimmt. Was immer damit gemeint ist, daß der Heilige Geist daran arbeitet, die Herzen der Menschen zu heiligen, so kann es doch nicht heißen, daß Gott sich ändert und wie ein endliches geschichtliches Wesen agiert. Alle Feststellungen über Gottes Veränderungen und Handeln, stammen sie aus der Bibel oder nicht, können nur Metaphern sein. Veränderungen finden nur in endlichen Wesen statt, nicht in Gott, der unveränderlich ist.

Wenn also Gott als Sohn leidet, ist es nur die Menschennatur, die leidet, nicht die göttliche. Wenn das Wort Fleisch wird, dann wird ein bestimmtes Leben, das von Jesus, verändert und auf einzigartige Weise mit dem unveränderlichen Gott vereinigt. Wenn von Gott gesagt wird, Gott verurteile oder errette die Menschen, wird nicht Gott verändert. Es sind die Menschenleben, die durch den Verlauf der von ihnen begonnenen Taten den unveränderlichen Gott entweder als zornig urteilend oder gnädig liebend erleben. Die Liebe und der Zorn Gottes sind das gleiche, nur von sehr unterschiedlichen menschlichen Standpunkten aus gesehen. Gott entscheidet nicht zu einem bestimmten Zeitpunkt, die Welt zu erlösen. Das Urteil und die Erlösung sind bereits im Moment der Schöpfung beschlossen, der natürlich von Gottes Standpunkt aus genau derselbe Augenblick des Endes der Zeit ist – wie jeder andere Moment dazwischen auch.

Das entscheidende Kennzeichen der klassischen Sichtweise ist die vollkommene Zeitlosigkeit Gottes, die Gottes vollständige Unbeweglichkeit mit sich bringt. Für alle von Platon Beeinflußten ist das Unveränderliche offenkundig dem Veränderlichen überlegen, und nichts Vollkommenes kann sich verändern, ohne schlechter zu werden (zu sagen, es würde noch besser, geht nicht, da dies hieße, es müsse vorher weniger als vollkommen gewesen sein). Der klassische Gott handelt nicht in der Zeit, obwohl die gesamte Zeit ein unveränderlicher Akt Gottes ist. Wenn man von Gott als in der Zeit handelnd spricht, kann man damit nach klassischer Ansicht nicht meinen, Gott würde beschließen, neue Dinge zu tun, die Gott sonst nicht getan haben würde. Man könnte meinen, daß Gott auf ewig den gesamten historischen Prozeß anlegt, so daß manche Ereignisse die göttliche Natur und Absicht klarer oder deutlicher zeigen als andere. Aber Gott handelt in solchen Ereignissen nicht mehr oder weniger als zu anderer Zeit.

Wenn man den immensen Unterschied zwischen klassischen und volkstümlichen Ansichten über Gott bemerkt, sieht man vielleicht zur eigenen Überraschung, daß die klassische Sichtweise näher an scheinbar sehr radikalen Ansichten über einen Gott liegt, der keineswegs ein Wesen unter anderen ist. Wenn also konservative Christen Ansichten wie die Paul Tillichs, des Theologen aus dem zwanzigsten Jahrhundert angreifen, der sagte, Gott sei keine Person, sondern das Sein selbst, die Tiefe und Macht des Seins, dann attackieren sie damit auch die klassische christliche Lehre von Gott. Manchmal vergessen die Konservativen eben, was wahrer Konservatismus ist; und die, die versuchen, orthodoxe Christen zu sein, haben nicht bemerkt, wie unvorstellbar agnostisch und radikal die orthodoxe Tradition bezüglich Gottes ist.

Die Zurückweisung des Platonismus

Trotzdem ist manchen Christen ein wenig unwohl bei dem Gedanken, daß eigentlich alles, was die Bibel über Gott sagt, metaphorisch ist und daß Platon, ein heidnischer Philosoph, uns den Schlüssel gibt, die Bibel richtig zu interpretieren. Die protestantischen Reformer des 16. Jahrhunderts haben das klassische Gottesbild nicht verändert oder kritisiert; manche der Schriften Martin Luthers enthalten vielmehr die Saat dessen, was bei manchen seiner Nachfolger als kenotische Christologie bekannt wurde. Das Wort *kenosis* ist griechisch für „entleeren", und diese Ansicht besagt, daß das Wort oder der Sohn Gottes sich selbst mancher göttlichen Attribute entledigte – so der Allmacht oder des Allwissens –, als er Mensch wurde. Ohne in weitere Details dieser Vorstellung zu gehen, besagt dieses implizit doch eine gewisse Veränderung in Gott. Entweder verliert Gott danach zeitweilig einige göttliche Attribute, oder sie werden zumindest kurzzeitig unterdrückt.

Das würde eine ganze Menge Veränderung in der klassischen Ansicht bedeuten, daß Gott sich nie ändert. Für viele protestantische Theologen unterstellt die Behauptung, daß das Wort Fleisch wurde, litt und starb, daß Gott die göttliche Natur verändert, wenn Gott in der Person Jesu in Zeit und Raum einbezogen wird. Vom protestantischen Standpunkt aus hat es seit der Zeit Luthers eine breitangelegte Reaktion gegen die Ansicht von Gott als unveränderlichem, selbstbetrachtendem vollkommenem Wesen gegeben, und zwar zugunsten dessen, daß Gott sich tatsächlich verändert, indem er in die Menschengeschichte eintritt, das Leid der Menschen teilt und auf neue und unvorhergesehene Weise auf die Gebete der Menschen eingeht.

Auf eher rein philosophischem Niveau hat sich seit dem siebzehnten Jahrhundert der modifizierte Platonismus, der dem klassischen Gottesbild zugrunde liegt, als immer weniger anziehend erwiesen. Tatsächlich ereignete sich eine der größten Veränderungen im menschlichen Denken mit dem Aufkommen des naturwissenschaftlichen Denkens im Europa des siebzehnten Jahrhunderts und dem Zusammenbruch der platonischen Philosophie. Diese Veränderung kann in Kürze so dargestellt werden: Nach der alten Sichtweise ist das Unveränderliche dem Veränderlichen überlegen; zeitliche Dinge sind nur halbwegs real, und die Geschichte tut für die Vervollkommnung der Realität nichts hinzu, ist sie doch nur eine Reihe von Schatten des Unveränderlichen. Nach der neuen Ansicht aber ist die Veränderung, die ja die Bedingung für schöpferische Aktion ist, der Unveränderlichkeit überlegen. Nur zeitliche Dinge sind vollständig real, und die Geschichte ist die Arena der neuen und wertvollen Aktivitäten und zugleich notwendige Bedingung der wahren Existenz der Werte.

Diese Veränderung geschah nicht mit einem Schlage. Sie breitete sich während dreier Jahrhunderte in der europäischen Ideengeschichte aus. Sie drückt aber einen allmählichen Wandel des Fokus aus, vom Ewigen zum Zeitlichen und zur Notwendigkeit von Zeit und Geschichte als wahrer Realität aller Dinge – und damit selbst Gottes. Schon im dreizehnten Jahrhundert hatte Thomas von Aquin eher Aristoteles denn Platon als Grundlage einer christlichen Philosophie benutzt. Während Platon die Welt der Formen für realer als die Welt der Sinne, der Veränderung und der Zeit angesehen hatte, begriff Aristoteles die Formen als in Materie verkörpert, so daß diese materielle Welt die einzig reale Welt ist. Doch was Gott betraf, wurde die platonische Sichtweise, daß das Unveränderliche dem Veränderlichen überlegen sei, daß Vollkommenheit Unbeweglichkeit einschließe und daß Ideen im Geiste Gottes realer seien als Individuen in Zeit und Raum, von Thomas beibehalten. Aristoteles selbst mag sehr wohl ein Materialist gewesen sein, und sein Gott war vermutlich ein wissenschaftliches Postulat, das die Natur des Kosmos erklären sollte. Aber Thomas von Aquin behielt als wesentlichen Punkt die platonische Sicht der Seelenreise von der Sinnlichkeit bis zur Schau des Ewigen bei, und für diese Ansicht war es wesentlich, daß Gott selbst von der bloßen Möglichkeit der Veränderung und des Verfalls frei sei und somit auch von aller zeitlichen Beziehung zum Kosmos.

Dies ist eine tiefgehende geistige Sichtweise, aber seit dem siebzehnten Jahrhundert fragten sich doch viele Menschen, ob sie der Existenz des Kosmos genug Gewicht verleihe und der Bedeutung der Menschenleben, die doch in der Zeit stattfinden. Ist es wirklich plausibel, wenn man sagt, was immer die Menschen tun, ob sie glücklich oder traurig sind, heroisch gut oder dämonisch schlecht, es bedeute vor Gott keinen Unterschied? Ist es akzeptabel, wenn man sagt, daß Gott sich nicht im geringsten verändert, was immer wir unternehmen und was immer in der Welt passiert? Haben Geschichte und die stumpfsinnigen Ereignisse im Leben der Menschen nicht eine größere Wichtigkeit?

Vielleicht nicht, und gemäß dem klassischen Weg ist es Teil der geistigen Übungen, daß wir feststellen, wir sind letztlich nicht wichtig im Plan aller Dinge. Wir fügen absolut nichts zur unendlichen Vollkommenheit Gottes hinzu, und unser Leben ist vollkommen überflüssig. Eben weil Gott unendlich ist, kann Gott nichts hinzugefügt werden, und wenn unser kleines Leben Sinn und Absicht haben soll, dann dies, daß wir fähig werden, eine geringe Erfahrung von schwachen materiellen Bildern der unendlichen Vollkommenheit Gottes zu erlangen. Wir sind Geschöpfe der Höhle, und nichts, was wir tun, hat auf die Sonne irgendeine Wirkung, obwohl unsere genaueste Kenntnis und unser höchstes Glück erst dann beginnen, wenn wir auftauchen, um die Sonne am hellen Tage zu erblicken.

Als aber die Naturwissenschaften sich ausbreiteten und die platonische Sicherheit einer realeren Welt der verständlichen Formen verblaßte, war es nicht klar, ob es eine vollkommene Sonne gab, die all das Gute auf Erden – auf höhere Art – enthielte. Wenn diese sublunare Welt die einzige existierende reale ist, muß dann die tatsächliche Vollkommenheit nicht eher in dieser Welt als in einem jenseitigen Reich liegen? Könnte die „vollkommene Schönheit selbst, jenseits aller besonders schönen Dinge", nicht eine Abstraktion sein, so daß es wirklich nur die schönen Dinge gibt, die wir kennen und hier auf Erden sehen? Vielleicht haben diese Dinge einen Schöpfer, aber ist es wirklich sinnvoll zu sagen, der Schöpfer wäre auch ohne sie vollständig schön und vollkommen? Vielleicht – und dies ist der radikale Gedanke – muß der Schöpfer die tatsächlich schönen Dinge erschaffen, damit er sich daran erfreuen kann. Dann sind sie nicht nur Schatten größerer Wahrheiten. Sie sind selbst die wie auch immer unvollkommenen Schönheiten.

Und vielleicht noch radikaler sind sie Schönheiten, die sich erst entwickeln und durch die Taten der handelnden Menschen im Universum vervollkommnet werden müssen. Dann haben die endlichen Menschen eine wichtige Rolle in der Geschichte des Seins, da sie dazu berufen sind, die potentielle Schönheit und

Verständlichkeit in neuere und höhere Arten der Wirklichkeit zu überführen. Die Menschen wären dann keine überflüssigen Pickel auf der Oberfläche eines im wesentlichen unveränderlichen Seins. Sie wären vielmehr Teile eines wachsenden, sich entwickelnden Universums mit der Pflicht, ihm beim Wachsen in seine mögliche Fülle auf je unterschiedliche und einzigartige Weise zu helfen. Vielleicht spielen sie sogar ihre ihnen gemäße Rolle, wenn sie Gott helfen, die Möglichkeiten innerhalb des göttlichen Universums zu realisieren und damit vollständig gegenwärtig zu machen.

Wenn das der Fall ist, wird der Zweck des menschlichen Lebens nicht letztlich der sein, sich vom Materiellen abzuwenden und das Ewige anzuschauen. Der Zweck wird vielmehr sein, das Materielle in Richtung auf seine Vollkommenheit hin auszuformen, Werte zu schaffen und sie zu betrachten, die in Zeit und Raum bestehen müssen, wenn sie überhaupt existieren, und Gutes zu schaffen, das seinen Beitrag zur umfassenden Vollkommenheit der Existenz leistet; und nicht einfach eine teilweise Imitation des Vollkommenen abzuliefern, die ja schon vollständig und in gewissem Sinne ohne diese Imitate besser ist.

Dies ist eine vollständige Wandlung im Verständnis des Kosmos und des Platzes der Menschen darin. Es ist kein Zufall, daß sie sich zu einer Zeit entwickelte – zwischen dem siebzehnten und dem neunzehnten Jahrhundert –, als die neuen Naturwissenschaften den Menschen ein Verständnis vom Universum an die Hand gaben, das die Möglichkeit versprach, die Natur zu verändern und zu verbessern.

Es war dies zugleich eine Zeit, gegen Ende des achtzehnten Jahrhunderts, als die etablierten Autoritäten, die sich darauf beschränkten, unveränderliche und alte Traditionen zu bewahren, durch eine neue Betonung der „Menschenrechte" herausgefordert wurden, durch die Möglichkeit neuer Sozialstrukturen und den Glauben, daß die Bedingungen des menschlichen Lebens verändert werden könnten. Die Amerikanische und Französische Revolution, die in den Ereignissen von 1776 (Erklärung der Unabhängigkeit) und 1789 (Sturm auf die Bastille) kulminierten, schienen zu zeigen, daß ein radikaler Wechsel zum Besseren möglich war. Die wesentlich aristokratische Philosophie Platons, die einer müßigen Elite ein wenig Aufklärung bot, wurde durch die neuentdeckten Möglichkeiten untergraben, daß gewöhnliche Menschen die Welt durch revolutionäres Streben verändern könnten. Wechsel und Werden, Zeit und Geschichte könnten für die Natur des Seins von fundamentaler Wichtigkeit sein.

Hegel und die Philosophie des absoluten Geistes

Der Mann, der dieser neuen Sicht den definitiven Ausdruck verlieh, war Georg Wilhelm Friedrich Hegel (1770–1831), ein eher langweiliger Student aus Stuttgart, der zum wohl unlesbarsten Philosophen aller Zeiten wurde und dennoch das Antlitz des philosophischen Denkens in Europa veränderte. Er begann seine Karriere mit einer Ausbildung zum lutherischen Pfarrer und endete damit, daß er das lutherische Christentum als pittoreske Version seines eigenen, eher rationalen Systems ansah.

Hegel war der Meinung, daß die gesamte zeitliche Realität Selbstausdruck des absoluten Geistes sei, der seine eigene Natur realisieren wolle. So ist das Universum nicht nur etwas vollkommen von Gott Getrenntes, wie in der klassischen Ansicht; es ist die Art und Weise, wie Gott notwendig das göttliche Wesen ausdrückt. So wie Menschen ihre Gedanken in Worten oder Musik oder Tanz ausdrücken können, so drückt Gott die göttlichen Gedanken durch die Erschaffung des Universums aus. Man könnte sagen, daß Menschen nicht wirklich Menschen wären, wenn sie sich nicht auf eine objektive Weise ausdrückten. So sagte Hegel, daß Gott nicht Gott wäre, wenn es nicht ein Universum gäbe, in dem das göttliche Wesen ausgedrückt werden könnte und dieserart das gegenwärtig werden läßt, was möglich ist.

In diesem Prozeß des Selbstausdrucks hat nach Hegel der Geist drei grundsätzliche Wege des Seins: „Es gibt drei Momente, die zu unterscheiden sind: das wesentliche Sein; deutliche Selbst-Existenz, die der Ausdruck der Andersartigkeit des wesentlichen Seins ist und für den das Sein das Objekt ist; und die Selbstexistenz oder das Selbstwissen in jenem anderen“ (*Phänomenologie des Geistes*, § 770).

Ich werde versuchen, das zu entziffern, obgleich jeder, der Hegel interpretiert, sofort Widerspruch von anderen Leuten erntet, die denselben Text ganz anders auslegen. Das erste Moment „wesentliches Sein“ oder „Sein an sich“ ist die vollständige Ansammlung aller möglichen Ideen im Geiste Gottes. Für Augustinus und Thomas sind diese Ideen, die im wesentlichen Platons Formen sind, vollständig real und zugleich die Objekte göttlicher Kontemplation, die vollkommen herrlich und in sich vollständig sind, dabei nichts weiter brauchen, um vollkommen zu sein. Hegel nimmt an, daß die Ideen im göttlichen Geist in der Tat nur möglich seien. Sie haben keine volle Realität, und wenn Gottes Wesen nur in Ideen von Formen besteht, wäre es durch und durch unvollständig, nur eine Art Möglichkeit des Seins. Damit diese Ideen wirklich werden, müssen sie in einem physischen Universum verkörpert sein.

Der Geist schafft also notwendig oder aktualisiert einige seiner Möglichkeiten innerhalb des endlichen, zeitlichen Universums. Es gibt eine „Notwendigkeit des Geistes, der nicht in sich vollendet ist ... das was erst innerlich ist, zu realisieren und zu offenbaren". Es gibt somit einen viel dringenderen Grund für die Schöpfung in Hegels Philosophie als in der klassischen Ansicht. Gott muß erschaffen, damit wertvolle Zustände Wirklichkeit werden. Das Universum ist damit ein Teil der Selbstverwirklichung Gottes. In gewisser Hinsicht ist es Teil Gottes, denn es realisiert Gottes mögliche Natur. So ist die Antwort auf die Frage: „Warum erschafft Gott ein Universum?", die, daß Gott ein Universum erschaffen muß, damit Gott vollständig existiert.

Der zweite von Hegels drei „Momenten" im Leben des Geistes ist die „explizite Selbst-Existenz" oder das „Sein an sich"; der Zustand, in dem Gott ein tatsächliches Universum entstehen läßt. Dieses Universum objektiviert einige der Ideen im Geiste Gottes. So kann Gott sie als Objekte kennen, zugleich aber sind diese Objekte entfremdet oder über und gegen Gott gesetzt, als etwas anderes oder Fremdes. Sie haben in größerem oder geringerem Ausmaß ihr eigenes Leben und ihre Autonomie, und damit hat Gott in gewissem Sinn die vollständige Kontrolle aufgegeben und den geschaffenen Wesen gestattet, den eigenen Wegen zu folgen. Hegel, der ohne Zweifel von lutherischem Denken beeinflußt ist, nennt das die *kenosis*, die Selbstentleerung des absoluten Geistes.

Das Universum ist nicht nur die Selbstverwirklichung Gottes. Es ist auch die Selbstentfremdung Gottes, indem sie das göttliche Wesen aufteilt und es zu einer Folge zeitlicher Objekte über und entgegen dem wesentlichen Sein macht. Der Geist sieht sich in einem Spiegel, der ein Bild seiner eigenen Wirklichkeit erschafft. Für Hegel ist das Universum ein Bild des Geistes, wie bei Platon. Aber während bei Platon das Bild ein Schatten der volleren geistigen Wirklichkeit ist, ist es bei Hegel das, was die Natur des Geistes erst wirklich und objektiv macht, auch wenn es gleichzeitig ein vom Geist getrenntes Objekt wird. Doch weil das Objekt getrennt ist, hat es ein eigenes Leben und ist vom Geist „gefallen" und bemerkt den Geist nur teilweise und unvollkommen.

Das dritte Moment im Leben des Geistes ist das, worin dieses „gefallene" Universum versöhnt und wieder mit dem absoluten Geist vereint wird und worin das Sein „an und für sich" existiert. Alle Unvollkommenheiten und Zweideutigkeiten der zeitlichen Welt werden in höherer Harmonie versöhnt und in das endlich erlangte Bewußtsein des absoluten Geistes einbezogen, so wie die Zeit verewigt wird und auf immer in das Leben der Ewigkeit übergeht. In diesem dritten Zustand ist der Geist wie der ursächliche Beweger bei Aristoteles, herrlich in dem Bewußtsein, daß alle Vollkommenheit in ihm selbst existiert und er selbst das höchste Objekt der herrlichen Kontemplation ist. Aber nach Hegels Sicht tritt dieser Zustand erst am Ende der Geschichte des Universums ein, wenn alle Kämpfe und Entwicklungen im Universum im Leben des Geistes aufgehen, wobei alle Streitigkeiten und Leiden transzendiert und versöhnt werden. Der Geist kann, nachdem er sich in der Geschichte verwirklicht hat, in der Kontemplation als vollständig wahr gewordene Realität existieren.

Gleichwohl sollten wir das nicht für einen zeitgebundenen Prozeß halten, als würde Gott als unbewußtes und fast vollständig potentielles Wesen am Anfang des Universums beginnen und am Ende der Zeit dann als vollständig bewußter Geist dastehen. Hegel denkt nicht wirklich, daß der Geist sich im Wortsinne entwickelt, als würde er in jedem Moment besser werden. So erscheint uns dieses nur, da wir zeitgebundene Geschöpfe sind. Aber Hegel sagt: „Das Wesen an sich (ist) mit sich schon versöhnt und geistige Einheit …“ Die Zeit ist wichtig für Gottes Selbstverwirklichung, aber Gott überhöht die Zeit und ist von Anbeginn an der Anfang des vollkommen bewußten absoluten Geistes, selbst am Beginn des zeitlichen Prozesses. Mit anderen Worten ist die Zeit für Hegel wie auch für Thomas von Aquin transzendierend oder ewig. Der Unterschied ist der, daß Zeit ein wesentlicher Aspekt des Seins Gottes ist, da sie das realisiert, was Gott ist, und ohne Zeit würde Gott nicht ewig sein, was Gott ist. Gott wird nicht zu einem vollständig zeitgebundenen Wesen, sondern ein zeitlicher Ausdruck ist notwendig, damit Gott auf ewig das ist, was Gott ist.

Hegel sah das als philosophische Wahrheit an, was die christliche Lehre der Trinität in einer Bildersprache symbolisierte. Der „Geist an sich“ ist der Vater, abgesehen vom Universum und dessen Hervorbringung. Der „Geist für sich“ ist der Sohn, vom Vater als Bild des Vaters gegeben und doch auf gewisse Weise sein eigenes historisches Wesen. Und der „Geist an und für sich“ ist der Heilige Geist, der die guten Stücke der Geschichte des Universums einschließt, aber die schlechten ausschließt und alles in die vollständige Erfahrung Gottes einbringt. Natürlich dankten die klassischen christlichen Theologen Hegel dies nicht. Was auch immer für sie die Trinität war: sie mußte vor allem zeitlos sein. Für Hegel ist die Trinität aber ein historischer Prozeß, durch den der Vater sich in das Andere (den Sohn) projiziert und dann dieses Andere durch den Heiligen Geist zurück zu sich selbst bringt, am Ende der Zeit. Noch schlimmer für die klassischen Theologen: die Trinität schließt irgendwie die gesamte Geschichte des Universums in sich ein.

Es gibt im klassischen Denken über Gott ein Wort dafür: es ist der „Pantheismus". Hegel ist zuweilen ein Pantheist genannt worden, weil er das Universum zum Teil der Geschichte Gottes macht, weil er Gott überhaupt eine Geschichte gibt und weil als Resultat der transzendente Gott dazu neigt, spurlos im historischen Prozeß zu verschwinden. Der Geist wird zu einem romantischen Namen für den Prozeß selbst, und der transzendente Gott hört auf, relevant zu sein.

Marx und die Dialektik der Geschichte

Man muß zugeben, daß genau das tatsächlich passierte. Karl Marx (1818–1883) benutzte Hegels Theorie in seinen Schriften über den Kommunismus. Aber dafür mußte er Hegel auf den Kopf stellen beziehungsweise nach Marx' Verständnis „vom Kopf auf die Füße". Als Hegel dann auf dem Kopf stand, konnte er die Worte „absoluter Geist" nicht mehr aussprechen. Immer, wenn er es versuchte, kamen statt dessen die Worte „dialektischer Materialismus" heraus.

Hegel hatte in allem dem Geist die kausale Priorität gegeben. Es ist der Geist, so Hegel, der das Universum hervorbringt, der seine eigene Natur im Verlauf der Geschichte erkennt und alles in seine eigene vervollständigte Erfahrung aufnimmt. Für Marx aber war die treibende Kraft der Geschichte die „Materie". Er meinte damit nicht Elektronen oder Haufen unbelebter Materie, sondern die Kräfte der ökonomischen Produktion und des Austauschs. Geschichte wird nicht von oben gesteuert, sondern von unten, durch die Kräfte von Wettbewerb und Überleben.

Nach Darwins Evolutionstheorie, die 1859 veröffentlicht wurde, elf Jahre nach dem *Kommunistischen Manifest*, überleben die Tiere, weil sie in rauher Umgebung um das Überleben kämpfen. Und manche glückliche Mutationen gewinnen diesen Wettbewerb, weil sie besser an die Umgebung angepaßt sind. Für Marx ist dementsprechend die Geschichte von den Kräften des Wettbewerbs zwischen Produktion und Warentausch angetrieben. Es ist nicht der vom Geist getriebene Fortschritt hin zu Frieden und Gerechtigkeit, sondern ein von Habgier getriebener Prozeß des erbarmungslosen Wettbewerbs und der Aussonderung.

Trotzdem soll es eine Art Unvermeidlichkeit in diesem Prozeß geben. Darwin, der ohne Zweifel von den Evolutionsphilosophen seiner Zeit beeinflußt war, nahm an, daß Tiere durch die natürliche Selektion immer besser angepaßt würden, so daß es keine Grenze für ihre Vollkommenheit gebe. Ebenso dachte Marx, daß die Wirtschaftsgeschichte in einer utopischen Gesellschaft an dem Punkt enden müßte, an dem alle genug hätten von dem, was sie sich wünschten. Und alle wären frei zu tun, was sie wollten. Man könnte am Morgen jagen gehen, fischen am Nachmittag, abends dann Vieh züchten, so Marx in einem der seltenen Momente von glücklichem Optimismus (*Die deutsche Ideologie*). Für Marx ist die Geschichte ein dialektischer Prozeß.

Wegen der wirtschaftlichen Bedingungen entstehen gewisse Formen des gesellschaftlichen Rahmens, und die ihnen entsprechenden Werte erhalten Bedeutung. So entsteht der Feudalismus durch die Notwendigkeit, Verteidigung gegen Feinde zu organisieren, und seine Werte schließen Dinge ein wie Ritterlichkeit, Ehre und Loyalität gegenüber dem Herrn. Diese Bedingungen und Werte tragen aber die Saat ihrer eigenen Auflösung in sich: innere Widersprüche, die zu einer neuen Gesellschaftsform mit anderen Werten führen. Der Feudalismus führte zum Aufbau von Bauernvereinigungen und bereitete so den Weg für die Aufstände gegen die Aristokratie vor, die schließlich in der Minderzahl war. Dies wiederum führte zur bürgerlichen Gesellschaft, deren Werte jene der Mittelklasse oder des Bürgertums waren – Sparsamkeit, harte Arbeit, Akkumulation von Privateigentum und Ansehen.

Die Dialektik der Geschichte besteht darin, daß jede gesellschaftliche Struktur, die durch wirtschaftliche Umstände entstanden ist, bestimmte Werte überbeansprucht (die sogenannte These). Und das wiederum stößt den Rückschwung des Pendels an: Der bürgerliche Kapitalismus produziert große Kollektive verstädterter Arbeiter, die die Regeln des Proletariats erzeugen und dessen Werte von Freiheit, Gleichheit, Brüderlichkeit. Dieser Rückschwung aber wird wegen des Vorherigen stärker sein; es ist die sogenannte Synthese des dialektischen Prozesses. Diese Synthese wird ihrerseits zur neuen These, und die Dialektik setzt sich fort.

Geschichte ist ein Spiel der Widersprüche oder ein stetes Schwingen zwischen opponierenden Tendenzen und Werten in einer Gesellschaft. So beschreibt Marx die Menschheitsgeschichte als einen Prozeß der Entwicklung vom Feudalismus über den Kapitalismus zum Sozialismus und endlich zum Kommunismus. Wenn wir aber den Kommunismus erreicht haben, hält die Dialektik an, weil an diesem Punkt, wie Marx annahm, alle Widersprüche überwunden und versöhnt wären. Alle wären froh und frei, und die Widersprüche der Geschichte wären gelöst. Die Wahrheit ist vermutlich düsterer – alle Kapitalisten und die Bourgeoisie sind eliminiert worden. Nur die Proletarier sind übriggeblieben. Es gibt keine unterdrückten Menschen mehr, da alle Unterdrücker tot sind.

Der Marxismus war in der jüngeren Geschichte eine enorm einflußreiche Kraft. So ist die Philosophie Hegels nicht mehr bloße abstrakte Spekulation. Zumindest wenn man sie wieder auf den Kopf stellt, hat sie eine machtvolle gesellschaftliche Botschaft und motivierende Kraft. Sie spricht zu den Unterdrükkten der Welt und sagt ihnen, sie sollen sich erheben gegen die Unterdrücker, weil die Macht des Schicksals auf ihrer Seite ist. Die Revolution, die sie vollenden sollen, ist nicht irgendein hochriskanter moralischer Kreuzzug. Sie ist schlicht die Teilnahme an der unvermeidlichen Dialektik der Geschichte. Die Zeit ist reif und die Revolution muß sich ereignen. Nach einer kurzen Phase der Diktatur wird die klassenlose Gesellschaft von Friede und Gerechtigkeit eingeleitet, nicht allein durch die menschliche Handlung, sondern durch die innere historische Notwendigkeit.

Marx widersprach den Kräften der organisierten Religion, die er als gewaltsam und reaktionär beurteilte. Aber seine Haltung gegenüber der Religion ist zwiespältiger, als man es oft meint. Jeder kennt das berühmte Zitat „Religion ist das Opium des Volkes“. Aber nicht viele kennen die Zeilen, die dem unmittelbar vorausgehen: „Religiöses Leiden ist gleichzeitig Ausdruck wahren Leidens und ein Protest gegen das wirkliche Leiden. Religion ist der Seufzer der unterdrückten Kreatur, das Gefühl der herzlosen Welt und die Seele von seelenlosen Zuständen“ (aus der Einführung zu *Eine Kritik von Hegels Rechtsphilosophie*). Dies hätte von einem devoten Gläubigen geschrieben sein können.

Es stimmt, daß Marx der Meinung war, Religion vermittele nur ein illusorisches Glück, Torten im Himmel, wenn man stirbt, anstatt ein Glück hier und jetzt für die Unterdrückten. Aber könnte es nicht eine Form von Religion ohne Illusionen geben? Könnte Religion nicht doch eine Kraft sein, die gegen reales Leid protestiert, eine Bekräftigung wahrer menschlicher Freiheit und Erfüllung?

Als Marx die Religion seiner Zeit betrachtete, war das nicht der Fall. Sie hatte mit den Unterdrückern zusammengearbeitet, gab den Kapitalisten ihren Segen und verbrüderte sich mit ihnen und hatte sich dabei nicht um Bergleute und

Fabrikarbeiter gekümmert. Sie riet den Gläubigen, die Unterdrückung geduldig zu ertragen und für das Glück im Himmel zu beten und vor allem nicht das Schiffchen der etablierten gesellschaftlichen Ordnung zum Schaukeln zu bringen. Marx spürte, daß die Religion sich um das Erblühen der Menschen auf dieser Erde kümmern solle und wenn es so etwas wie Heil gebe, müsse dies auch in der aktuellen gesellschaftlichen Situation möglich sein, nicht nur in einem erdachten Niemandsland.

Hatte also Marx in diesem Sinne nicht doch eine Religion? Er war von Geburt Jude, obwohl als Kind christlich getauft, und der Wert, den er auf die Befreiung und das Heil ausdrücklich in dieser Welt legte, scheinen sehr jüdisch zu sein. Denn das Alte Testament strebt nicht nach einem Glück, das in ein späteres Leben verlegt ist. Es erwähnt nur selten ein solches Nachleben, und wenn überhaupt, dann scheint der Ausblick recht düster. *Sheol*, die Welt der Toten, ist ein Ort, an dem Geister ächzen und stöhnen und die Dunkelheit regiert. Befreiung geschieht aus Ägypten oder Babylon. Die großen Propheten sind Kritiker der gesellschaftlichen Unterdrückung und radikale Reformer, und sie protestierten gegen die Auswüchse der Monarchie. Das messianische Zeitalter wird zukünftig auf die Erde kommen als unvermeidlicher Gipfel der Menschengeschichte. Hört sich das nicht sehr bekannt an, wenn wir Marx lesen? Religion ohne Illusionen ist die Suche nach Gerechtigkeit und Frieden in den gesellschaftlichen Bedingungen dieser Welt, verbunden mit dem Glauben, daß die gerechte und freie Gesellschaft kommen muß, weil sie in die dialektische Struktur der Gesellschaft eingeschrieben ist. Ihr Ziel ist die klassenlose und freie Gesellschaft, das auserwählte Volk ist die Kommunistische Partei, die Vorhut der Zukunft, und Marx ist ihr Prophet.

Wir alle wissen, daß das komplett schieflief. Der auf den Kopf gestellte Hegel war kein gutes Rezept für das zwanzigste Jahrhundert. Der revolutionäre Marxismus folterte und massakrierte in fünfzig Jahren mehr Menschen als die sogenannten unterdrückerischen Religionen es in Generationen geschafft hatten. Es war schließlich nichts Geringes, den Geist loszuwerden und der ökonomischen Notwendigkeit die kausale Priorität in der Geschichte zu verleihen. Denn der Geist ist das, was die Moral für gültig erklärt, der der Menschengier und dem Haß absolute Grenzen setzt und dem historischen Prozeß die transzendente Bedeutung zuerkennt.

In Marxens Darstellung ist Moral nur der Schaum, der auf der Oberfläche der Kräfte von wirtschaftlicher Produktion und Austausch liegt. Sie ist keine absolute Kraft, und das Ziel der gerechten Gesellschaft ist daher weniger ein moralisches Ziel als vielmehr das notwendige Ergebnis eines moralisch indifferenten Prozesses. Wenn erst einmal die Revolution als unvermeidlich und als Ergebnis des Schicksals erkannt ist, dann hat sie keine moralischen Grenzen. Und die Diktatur des Proletariats, die Marx als temporäre Phase ansah, die in die freie kommunistische Gesellschaft einleiten sollte, wird zur permanenten Diktatur von Furcht und Konformität bezüglich der politischen Akzeptanz, aus der es kein Entkommen gibt.

Es gibt also eine unerträglich Spannung in Marx, zwischen seiner Empörung über die Bedingungen der Industriearbeiter im England des neunzehnten Jahrhunderts, vor allem in seinem Streben nach Freiheit für die Ärmsten und Unterdrückten – und seiner Empfehlung einer Revolution, die bislang nicht erlebte Gewalt und Schrecken ins Leben all jener bringen sollte, denen er helfen wollte. Die Kombination von Glaube an eine eiserne Notwendigkeit der Geschichte und Nutzlosigkeit und hypothetischem Charakter von Moral öffnete für die halbe Welt den Weg zum Chaos.

All dies rehabilitiert natürlich den dialektischen Charakter von Geschichte. Die einseitige Verfolgung einer spezifischen Gruppe von Idealen führt in einen Zustand, der das Gegenteil des erstrebten ist. Und er brütet eine Reaktion aus, die gleichermaßen einseitig sein kann. Der Gegenpol zum Kommunismus im Sinne Marxens, der dem Marxismus so viel von seiner Kraft als Gegenmittel verlieh, ist der Faschismus.

Als Reaktion gegen die marxistische Zurückweisung der „bürgerlichen Moral“ von Familie, Privateigentum und Respekt vor der Tradition betonten die Faschisten den Wert von Familie und Nation („Blut und Boden“), von Gehorsam gegenüber der Autorität und der Unterordnung des einzelnen unter den gemeinsamen Willen. Auch die Faschisten können Hegels Vorgängerschaft beanspruchen. Hegel hatte geschrieben, daß der Geist gespalten sei in den Geist eines Volkes und einer Kultur und daß es das historische Schicksal mancher Völker sei, einen Übergang von einer Stufe der geschichtlichen Dialektik zur nächsten zu bewerkstelligen. Merkwürdigerweise dachte er zudem, es seien die Preußen (und Hegel war Preuße), die im neunzehnten Jahrhundert diese welthistorische Bestimmung betreffen sollte. Und er meinte, der Weltzweck eines bestimmten Zeitalters werde am besten von einem großen Führer erkannt, der die Absicht des Geistes sehen und seinem Volke mitteilen könne. Weil die Dialektik der Geschichte ein Prozeß der Entwicklung von Kampf und Opposition ist, wobei ein höherer Entwicklungsstand durch Konflikte erreicht wird, kann es sein, daß die Kultivierung einer starken Nation, die ihrem Geschick vertraut und die Welt nach ihrem Willen unterwirft, die unerbittliche Absicht des Weltgeistes ausdrückt. Diese Absicht ist, daß der Übermensch geboren werde, der Mensch von außerordentlich viel Kraft und Willen, dessen Los es ist, die Schwachen (also alle anderen) zu lehren und zu führen (oder auszulöschen).

Wenn man so etwas nach dem Holocaust und den beiden Weltkriegen des 20. Jahrhunderts liest, ist ein Erschauern im nachhinein unvermeidlich. Ist es das, was Hegel voraussah oder legitimierte? Wir müssen wohl sagen, daß es im Denken Hegels Zwiespältigkeiten gab, die vom Kommunismus und vom Faschismus ausgebeutet wurden. Da aber sein Werk auf so vollständig widersprüchliche Weise benutzt wurde, haben wohl beide Parteien danebengetroffen. Denn schließlich betonte Hegel immer, ein Christ zu sein, und als solcher war ihm sowohl die Wichtigkeit von Moral bewußt, die bindend und absolut war, als auch das göttliche Gebot, sich um Schwache und Unterdrückte zu kümmern. Im paradigmatischen Konflikt der Christengeschichte ist der Held, der die Mächte des Bösen überwindet, derjenige, der sein Leben am Kreuz hingibt, und es ist nicht irgend jemand mit den Kräften eines Übermenschen. Aller Wahrscheinlichkeit nach sind Hegels Werke – man muß es sagen – so lang und so langweilig, daß nur wenige Menschen sie vollständig gelesen haben. Die Leute haben sich bloße Gedankenschnipsel herausgenommen, die ihnen paßten. Trotzdem sollte es klar sein, daß Hegels Denken einen immensen praktischen Einfluß hatte, obwohl sein Einfluß nicht immer zum Guten ausschlug.

Eine wichtige Tatsache ist die, daß sowohl der Faschismus als auch der Kommunismus religiöse (theistische) Interpretationen Hegels verworfen haben zugunsten dessen, daß sie von der eisernen Notwendigkeit des historischen Prozesses selbst sprachen. Und das ist sicherlich unfair gegenüber Hegel, dessen ganze Arbeit man besser als sehr ausgedehntes Nachdenken über die Natur und die Absicht Gottes bezeichnen sollte.

Pantheismus und Panentheismus

Hegel wollte, daß Geschichte für Gott wesentlich wichtiger würde als aus klassischer Sicht. Aber er wollte Gott nicht in der Geschichte auflösen, so daß nichts anderes übrigbliebe. Das Wort „Pantheismus", so oft auf Hegel angewendet, legt eine solche Auflösung nahe.

Man kann es sehr bezweifeln, ob je einer ein Pantheist gewesen ist, d.h. wirklich an die Identifikation Gottes mit den Kräften der Natur geglaubt hat. Es ist dies eines der Wörter, die man auf andere Menschen anwendet, wenn man ihre Meinung kritisieren will, ohne sie wirklich zu lesen. Wer hat je gesagt, Gott sei nur der Wind, der Regen und der Sturm? Selbst die Götter der *Ilias* waren nicht nur Naturkräfte. Sie waren mit den Naturkräften verbunden und fanden in ihnen ihren Ausdruck, aber hatten auch ihr eigenes Leben. Der Nebel aus dem Meer steigt nie zum Olymp auf, um dort mit Zeus eine Unterredung zu haben. Aber Thetis tut dies; sie ist offenbar mehr als nur eine Naturkraft.

Die Menschen, von denen meist gesagt wird, sie seien Pantheisten oder mindestens „Monisten", sind die bekanntesten Philosophen der indischen Tradition.

Aber der Gebrauch dieser Begriffe führt fast immer in die Irre. Viele indische Philosophen (z.B. Madhva) waren rundheraus Theisten, die einen persönlichen Gott annahmen, der sowohl von der Materie als auch von den einzelnen Seelen unterschieden ist. Im elften Jahrhundert hat Ramanuja die Metapher geprägt, daß die Welt der Körper Gottes sei; dieses Wort kam im Westen im zwanzigsten Jahrhundert erneut in Mode. Es konnte sich wie „Pantheismus" anhören. Mit dem Wort Körper meinte Ramanuja allerdings etwas, das vollständig unter Kontrolle des Selbst steht und von diesem auch vollständig und direkt gewußt und gekannt wird. So erweist sich Ramanujas Sicht als sehr ähnlich der allgemeinen theistischen Ansicht, daß Gott jedes Teil des Universums kennt und kontrolliert. Der persönliche Gott ist sicher mehr als der „Körper" und kontrolliert diesen auch. Ramanuja war der Meinung, Gott habe notwendig einen Körper; und wieder ist der Unterschied zu Thomas von Aquin und der klassischen europäischen Tradition großenteils ein sprachlicher, da Gott den „Körper" in freiem und freudigem Spiel formt. Wenn man den Kompatibilismus akzeptiert, dann ist der Unterschied zwischen Freiheit und Notwendigkeit nur mehr ein sehr geringer.

Sankara, der Philosoph und Heilige des achten Jahrhunderts, könnte als Monist bezeichnet werden (oder als Nicht-Dualist), aber er ist bereits als Philosoph zurechtgestutzt worden, der mit der gewöhnlichen klassischen Ansicht übereinstimmt, daß Gott (*nirguna Brahman*) vollkommen unbegreiflich ist. Für Sankara manifestiert er sich auch als *saguna Brahman*, als allmächtiger, allwissender und weiser Gott, der damit ebenfalls wieder ein persönlicher Gott ist. Sankara meint, alle Dinge seien wirklich identisch mit *Brahman*, aber er tut das, so betont er, nur, weil auch die geoffenbarten Schriften, die Upanishaden, es so sagen; das schreibt er eindeutig in seinen Kommentaren zu den *Vedanta-Sutren* (herausgegeben von Max Müller, *Sacred Books of the East*, Bd. 34, S. 350). Und mit „identisch sein mit" meint er, daß das Universum keine andere unabhängige Quelle hat als Gott. Jeder klassische Theist würde dem zustimmen. Sankara tut sich mit der Feststellung schwer, daß fast alle Menschen unwissend und durch Sinnlichkeit gebunden sind, während *Brahman* die allwissende, vollkommene Intelligenz ist. Es gibt noch viel mehr vom indischen Denken über Gott zu sagen; es sollte aber jetzt schon deutlich sein, daß es nicht richtig ist, wenn man es pantheistisch nennt, sofern dies unterstellt, daß jenseits des physikalischen Universums nichts für Gott ist. Schon Sankara einen Monisten zu nennen ist irreführend, wenn das den Gedanken nach sich zieht, in seinem System gebe es keinen persönlichen Schöpfer des Universums. Wenn man weiß, was jemand wie Thomas von Aquin über den persönlichen Schöpfer sagt, könnte man wohl meinen, daß Thomas den persönlichen Gott negiert – was aber natürlich falsch wäre. An einen persönlichen Gott zu glauben ist nur etwas komplizierter, als man denken könnte.

Die indischen Denkweisen über Gott sind generell vielleicht eher hegelianisch als dem Denken Thomas von Aquins gemäß, weil sie das Universum gerne als in gewissem Sinne notwendige Selbstverwirklichung des *Brahman* sehen; ein Begriff, den man nicht ganz falsch mit *Geist* übersetzt. Da ich aber gerade dabei bin zu leugnen, daß Hegel ein Pantheist war, macht das auch die Inder nicht zu Pantheisten. Wirklich echte Pantheisten sind schwer aufzutreiben (obwohl ich im letzten Kapitel dieses Buches einige Deutsche vorführe, die mit aller Macht Pantheisten sein wollten).

Der Philosoph des Westens, den man am häufigsten des Pantheismus bezichtigt hat, ist Baruch Spinoza (1632–1677), der von „Gott oder der Natur" (*deus sive natura*) als der höchsten Realität sprach. Spinoza hatte beträchtlichen Einfluß auf Hegel. Und seine radikal neue Sichtweise, daß Gottes Unendlichkeit die gesamte endliche Welt einschließt, anstatt sie auszuschließen, wurde von Hegel übernommen. Wenn man darüber nachdenkt, ist es merkwürdig, zu sagen, daß

Gottes absolut unbegrenzte Realität das gesamte physikalische Universum ausschließt, weshalb es von diesem begrenzt wird. Wenn Gott wirklich unendlich ist, wird Gott vermutlich das Universum auf die eine oder andere Art beinhalten müssen.

Spinoza war sicherlich genau dieser Meinung. Er setzte eindeutig hinzu, daß Geist und Materie nur zwei der unendlich vielen Attribute der einen Ursubstanz seien, die er Gott nannte. So ist Gott offenbar unendlich viel mehr als die Natur und kann nicht bloß mit ihr gleichgesetzt werden. Der Erz-Pantheist Spinoza ist demzufolge keiner. Und auch die meisten Menschen, die als Pantheisten gelten, sind keine.

Es gibt ein besseres Wort für die Menschen, die meinen, daß die Natur ein Teil Gottes sei, auch wenn Gott die Natur unendlich übersteigt. Dieses Wort wurde von Karl Friedrich Krause (1781–1832) erfunden. Es ist der Begriff des Panentheismus und bedeutet, daß das gesamte Universum, in dem die Menschen leben, ein winziger Teil der unendlichen Realität Gottes ist.

Was ist daran so unangenehm? Nun, das Wort bedeutet, daß Gott viele häßliche Anteile haben muß. Gott wird sich unablässig entwickeln und wandeln, so wie es auch das Universum tut. Gott wird also eine teils unvollkommene und begrenzte Art von Gott sein. Und vielleicht heißt das, wenn alles ein Teil Gottes ist, daß wir auch alles anbeten müßten – einschließlich der Mörder, Diebe, Frösche und Kaulquappen wie auch der Sterne und der schönen Sonnenuntergänge. Und um dieses Thema zu beenden: Ich fühle mich sicher nicht als Gott und hoffe für meine Leserinnen und Leser das gleiche. Ich würde sehr gerne einen Unterschied machen zwischen mir und Gott und hoffe, daß Gott sehr viel weiser und besser ist als Sie und ich es sind.

Zeit und Kreativität

Das hört sich wohl sehr schlüssig an. Wenn wir es aber kritischer untersuchen, sieht es vielleicht doch etwas anders aus. Zunächst einmal: Was ist mit der Veränderung, Entwicklung und Unvollkommenheit Gottes? Die Arten der Veränderung, welche die Menschen erfahren, werden sehr anders als die sein, die Gott erfährt. Menschen sind nie ganz sicher, was als nächstes passiert. Veränderungen widerfahren uns, gute wie schlechte, und wir sind immer dem Wohlwollen einer unsicheren Zukunft ausgeliefert. Veränderung ist etwas, das wir fürchten, weil sie so oft zum Schlechteren führt und ohnehin nicht unserer Kontrolle untersteht.

Andererseits kann Veränderung auch sehr gut sein. Jeder, der nichtstuend an einem regnerischen Sonntagnachmittag herumgesessen hat, weiß, daß Veränderung etwas außerordentlich Gutes sein kann. Wir lieben es, neue Erfahrungen zu machen. Wir freuen uns auf die Ferien oder auf neue Orte und Städte, die wir besuchen. Gäbe es keine Veränderung, könnten wir nie etwas Neues machen, neue Leute kennenlernen oder schöpferisch arbeiten. Veränderung wäre in der Tat sehr gut, gäbe es immer etwas Neues und Aufregendes, auf das man sich freuen kann und wir nicht argwöhnen müßten, daß etwas Schlechtes um die Ecke lauern könnte.

Veränderung ist demzufolge nicht allzu schlecht. Sie könnte sogar ganz gut sein, wenn wir sicherstellen können, daß das unerwartete Schlechte nicht passiert. Es würde bedeuten, daß wir immer neue, schöpferische und interessante Dinge tun könnten und nicht durch die immer gleiche Tätigkeit gelangweilt würden. Könnte also Veränderung nicht auch für Gott ähnlich gut sein? Gott könnte die Zukunft vollständig kontrollieren, so könnte nichts Unerwartetes geschehen. Nichts wirklich Schlechtes könnte Gott je passieren, weil Gott es ganz einfach unterbrechen und beenden könnte. Und Gott könnte immerzu schöpferisch sein und neue Sachen einfach aus Spaß in die Welt setzen.

Wir erhalten die Vorstellung des klassischen Gottes, indem wir fragen, welches das beste uns vorstellbare Leben ist. Vielleicht ist es eines der kontinuierlichen Kreativität, Energie und Aktivität, was jenseits von Verfall und Zerstörung wäre. Im Vergleich dazu könnte das Leben des klassischen Gottes, der nicht ewig alles neu machen kann und dabei selbst vollkommen unveränderlich ist, doch reichlich langweilig und monoton wirken. Natürlich würde Gott nie merken, wie langweilig es ist, denn er hätte keine Zeit gehabt, sich zu langweilen, weshalb es nicht so schlimm gewesen wäre, immer und immer wieder das gleiche zu tun. Trotzdem könnte es doch besser sein, die Gelegenheit zu bekommen, komplett neue Sachen zu erschaffen.

Gott ist schließlich der Schöpfer, weshalb wir erwarten dürfen, daß Gott kontinuierlich neue Dinge schafft und das auch genießt. Gott könnte wie ein phantasievoller Künstler sein, zumindest eher als der unablässig sich selbst betrachtende (und womöglich mit sich selbst beschäftige) Geist des Aristoteles. Dieses Bild eines veränderlichen, stets schaffenden Gottes ist natürlich ein Produkt der europäischen Romantik des neunzehnten Jahrhunderts. „L'art pour l'art", Kunst um der Kunst willen wurde das Motto von Tausenden darbender Maler, die einfach nur schöpferisch sein wollten und dabei nicht viel zu verdienen schienen. So könnte auch Gott sein, dachten sie, wie der oberste Künstler. Da Gott ja kein Geld brauchte, hatte dieser Gott das bestmögliche Leben. Das platonische Ideal der mathematischen Betrachtung wurde durch das romantische Ideal des „Poeten der Welt" ersetzt, ersonnen aus schierer Freude am Erschaffen (der Ausdruck stammt aus A. N. Whiteheads *Prozeß und Realität*: „Er ist der Poet der Welt, leitet sie mit zärtlicher Geduld durch seine Einsicht in das Wahre, Schöne, Gute").

Gott, der höchste Künstler, kann sich also nicht verschlechtern; zweifelsohne eine Erleichterung. Aber ist der Gedanke dann nicht merkwürdig, daß Gott mit jedem Tag besser werden könnte? Wenn Gott doch angeblich vollkommen ist, wie kann Gott dann je besser werden? Natürlich wird Gott nicht als Künstler besser; Gottes Technik wird nicht durch die vielen Schöpfungen besser. Gott ist immer ein vollkommener Künstler, der immer das vollbringt, was verlangt wird. Immer entstehen neue Dinge; deshalb könnte man sagen, Gott kennt weiterhin schöne Dinge und wird sie auch in Zukunft kennen.

Sollten wir das als „immer besser werden" bezeichnen? In jedem Moment weiß Gott alles, was man wissen kann. Es könnte nichts geben, was mehr wüßte als Gott. Nichts kann existieren oder auch nur möglich sein, wovon Gott nichts wüßte. Es ist eben so, daß Gott, da jede Minute weitere schöne Dinge entstehen, Gott auch jede Minute mehr Dinge kennt. Wäre das nicht so, stimmte etwas nicht. Es ist sicher vernünftig zu sagen, daß Gott alles weiß, was es zu wissen gibt, was das vollkommenste Wissen ist, das es gibt. Aber Gott weiß auch zu jeder Minute mehr; ganz einfach deshalb, weil es jede Minute mehr Sachen gibt, und Gott hat sie dorthingestellt. Gottes Wissen nimmt immer zu, was aber kein Anwachsen von Gottes Vollkommenheit beinhaltet, die ja darin begründet ist, daß Gott bereits alles kennt, was es tatsächlich gibt.

So verändert und entwickelt sich Gott an Wissen, ohne dabei aber vollkommener zu werden. In der Tat gilt, daß, würde Gott sich nicht verändern und entwickeln, Gott nicht vollkommen wäre, denn Gott wäre dann nicht schöpferisch und könnte nichts Neues schaffen und würde nicht bemerken, daß in jeder Minute neue Dinge entstehen und daß sie nicht alle auf einmal existieren. Der klassische Gott hat Probleme damit, denn nach klassischer Ansicht muß die Zeit als ganze zugleich ausgebreitet sein. Da dies aber nicht der Fall ist, sondern sich die Dinge wirklich eines nach dem anderen ereignen, kann der klassische Gott nicht wirklich erkennen, wie die Dinge wirklich sind – oder es scheint nur den Menschen so, die die Zeit ernster nehmen als Platon.

Die Erlösung vom Leiden

Sicher kann aber ein vollkommener Gott an der Unvollkommenheit der Welt teilhaben, an ihrem Leid, den Konflikten, Frustrationen und den häufigen Niederlagen. Das scheint den klassischen Theisten sonnenklar zu sein. Nur haben sie dann das riesige Problem, zu erklären, wie Gott wirklich das Leid und das Böse kennen kann, wenn es doch für das göttliche Wesen keinen Unterschied bedeutet, ob Gott Erfahrung damit hat oder nicht. Angenommen, es gibt das Leiden in der Welt; wäre dann nicht ein Gott, der sich einfühlen kann, mitfühlen und wissen, wie sich Leid anfühlt, ein vollkommenerer Gott als derjenige Gott, der bloß intellektuelle Kenntnis davon hat, daß Leid existiert, weiter aber nicht davon beeindruckt ist?

Gott verursacht letztlich allen Schmerz in der Welt, weshalb es nur fair erscheint, daß Gott dies auch fühlen sollte. Es kann nicht richtig sein, wenn Gott sagt: „Ihr habt großes Leid zu erdulden, aber es wird am Ende durch große Freude überwunden", solange Gott nicht auch sagt: „Ich hatte dieses Leiden auch zu erdulden, und wir werden es gemeinsam überwinden." Hegels Vorstellung der Dialektik unterstellt, Vollkommenheit und Freude, die durch Mühe und Kampf erlangt worden seien, seien voller und tiefer als ein Glück, das nie weniger wird, wieviel Leid es auch im Universum gäbe.

Hinter all diesen Gedankensträngen liegt die Überlegung, daß ein Gott, der wirklich mit der Welt verbunden ist und vor allem mit den fühlenden Wesen darin, eine Vollkommenheit ausdrückt, die die Vollkommenheit der Liebe ist. Diese beinhaltet das Teilen der Erfahrung mit anderen Bewußtseinszuständen und die Arbeit mit ihnen, um ein reicheres Leben zu erlangen. Zumindest würde ein solcher Gott nicht weniger vollkommen sein, obgleich in einem anderen Sinn, als ein außerordentlich glückseliger Gott.

Ein solcher Gott würde nicht allen Schaden abwenden, davon aber auch nicht unberührt sein. Dieser Schaden würde nach Hegel notwendig aus dem Wesen Gottes hervorgehen. Gott würde Anteil haben an der Erfahrung von Leid. Aber

Gott würde es überwinden, würde neues Gutes aus dem Bösen hervorbringen und endliche Erfüllung versprechen am Ende der notwendigen Dialektik der Geschichte. Hegels Begriff für die Überwindung des Bösen ist die *Aufhebung*: Negation und Erfüllung zu gleicher Zeit. (A. d. Ü.: Der Rest des Absatzes entfällt, da hier eine englische Erklärung des Begriffs „Aufhebung" folgt.)

Denken wir zum Beispiel an den Tod eines Kindes, der die Eltern in Verzweiflung zurückläßt. Gemäß der panentheistischen Sichtweise würde Gott daran teilhaben, die Verzweiflung tatsächlich erfahren, und mit der Zeit würde Gott versuchen, das Leid zu heilen und es mit dem Vergessen des Schmerzes überdecken. Das Leid würde nie vergessen werden, aber an Intensität zurückgehen und so etwas wie das Gefühl für die Schmerzen anderer ermöglichen; ein wahres Einfühlungsvermögen in die Entfremdung vom menschlichen Leben. Gott könnte aus diesem Leid auf seiten der Eltern eine tiefe Sorge für das Leiden anderer entstehen lassen, die in manches Leben Stärke hineinbringen könnte. Und wenn man die Möglichkeit eines Lebens nach dem Tode zuläßt: Gott könnte Eltern wie auch dem Kind ein Wissen darüber vermitteln, wie dieser Tod in die notwendige Struktur des Lebens verwoben wäre, wie er eingesetzt wurde, um neue Formen der Güte entstehen zu lassen und wie er in die weitere Erfahrung eingebaut werden könnte, in Liebe mit allen neu verbunden zu sein. Das Leben des Kindes, wie kurz auch immer, ist ein Leben, das nicht existiert hätte außer als Teil des tragischen Geschichtsprozesses mit all seinem Schmerz und Kampf. Nachdem sie entstanden sind, können nun Kind wie Eltern an der Vision einer vervollständigten Güte und sprachlosen Schmerzes teilhaben, die Gottes Bewußtsein von der überführten oder erlösten Welt sind, und Eltern wie Kind können ihre eigene tragisch unterbrochene Beziehung in einer Welt jenseits der Tränen weiter ausbauen.

Wir sollten nicht denken, daß Gott das Leiden wegen des Guten plane, das es nach sich zieht. Das Leid ist von Gott nicht geplant oder beabsichtigt. Es entsteht aus dem dialektischen Ausdruck der göttlichen Natur in der Zeit. Es ist Teil Gottes, und Gott erfährt es bewußt. Aber die Vollkommenheit dieses Gottes ist die, daß die Dialektik in Erfüllung endet. Und selbst die schrecklichen Teile der Erfahrung sind in eine umfassende Erfahrung verwoben, in der der Schmerz nicht vergessen ist. Er wird schwächer und verändert sich in Sympathie und Stärke und dient dazu, den Ausdruck einer göttlichen Natur zu vervollkommnen, die durch die Sorge hindurchgeht und sie in ihre endliche Erfahrung einer überwältigenden Freude einschließt.

Es ist dies eine Freude, die das Leid einschließt und transformiert, durch Aufgeben zur Versöhnung gelangt und Gegensätze in die schließlich erfahrene Harmonie des Seins auflöst. Manche mögen vielleicht ein unberührtes, unbewegliches Glück bevorzugen. Andere empfinden diese Bewegung durch Sorge hin zur Sympathie – oder durch Entfremdung zur Vereinigung – als Vollkommenheit, die in jedem Falle sehr lohnend ist. Wie auch immer, für Hegel ist die göttliche Natur sowohl in der Existenz als auch in ihrem Selbstausdruck notwendig. Es hat wenig Sinn zu fragen, warum die Dinge so sind, wenn wir nichts von dieser göttlichen Natur wissen. Wir können aber glauben, daß Gott sich selbst entleert und an der Schöpfung leidet. Und diese *kenosis*, diese Entleerung, ist ein notwendiger Teil der Bindung an die göttliche Erfahrung, worin alle Gegensätze versöhnt sind und das „dritte Moment" der göttlichen Erfahrung (die nach Hegel zeitlos vollständig ist) als äußerst wünschenswert und gut erklärt wird.

Geschichte und der absichtsvolle Kosmos

Vom Standpunkt Hegels aus ist Gott in dem Sinne allmächtig, daß Gott wählen kann, absolut jeden denkbaren Zustand zu erschaffen – eine gute Welt ohne Schlechtes oder eine Welt, in der alle bis zur Ekstase glücklich sind. Gott ist allmächtig als die einzige Quelle allen Seins. Gott ist das einzige von sich aus Existierende, von dem allen Sein stammt, durch Notwendigkeiten, die wir uns niemals vorstellen können. Gott ist die Kraft, die den Sieg des Guten im endlichen Vollzug der Geschichte garantiert. Nichts kann die göttliche Macht verprellen, und Gottes Wille ist frei, weil er exakt das ausdrückt, was Gott ist und sein muß.

Dieser Gott ist offensichtlich nicht gut in dem Sinne, daß absolut alles, was guttut, gut ist. Das würde in jedem Fall den Streit und das Leiden in der Welt komplett ignorieren. Von Gott stammt durch innere und ungezwungene Notwendigkeit die Dialektik von Dunkelheit und Licht, von Negation und Affirmation, von Streit und Versöhnung. Gott ist insofern gut, als das, was Gott *beabsichtigt*, die letzte Versöhnung ist, die schöpferische Verwirklichung vieler einzigartiger Formen der Güte und der Erlösung vom Übel durch Aufgabe des Schlechten und dessen Einbindung in ein umfassendes Ganzes. Gott ist gut, insofern er in das göttliche Ganze die größte Ansammlung der höchsten Werte einschließt, die es im Weltprozeß geben kann oder die schon existieren. Und so wird Gott alle guten Dinge unseres Lebens zur Erfüllung bringen. Gott ist gut, indem Gott im Höchstmaße begehrenswert ist, die vollkommene Güte, die nur sein kann, weil der lange schöpferische Prozeß sie einrichtet und erschafft. Göttliche Güte ist kein unveränderliches Glück, das von allem Schmerz frei ist. Sie ist ein kompletter Prozeß von Aufgeben und Wiederentdecken, von Entfremden und Vereinen; eine Reise, die in Liebe angefangen wird, fortgesetzt in Qual und vervollständigt in Jubel.

So wird das Leben der Menschen als Teil des göttlichen Prozesses der Selbstverwirklichung begriffen, der zugleich Entfremdung und Versöhnung einschließt. Es ist ein Prozeß, worin alle Dinge in ein letztes Gutes aufgenommen werden, das nur das sein kann, was es ist, und zwar wegen des gesamten Prozesses, der ihm vorausgegangen ist und wovon wir daher allesamt notwendig Teile sind. Wir sind Teile Gottes, nicht, weil wir schon vollkommen sind und es noch nicht bemerkt haben, sondern weil wir wichtige Teile des Prozesses sind, durch den Gott die göttliche Natur ausdrückt, objektiviert und überführt, was zugleich der unendliche Geist ist.

Das Menschenleben hat einen Zweck, so wie alles im Universum. Es ist der, eine einzigartige Rolle bei der Selbstverwirklichung des Geistes zu erfüllen. Die Tatsache, daß das Universum den Geist als seine tiefste Realität ausdrückt, bedeutet, daß alle Dinge in unserem Leben zum Guten eingesetzt werden können. Wir spielen eine wichtige Rolle im Kampf um die Verwirklichung des Seins, der einzigartigen Werte, die Gott in und durch uns erschaffen und würdigen soll. Gott setzt den Zweck fest. Wir können Gottes schöpferische Kraft, die sich durch uns verwirklicht, vermitteln, kennen und fühlen. In dieser Welt ist das Schlechte unsere Entfremdung in letztlich selbstzerstörerischem Egoismus, der die göttliche Absicht vereitelt und den Sinn für die Anwesenheit des Geistes verliert. Anbetung ist nicht, wenn man sich von der endlichen Schönheit zu einer abstrakten Form der Schönheit wendet. Anbetung, Verehrung ist vielmehr die Verehrung der Güte in all ihren endlichen Formen: Sie ist die Hingabe daran, neue und phantasievolle Formen des Guten zu erschaffen; sie ist die Hoffnung auf Erfüllung in der vollkommen realisierten Natur Gottes.

Wir sind tatsächlich Teile des Prozesses, durch den Gott zu Gott wird – mit der Natur, die Gott hat. Wir sind Teile des Göttlichen, leben aber entfremdet von diesem Quell unseres wahren Seins. Der religiöse Weg ist einer des Sich-Abwendens von selbstsüchtigen Belangen, die den Prozeß der göttlichen Selbstverwirklichung blockieren. Er ist einer des Sich-Hinwendens zu unserer eigenen

Natur als Kanal und Instrument der göttlichen Verwirklichung. Wie in der klassischen Sichtweise sollen wir uns vom Selbst zur Kontemplation der höchsten Güte hinwenden. Nur liegt hier mehr die Betonung darauf, daß wir die Güte in der Schönheit und Verständlichkeit der materiellen Welt betrachten und solcherart der göttlichen Selbstverwirklichung helfen, sich der Verwirklichung der Güte zu weihen.

In vielfacher Hinsicht ist Hegel das genaue Gegenteil eines Pantheisten. Er reduziert Gott nicht auf Naturkräfte. Eher reduziert er die Naturkräfte auf Gott. Er betrachtet Geschichte nicht als Prozeß ohne Moral, der von blinder Notwendigkeit getrieben wäre. Vielmehr versteht er Geschichte als von dem angetrieben, was er die „List der Vernunft" nennt. Damit weist Geschichte immer eine zutiefst moralische Ordnung auf, und die Ereignisse innerhalb dieser Geschichte spiegeln eine Dialektik des Geistes wider, in der die Gegensätze in einer höheren moralischen Einheit versöhnt werden. Geschichte ist von Notwendigkeit geleitet, aber nicht von einer, die blind ist. Obwohl sie sich dialektisch und großenteils durch Konflikte bewegt, realisiert sie doch eine vollständig selbstbewußte geistige Wirklichkeit, wovon ihr Prozeß das angemessene äußere, sichtbare Zeichen ist. Geschichte und Natur werden die Sakramente des Geistes, und der Prophet entdeckt die geheimen Bewegungen des Geistes in geschichtlichen Ereignissen, die nur scheinbar chaotisch sind.

Hegels Sicht auf Gott bietet eine Interpretation der biblischen prophetischen Tradition, die sie auf wahrhaft kosmische Dimensionen erhebt. Die Götter der *Ilias* hatten Absichten, aber es gab viele und widerstreitende Absichten, die zudem in keinen größeren Plan zusammenliefen. Die Götter schmiedeten Komplotte, feierten Feste und lebten für immer, aber die Frage, ob die Götter selbst einen Sinn hatten, wurde nie gestellt.

Jahweh, der Gott Israels, hat einen Zweck, der in der Menschheitsgeschichte herausgearbeitet werden soll. Gottes Überlegenheit über die Geschichte ist absolut. „Spricht auch der Ton zu seinem Schöpfer: Was machst du?" (Jesaja 45,9). Gott erhebt Tyrannen, damit die Sünde bestraft wird, und er verspricht Israel, daß es von Sklaverei und Exil befreit wird: „Ich habe dich zum Bund unter das Volk gegeben, zum Licht der Heiden" (Jesaja 42,6). Die Geschichte der Menschheit ist eine Arena des Urteils über Sünde und der Errettung vom Bösen, was durch Israel bewerkstelligt werden soll. Doch auch diese Vorstellung ist immer noch begrenzt. Sie ist auf das Schicksal Israels konzentriert und läßt Gottes Wahl, die auf Israel fiel, und jeden weiteren Zweck der Welt weitgehend unerforscht. Es gibt, wenig überraschend, keine Vorstellung von Entwicklung, Evolution oder Entstehen des Neuen. Die Formulierung dieser Ideen mußte bis zum achtzehnten und neunzehnten Jahrhundert warten.

Hegel nahm Zeit, Veränderung und Entwicklung erstmals ernst und machte sie zu Grundlagen seiner Vorstellung von Gott als absolutem Geist. Die Evolution des Kosmos wird von ihm als absichtsvoll angenommen, und diese Absicht ist die Selbstverwirklichung des Geistes in endlichen Formen der Güte und in freier schöpferischer Aktivität. Alle fühlenden Wesen haben ihren Anteil an diesem Prozeß. Sie sind Instrumente der göttlichen Schöpfung und Betrachtung der endlichen Güter. Dadurch, daß sie dem Geist gegenüberstehen, können sie in egoistisches Verlangen „fallen" und sich von der kenotischen, selbstentleerenden und versöhnenden Aktivität des Geistes entfernen. Aber selbst dann können sie der historischen Dialektik nicht entkommen. Sie bleiben Teile des Weltprozesses, worin die Entfremdung durch die kosmische Geduld der versöhnenden Liebe überwunden wird. So ist die Geschichte des Kosmos auch eine Reise in die Fülle Gottes; von der entfremdeten Welt her, die ihrerseits ein Ausdruck der göttlichen Natur in ihrer Negativität ist. Und diese muß, nach der ersten Selbstversöhnung in der Zeit und durch das endliche Bewußtsein jene endgültige Positivität entdecken, also die Negation der Negation leisten, die die tiefste Bedeutung des kosmischen Prozesses ist.

Wie die Ansicht von Augustinus und Thomas von Aquin besitzt auch Hegels Sichtweise auf Gott intellektuelle Tiefe, Kohärenz und Eleganz. Wo sie ihre Verbindung mit dem christlichen Hintergrund bewahrt, hat sie auch spirituelle Tiefe. Denn sie ermöglicht es den Menschen, die Bedeutung ihres Lebens in einen verständlichen und praktischen Zusammenhang zu stellen. Ein Leben hat dann Bedeutung, wenn es einzigartige und klare Werte realisieren kann, wenn die Realisierung solcher Werte als verständlicher Zweck begriffen werden kann, den man annehmen kann, und wenn die Vorkommnisse in diesem Leben als das Muster erkannt werden können, die diesen Zweck, diese Absicht und deren Realisierung überhaupt erst möglich machen. Die Elemente Wert, Zweck und Muster sind bei der Einschätzung des menschlichen Lebens als ein spirituelles bedeutungsvoll. Das Hegelsche System läßt den Kosmos selbst zum Träger von Wert, Zweck und Muster werden und gibt dieserart dem Leben der Menschen Bedeutung als Beitrag zu einem zielgerichteten kosmischen Prozeß.

Für manche aber mag noch ein Einwand bleiben. Wenn die kosmische Geschichte die Geschichte Gottes ist, welche die göttliche Natur in der Zeit ausbreitet, wo kommen wir dann dort hinein? Der Untergang des Platonismus kam ja auch teilweise daher, weil man von den tatsächlichen Individuen in Raum und Zeit annahm, sie hätten mehr Wichtigkeit und Realität als die unveränderlichen Formen oder Universalien. Wenn wir aber nur Teile eines kosmischen Prozesses sind, sind wir dann nicht *de facto* wieder zu Rädchen in einer Maschine reduziert worden, als Mittel zum Zweck, der größer ist als wir? Wenn die Zeit fundamental real ist, kann auch die Kreativität ein fundamentaler Wert sein. Sind aber wir Menschen wirklich schöpferisch, wenn wir nur einen vorbestimmten historischen Plan ausführen? Wo bleiben Verantwortung und persönliches Schöpfertum? Es ist ja ganz nett sich auszudenken, man sei ein Teil von Gott – ein Teil, wie Ramanuja es sagen würde, des Körpers, der raumzeitlichen Manifestation Gottes. Wenn ich aber womöglich nur ein Fingernagel bin, könnte ich mir etwas mehr Individualität wünschen.

Das ist aber kaum ein neues Problem. Augustinus kannte es auch schon, und es war und ist unter den Gläubigen ein Streitpunkt, seitdem das menschliche Denken aufgezeichnet wird. Haben wir irgendeine Chance zu bestimmen, wie die Zukunft verläuft, oder sind wir Spielzeuge der Götter? Spielen wir unsere vorbestimmte Rolle in der Geschichte, oder sind wir so radikal frei, daß die Zukunft tatsächlich von dem abhängt, was wir heute entscheiden? Wenn wir den Weg des Bösen und des Egoismus wählen, ist das dann wirklich unsere Verantwortung oder eben das, was uns von einem Schicksal beschlossen worden ist, das seinen eigenen unvermeidlichen Lauf nimmt?

Die meisten Philosophen und Theologen sind Kompatibilisten gewesen und haben die Meinung vertreten, was auch immer die Freiheit des Menschen sei, so ist es am Ende doch Gott (oder die Natur), der bestimmt, wie die Dinge verlaufen. Die säkulare Version davon lautet, daß die Aktionen von unseren Genen oder Elektronen vorherbestimmt sind. Beide Versionen finden das Reden über Verantwortung, Belohnung und Strafe schwierig, wenn nicht geradezu unmöglich.

Prozeß-Philosophie

Es gibt im 20. Jahrhundert einen Philosophen, der die individuelle Freiheit in seiner Weltsicht in den Mittelpunkt gestellt hat. Es ist Alfred North Whitehead (1861–1947). Wenn Marx Hegel auf den Kopf gestellt hat, dann hat Whitehead ihm gewissermaßen den Kopf abgeschlagen oder zumindest dessen Fähigkeit, den Körper zu kontrollieren, weitgehend verringert. Whitehead behält den Hegelschen Rahmen grundsätzlich bei. Gott hat einen dreifachen Charakter, der von Whitehead als uranfänglich (*primordial*), folgerichtig (*consequential*) und als Eins und Vieles (*superjective*) bezeichnet wurde. Die ursprüngliche Natur stellt alle Möglichkeiten bereit, ist dabei aber nur „unzulänglich gegenwärtig". Die folgerichtige Natur ist die vervollkommnete Gegenwart der göttlichen Erfahrung, da alle historischen Ereignisse ins göttliche Bewußtsein eingehen. Die Natur als Eins und Vieles ist das, worin die vervollkommnete Natur in die zeitliche Welt zurückfließt, zugleich als Einfluß auf die Zukunft.

Hegels erster und dritter Moment des absoluten Geistes sind so beibehalten (nun ursprünglich und folgerichtig genannt), aber der zweite Moment ist radikal überarbeitet worden. Anstatt daß der Geist sich notwendig in der Geschichte verwirklicht, wird die Geschichte nun von einer unendlichen Anzahl freier schöpferischer Ereignisse geschaffen. In diesem Prozeß wird Gott darauf beschränkt, ihre Entscheidung in eine bestimmte Richtung zu beeinflussen oder zu „locken". Aber Gott bestimmt dabei nicht die Zukunft, hat nicht einmal große Kontrolle über sie. Gott ist der „große Gefährte – der Mitleidende, der versteht", nicht aber eigentlich der oberste Herr der Geschichte. Gott kontrollierte sonst alles. Nun aber muß Gott hart daran arbeiten, die Ereignisse zu überreden, Gottes gutem Rat zu folgen. Der Große Diktator ist zum Großen Überreder geworden, der zusieht, wie unendliche Anzahlen winziger Menschlein darüber entscheiden, wie die Zukunft sein wird, und Gott kann nichts tun, als dem zuzustimmen.

Diese Ereignisse sind gleichfalls winzig, und ein jedes existiert nur einen kurzen Augenblick. Dieser Teil von Whiteheads Denken stammt von Gottfried Leibniz (1646–1716), einem Wissenschaftler und Denker, der annahm, daß das Universum und alles und alle darin aus einer unendlichen Anzahl von Monaden bestünden. Jede Monade ist eine kleine Substanz, die das gesamte Universum von ihrem eigenen Standpunkt aus reflektiert. Die Monaden haben keine Fenster, so daß eine Art „prästabilierter Harmonie" zwischen ihnen herrscht, damit ihre jeweiligen kleinen Erfahrungen richtig miteinander korrelieren. Monaden sind in einer aufsteigenden Reihenfolge angeordnet: von sehr einfachen Monaden im Gestein bis zu sehr komplexen mit Gott an der Spitze. Menschen sind irgendwo in der Mitte – eine dominante Monade, wie wir uns selbst nennen, die Millionen kleinerer Monaden beherrscht, die unseren Körper ausmachen.

Whitehead nannte diese Monaden „aktuelle Gelegenheiten“ oder „Ereignisse“. Er setzte ihnen Fenster ein, damit sie wahre kausale Beziehungen untereinander eingehen könnten, und er setzte fest, daß jede nur einen kurzen Moment existieren könne, ehe sie untergehe. Was wir also die Welt relativ stabiler physikalischer Objekte nennen, ist tatsächlich eine schwindelerregende Reihe vergehender Monaden, von denen keine auch nur zwei Augenblicke dieselbe bleibt. Die scheinbare Stabilität rührt daher, daß jedes Ereignis die meisten seiner Eigenschaften seinem Nachfolger weitergibt. Jedes Ereignis „ergreift“ alle vorhergehenden Ereignisse oder empfängt Informationen von ihnen. Es integriert diese Informationen auf einzigartige Weise, von seinem eigenen Standpunkt aus. Dann – und dies ist Whiteheads neuer Vorschlag – organisiert jedes Ereignis durch einen winzigen Schöpfungsakt seine Daten in neuer Form und projiziert sie in die Zukunft. Da jedes Ereignis vergeht, gibt es den schöpferischen Fortschritt in Richtung Zukunft durch die Weitergabe neuer Informationen an seinen direkten Nachfolger. Die ganze Serie ist ein rezeptiver und kreativer Vorgang, an dem Millionen von Ereignissen beteiligt sind, auf vielen Ebenen der Komplexität und Organisation. Das nennt man oftmals die „Prozeß-Philosophie“.

Originell an Whiteheads Schema ist, daß alle kausale Arbeit von Millionen winziger Ereignisse verrichtet wird, die durch die ursprüngliche Natur Gottes koordiniert und zusammengehalten werden. Und das Kennzeichen des gesamten Prozesses ist Kreativität, die Tatsache also, daß wirklich neue und originelle Dinge in jedem Moment entstehen. Der Grad der Neuheit hängt von der Struktur und Komplexität der Ereignisse ab. Ereignisse in weiter außen gelegenen Räumen schaffen nicht dramatisch neue Dinge – zum Glück für die Naturgesetze, die immer noch ziemlich regelmäßig bleiben. Aber sehr komplexe Ereignisse in menschlichen Gehirnen zum Beispiel können radikal Neues und Schöpferisches hervorbringen, das nicht einmal von Gott vorhersehbar ist.

In der Welt A. N. Whiteheads kann es keinen Geist mehr geben, der seine eigene Natur im historischen Prozeß verwirklicht. Der Geist oder Gott gibt nur noch die Möglichkeiten und muß dann abwarten, welches der Millionen schöpferischer Ereignisse sich ereignen wird. Der Geist enthält die Ereignisse der freien Wahl und integriert sie in eine allgemein harmonische Erfahrung, um seinerseits dann diese Erfahrung zu benutzen, um die zukünftige Wahl der monadenhaften Ereignisse zu beeinflussen. Dieser Prozeß geht immerzu weiter, ohne Anfang oder Ende. So wird das Universum radikal offen und unvorhersehbar. Selbst Gott weiß nicht, was genau im nächsten Moment passieren wird. Da Gott aber die Möglichkeiten festlegt und selbst der große Einfluß darauf ist, wie die Dinge weitergehen, könnte es sein, daß die Dinge grundsätzlich doch besser werden. Es gibt aber kein endliches Ziel; nur den Prozeß, der unendlich neue Formen der Schönheit und Güte hervorbringt – aber auch, wie es scheint, neue Formen von Konflikt und Leiden, die durch wenig weise und egoistische Auswahl bewirkt werden.

Whiteheads Sichtweise ermangelt der erklärenden Vollständigkeit Hegels. So gibt es keine Erklärung dafür, warum die anfangs- und endlosen Reihen von Ereignissen überhaupt existieren. Es gibt keine Hoffnung auf eine letztliche Erfüllung aller Dinge, da Konflikte unvermeidlich scheinen, wo unendlich Handelnde ständig ihre eigenen schöpferischen Entscheidungen treffen und die Menschen sowieso nicht lange genug existieren, um ein Leben nach dem Tode zu haben. Sie existieren nicht einmal lange genug, um überhaupt ein Leben zu haben. Was sie haben, ist eine Folge augenblicklicher Leben, die sie irrtümlich das Leben einer zusammenhängenden Person nennen könnten. Selbst Gott scheint dazu verurteilt, der ewig Leidende zu sein, eine Art kosmischer Mülleimer, für all die Erfahrungen, die durch die zahllosen vergehenden Ereignisse aufgeworfen werden. Der Prozeß-Gott ist kein vollkommen glücklicher Gott – während Gott unserem Elend mitfühlend gegenübersteht, kann er doch nicht viel dagegen tun.

Wieso aber ist dann eine prozeßhafte Sichtweise Gottes bei vielen Christen so populär geworden? Zunächst einmal vielleicht deswegen, weil nur wenige Menschen Hegel lesen und verstehen. Natürlich versteht auch Whitehead keiner …

Zudem ist die Vorstellung eines Gottes, der leidet und sich wirklich in den Schmerz einfühlen kann, vielen Leuten sehr sympathisch. Wenn Gott ein Universum mit soviel Leid darin geschaffen hat, meinen viele Menschen, daß das kaum vollkommen sein kann, man es zudem auch kaum übersehen könnte.

Wiederum ist die Existenz von Leid leichter angesichts der Vermutung zu erklären, daß Gott dieses Leid gar nicht geschaffen hat. Es ist nur eben ein wesentlicher Teil des Prozesses, der sich aus der widerstreitenden freien Wahl von Millionen von tatsächlichen Ereignissen ergibt. In Gottes vervollkommneter Erfahrung mag dieser Schmerz wohl irgendwie gemildert sein, aber Gott hat sicherlich keinen Anteil daran, daß Schmerz und Leid überhaupt entstehen.

Eine weitere Stärke ist die, daß den individuellen Entscheidungen ihr volles Gewicht verliehen wird. Menschen sind verantwortlich für ihre Taten, und niemand, nicht einmal Gott, bringt sie dazu, so zu handeln, wie sie es tun. Ein Großteil des Bösen wird durch die freie Wahl der Menschen ins Leben gerufen, und selbst Gott kann nicht einfach diese Wahl ablehnen, um selbst eine perfekte Welt zu machen. Schöpferkraft wird von grundlegender Wichtigkeit, aber Zerstörung ist trotzdem immer und weiterhin eine Möglichkeit für radikal freie Handelnde, so daß die Zukunft in unserer Verantwortung ist und bleibt.

Die Idee eines Gottes, der eher durch Liebe überzeugt als durch tyrannische Herrschaft, hat sich für viele als attraktiv erwiesen. Hier ist ein Gott der Geduld, der Ermutigung und der Gesellschaft, der uns auf unserer Reise helfen kann, uns aber nie dazu veranlaßt, gerettet oder verdammt zu werden. Die lutherische Idee der Kenosis findet einen philosophischen Ausdruck in der Prozeß-Sicht, daß Gott nicht unbegrenzte Macht oder unbegrenztes Wissen besitzt. Gott teilt die kreatürliche Erfahrung in ihrer ganzen tragischen Dimension und will sie zur Güte bewegen, sofern sie dem Ruf zur Liebe überhaupt folgen will.

Endlich wird, da Gott der allumfassende Geist ist, der nichts vergißt, alles Gute auf immer in der göttlichen Erinnerung aufbewahrt. Whitehead nennt das die „objektive Unsterblichkeit“, was besagen will, daß man nicht für immer lebt, Gott sich aber auf immer erinnern wird, daß man gelebt hat. In diesem Sinne ist nichts, was man getan hat, vergeblich. Es wird seinen Anteil an der Ausbildung der Zukunft durch endlose Zeiten haben, und es wird nicht einfach in der Nichtexistenz verschwinden. Für viele Menschen ist das Unsterblichkeit genug. Dies ist selbst dem Gedanken vorzuziehen, man hätte etwas Bestimmtes für Milliarden und Abermilliarden von Jahren zu tun.

Der Zusammenbruch der metaphysischen Vision

Der Hegelsche Idealismus (der so genannt wird, weil er die gesamte materielle Welt zu einer Erscheinung des reinen Geistes macht) und die Prozeßphilosophie sind im Detail sehr unterschiedlich. Bei der ersteren ist der Geist das eine, letzte, verursachende Prinzip, die *causa efficiens*, die sich in den zeitlichen Ereignisse ausdrückt, um so ihre wahre Vollkommenheit zu erlangen, die das Wissen um ihre verwirklichte Natur ist. Bei letzterer gibt es Milliarden letzter Ursachen, alle Ereignisse nämlich, die das Universum ausmachen, und es gibt keinen endlichen vollkommenen Zustand, sondern nur die ewig neue, schöpferische Verwirklichung von Werten innerhalb der endlosen Zeit. Gott ist die Totalität des Prozesses, eine überzeugend allumfassende Einheit mit einer ewigen, abstrakten Natur; dabei ist Gott aber nicht der letzte Grund.

Trotzdem haben diese beiden Denkschulen gemein, daß Zeit, Veränderung, Schöpfertum und Geschichte von einer Wichtigkeit sind, die ihnen bei Platon nicht zukam. Sie verleihen den Menschen eine aktivere und dynamischere Rolle bei der Verwirklichung oder Behinderung der Absichten des göttlichen Wesens. Und sie sehen Gott so, daß Gott mehr eingebunden ist in die Leiden und Kämpfe der Geschichte, als das unbewegliche und gefühllose höchste Wesen Platons und Aristoteles' es je sein konnte.

Die Götter der *Ilias* waren überführt worden, in ihrer willkürlichen Gleichgültigkeit abgesetzt, fanden aber dafür ihre Erfüllung in den Andeutungen eines Lebens jenseits von Unrecht und Schmerz. Der Gott des klassischen Denkens war aus seinem paradiesischen Leben der Selbstbetrachtung in eine echte Beziehung mit den Freuden und Leiden der Welt gelockt worden. Gegen Ende des zweiten Jahrtausends waren die vielen geistigen Kräfte und Haltungen des alten Griechenland in den allumfassenden absoluten Geist umgewandelt worden, der in die Leiden und Kämpfe der zeitlichen Wesen eintritt, die sich abmühen, Werte innerhalb einer Welt der Kämpfe und des Verfalls zu schaffen. Der gesamte historische Prozeß erhält transzendente Bedeutung, indem er in das vervollständigte Bewußtsein oder die folgerichtige Natur des absoluten Geistes gehoben wird, die die gesamte Zeit und Geschichte ausbreitet.

Nach diesem Bild ist das wahrhaft menschliche Leben eines der Wahrnehmung und Verehrung der Güte in all ihren Formen; auch der Dankbarkeit dem Ursprung der Güte gegenüber, die von sich aus im höchsten Grad erstrebenswert ist; der Verpflichtung des Selbst, neue und einzigartige Formen der Güte angesichts von Leid und Kampf zu schaffen und zu verehren; schließlich eines der Vermittlung der göttlichen Versöhnungsmacht, die, obwohl meist versteckt und uneindeutig, den historischen Prozeß entweder antreibt oder zumindest überzeugt; am Ende dann eines der Suche nach endlicher Vervollkommnung unseres Lebenskampfes in Gott, wenn alle Geschichte in Ewigkeit verwandelt ist.

Durch das Gesetz der historischen Dialektik ist jedoch jede Position dazu bestimmt, sich in ihr Gegenteil zu verwandeln. Und fast unmittelbar, nachdem dieses Gottesverständnis verbreitet war, begann es auch schon zu kollabieren.

Nun, da diese Zeilen ungefähr ein Jahrhundert später geschrieben werden, ist dies eine Überzeugung, die nur von einer kleinen Minderheit vertreten wird. Es ist wahrscheinlich, daß die meisten Menschen nicht wissen, daß dies die herrschende philosophische Ansicht am Beginn des zwanzigsten Jahrhunderts in Deutschland wie in England war. Ihr Zusammenbruch war plötzlich und vollständig. Die bloße Erwähnung der Namen von Hegel oder Whitehead wird wahrscheinlich nur ein wissendes Lächeln bei denen hervorrufen, die mit neuester Philosophie bekannt sind.

Dem absoluten Geist wurde nicht einfach die Existenz abgesprochen. Er verschwand bloß, von Kräften untergraben, die weit tiefer waren als das intellektuelle Streitgespräch. Diese Kräfte sind nirgendwo besser ausgedrückt als in Matthew Arnolds Gedicht „Dover Beach“:

> Das Meer des Glaubens
> War einst gleichfalls erfüllt, und an allen Meeresgestaden
> Lag es wie die Falten eines glänzenden Gürtels, zusammengerollt.
> Nun aber höre ich einzig
> Das traurige, lange Rauschen des Rückzugs.
> Ein Rückzug hin zum Atem
> Des Nachtwinds an den unermeßlichen Küsten mit den
> Trüben und nackten Kieseln der Welt.
>
> Ach, Liebe, laß uns einander
> Wahr sein! Denn die Welt, die vor uns
> Zu liegen scheint wie ein Traumland,
> so reich, so schön, so neu,
> hat wahrhaft weder Freude, noch Liebe, noch Licht,
> Noch Gewißheit, noch Friede noch Hilfe im Schmerz,
> Und wir sind hier wie auf dunkler Flur,
> Voll verwirrter Sorge um Streit und Flucht,
> Wo unbekannte Armeen nächtens zusammenprallen.

Zur weiteren Lektüre

Die Darstellung zu Hegel basiert großenteils auf der *Phänomenologie des Geistes*, Ditzingen 1988.

Von Marx ist in diesem Zusammenhang besonders lesenswert die mit Friedrich Engels verfasste *Deutsche Ideologie*, Berlin 2004.

A. N. Whiteheads Hauptwerk ist: *Prozeß und Realität*, Frankfurt a.M. 1979.

Eine gute Einführung in das Prozeßdenken ist: John Cobb und David Griffin, *Process Theology: An Introductory Exposition*, Philadelphia 1976, siehe dazu außerdem: Roland Faber, *Gott als Poet der Welt. Anliegen und Perspektiven der Prozesstheologie*, Darmstadt 2004.

6. Die Dunkelheit zwischen den Sternen

Worin der Leser einen radikalen Unterschied zwischen den wissenschaftlichen Fakten und den religiösen Überzeugungen entdecken wird und auch, wie weit Kierkegaard sprang und welche Sprachspiele Wittgenstein nicht spielte. Der Leser wird die Nützlichkeit des Betens, ohne dabei an Gott zu glauben, herausbekommen und warum Geistliche bei Beerdigungen keine Zeit damit verschwenden, die Chancen ihrer Kundschaft zu berechnen, ob sie in den Himmel kommen; und die Leser werden gewahr werden, daß die sogenannte radikale Theologie und die sogenannte traditionelle Theologie näher beieinander sind als jede der beiden dem volkstümlichen Gottesglauben.

Zwischen Hume und Pascal: Glaube und Skeptizismus

„Greifen wir irgendeinen Band heraus, etwa über Gotteslehre oder Schulmetaphysik, so sollten wir fragen: Enthält er irgendeinen abstrakten Gedanken über Größe oder Zahl? Nein. Enthält er irgendeinen auf Erfahrung beruhenden Gedankengang über Tatsachen und Dasein? Nein. Nun, so werft ihn ins Feuer, denn er kann nichts als Blendwerk und Täuschung enthalten" (David Hume [1771–76], *Eine Untersuchung über den menschlichen Verstand*, Section 12).

So warf der große schottische Philosoph den Fehdehandschuh allen spekulativen Theologen und bedeutenden metaphysischen Schemata vor die Füße; Hegel und Whitehead werden den Flammen überantwortet, zumindest ihre Bücher. Was bleibt, sind Mathematik und Experiment, die beiden Säulen, auf denen die wissenschaftliche Methode letztlich ruht.

Hume war sich des Paradoxons sehr wohl bewußt, daß, wenn jemand seiner Feststellung zustimmte, keiner je das Buch läse, in dem diese Feststellung stand. Denn sie hätten das Buch längst verbrannt, da es weder von Mathematik noch experimenteller Wissenschaft handelte. Aber Hume akzeptierte Paradoxa ohne weiteres – er konnte natürliche Notwendigkeiten nicht an Dingen demonstrieren, glaubte aber, daß es solche Notwendigkeiten gebe. Er war auch nicht der Meinung, daß er so etwas wie ein fortgesetztes Selbst hätte, glaubte aber dennoch, er sei ein solches. Er konnte keinesfalls in der Vorstellung einer fortgesetzten Substanz einen Sinn erkennen, glaubte aber, daß Bäume und Sessel und Häuser gleichwohl weiterleben würden. Er konnte nicht einmal das Denken rechtfertigen, daß die Zukunft wie die Vergangenheit vernünftig seien, zögerte aber nicht, morgens aus dem Bett aufzustehen, ohne sich zu fragen, ob der Fußboden noch da sei. So viel Glauben von solch einem Skeptiker war nur aufzulösen, indem man, wie Hume sagte, Backgammon spielte und sich mit den Freunden vergnügte.

Manche Menschen glauben, die Aufklärung wäre eine Zeit der europäischen Geschichte gewesen, als die Philosophen die Autorität der Religion zurückwiesen und die Vernunft an die Stelle Gottes setzten, als höchste Autorität, die zu universellem Frieden und Toleranz führen würde. Das war allerdings kein sehr genaues Bild. Überall gab es Rationalisten im siebzehnten und achtzehnten Jahrhundert – Descartes, Leibniz und Spinoza könnten auch als solche bezeichnet werden. Aber der größte Rationalist aller Zeiten war Anselm von Canterbury aus dem elften Jahrhundert, der selbst durch den Verstand beweisen konnte, wie viele Menschen gerettet würden (so viele, wie es gefallene Engel gab), und der Gott erklären konnte, warum Gott Mensch werden und warum Gott ganz einfach da sein mußte. Rationalismus, die Überzeugung, daß es für alles einen Grund gibt – den wir auch herausarbeiten können –, ist keineswegs anti-religiös. Tatsächlich dachten all die genannten Denker, sie könnten beweisen, daß Gott existiert. Für einen Rationalisten ist der Gedanke sehr natürlich, das ganze Universum sei ein Produkt des Verstandes, und was kann das anderes als Gott sein?

Es ist also nicht der Rationalismus, der den Glauben an Gott aushöhlt. Sondern es ist der Verdacht, es sei die Vernunft, die das leistet. David Hume war kein Rationalist, obwohl er eine der größten Gestalten der englischen Aufklärung ist. Er ist ein Mann, der glaubte, die Vernunft sei „der Sklave der Leidenschaften". Sie könne nichts beweisen. Das Leben der Menschen müsse also durch den gesunden Menschenverstand geleitet werden sowie durch vernünftige und menschliche Leidenschaften.

Selbst Hegel ist nicht der Rationalist, für den ihn manche halten. Es stimmt schon, er sagte wohl: „Das Reale ist das Rationale, und das Rationale ist das

Reale" – eine jener Bemerkungen, die Politiker ihr ganzes Leben nicht loslassen. Man muß aber sehen, daß für Hegel das Verständnis etwas ist, das die Dinge durch Begriffe erfaßt, während die Vernunft eine viel phantasiereichere und intuitive Fähigkeit ist, die jene Widersprüche zusammenhalten kann, die das Verständnis aufbaut, wenn es über die höchste und letzte Wirklichkeit nachdenkt. Hier stimmt Hegel mit Hume überein, sagt aber zudem, die Vernunft könne die Widersprüche des begrifflichen Denkens in einem intuitiven Erfassen höherer Einheiten transzendieren, die nur poetisch ausgedrückt werden können (oder in der Sprache Hegels, die aber den gewöhnlichen Sterblichen unverständlich ist).

Der Krieg war also nicht der zwischen Vernunft und Religion. Er war zwischen der Skepsis an der Vernunft, die am Ende die rationale Aktivität auf die Welt der experimentellen Beobachtung beschränkt – und dem Bestehen darauf, daß man immer noch bedeutungsvoll über Dinge reden könne, die die Vernunft nicht zu begründen in der Lage sei. Es war also, ironisch gesprochen, ein Krieg zwischen zweierlei Skeptizismus – einem, der so skeptisch ist bezüglich dessen, was der Vernunft möglich ist, daß er sie ernsthaft auf die empirische Beobachtung beschränkt; und einem anderen Skeptizismus, der so skeptisch bezüglich der Grenzen der Vernunft ist, daß er frohgemut behauptet, „das Herz hat seine Gründe, welche die Vernunft nicht kennt" (Pascal, 1623–62, *Pensées* XVII, 5).

Welche Skepsis gewinnt nun? Wenn man wirklich skeptisch ist bezüglich der Vernunft, gibt es keinen Grund, darauf zu vertrauen, es wäre vernünftiger, sich an experimentelle Beobachtungen denn an metaphysische Theorien zu halten. Theoretisch gewinnt also Pascal. Die Vernunft kann uns nicht sagen, wir sollten uns an experimentelle Beobachtungen halten, und auch nichts anderes kann uns das nahelegen – vor allem, weil wir, selbst wenn wir ebenfalls zu dieser Entscheidung kommen, uns dabei auf keinerlei Experiment verlassen. Welches Experiment könnte uns denn sagen, es wäre vernünftiger, sich an klare Fakten zu halten als den Leidenschaften des Herzens zu folgen? Wieso sollten wir überhaupt an die Vernunft appellieren, um solche Fragen entscheiden zu können? Wir spüren allmählich die Kraft von Kants Bemerkung, daß das Entsagen vom Wissen in der Tat Raum gibt für den Glauben. Wenn wir die Leidenschaft des Glaubens haben, wieso ihr dann nicht folgen?

In der Praxis aber haben Hume und Kant gewonnen, und zwar mit ihrem leidenschaftlichen Bestehen darauf, daß das Wissen auf Erfahrung und Experiment beschränkt bleibt. Das Problem ist, daß, wenn wir erst einmal über die Erfahrung hinausgehen, es dort so viele unterschiedliche Sichtweisen gibt, die aber wenig Auswahl bieten. Und vielleicht können wir ja auch ohne eine von ihnen leben, da die Wissenschaft uns in die Lage versetzt, die Natur genügend zu verbessern, daß sie all unseren Bedürfnissen ohne Rekurs auf den Glauben entspricht. Um es deutlich auszudrücken: Gebete für die Fruchtbarkeit des Korns mögen wohl helfen, aber Dünger ist effizienter.

A. J. Ayer: der Tod der Metaphysik

Francis Bacon (1561–1626), einer der wichtigsten Pioniere bei der Formulierung des neuen wissenschaftlichen Naturbildes, schrieb in der *Proficience of Advancement of Learning* (1605), daß Wissenschaft anders als die Philosophie kumulatives Wissen biete, das nützlich sei für die „Erleichterung des Zustandes der Menschen". Philosophie scheint nur endlose Streitgespräche zu bieten, ohne daß man dabei einen Blumentopf gewinnt. Die Wissenschaft mußte also den Sieg davontragen. Sie brachte Zustimmung, immer weiter anwachsendes Wissen und schließlich Dampfmaschinen und Fernsehen, Wasserspülung und Brot in Scheiben.

Wenn man aber das menschliche Wissen auf das Zählen und die Beobachtung der Sinne beschränkt, wie Hume es vorschlug, sind die Möglichkeiten des Nachdenkens über Gott abrupt beschnitten. Gott kann weder gezählt noch experimentell erfahren werden, weshalb man nicht länger von Gott sprechen kann. Und was ist die Natur ohne Gott? Sie kann dann nicht länger als Erscheinung angesehen werden, die eine tiefere geistige Wirklichkeit verbirgt. Sie muß das sein, als was sie dem Experimentalisten erscheint: ein Objekt, an dem Experimente stattfinden müssen, wo gewogen, gemessen und notfalls abgetrennt wird. Die Natur wird, mit einem Wort, entpersonalisiert, von allen Spuren einer zugrundeliegenden Persönlichkeit befreit, seien es die griechischen Götter, der jüdische Gott, Thomas von Aquins Unbewegter Beweger oder Hegels Geist. Und was passiert dann, wenn dieser Prozeß vervollständigt ist?

Als ich jung war, hatte ich einen Philosophielehrer, der für seine Behauptung bekannt war, die Metaphysik sei tot. Metaphysik, die aus einer spekulativen Theorie über die Natur der höchsten Wirklichkeit bestand, war nicht nur tot, sondern hatte nie wirklich existiert. Ihre Theorien waren durch Experimente nicht nachprüfbar. Daher waren sie eigentlich keine richtigen Theorien. Strenggenommen waren sie bedeutungsloser Unsinn. Dieser Lehrer meinte, eine Behauptung müsse, um eine Bedeutung zu haben, verifizierbar sein, zumindest aber falsifizierbar. Das heißt, es müßte einige mögliche Beobachtungen geben, die sie als richtig oder falsch erweisen würden. Wenn man derartige Beobachtungen nicht ersinnen könnte, wäre jede Feststellung und Bemerkung bedeutungslos. Sie besagten gar nichts, und daher existierten sie nicht. Daher hätte auch die Metaphysik nie wirklich existiert – was da existiert hatte, war die Illusion, daß Unsinn auf eine merkwürdige Art sehr tiefschürfend sein konnte.

Heidegger gilt gewöhnlich als der größte Erfinder von Unsinn in der Geschichte des menschlichen Denkens, schlimmer noch als Hegel. Heideggers Feststellung, als er über die Frage sprach, was das Nichts tue, daß nämlich *das Nichts nichtet*, galt als Paradigma des Unsinns. Keine Beobachtung konnte je erweisen, ob Heideggers Aussage richtig oder falsch war. Genausogut könnte man sagen: „Das Universum ist ein großes rundes Stück Käse ohne Käse." Vielleicht könnte das ja irgendwo als tiefgründige Aussage aufgefaßt werden, einer frommen Meditation würdig. In unseren aufgeklärten Zeiten erkennen wir, daß diese beiden Aussagen gleichwertig sind, da beide bar jeglichen Sinnes sind.

Einst fragte ein Student seinen Lehrer, ob man eine allgemeine Aussage über bedeutungsvolle Aussagen machen könne. „Ja", war die Antwort. „Man kann sagen, daß alle bedeutungsvollen Aussagen im Prinzip verifizierbar sein müssen." „Ich verstehe, was Sie meinen", sagte der Student. „Aber wie kann ich das verifizieren?" „Ich bin froh, daß Sie das gefragt haben", sagte der Philosoph. „Man kann es nicht verifizieren. Aber es ist auch eigentlich keine bedeutungsvolle Aussage; es ist nur eine Regel für den Sprachgebrauch." „Wessen Regel?" „Nun, es ist meine Regel. Sie ist sehr nützlich. Wenn Sie sie benutzen, werden Sie mir vollständig zustimmen. Und das wäre sehr nützlich, denke ich."

Aber nicht jeder war der Meinung, daß das so nützlich wäre. Tatsächlich hat der Philosoph mit dem Namen Alfred Jules Ayer (1910–1989) nicht einmal sich selbst zugestimmt. (Sein Büchlein *Language, Truth and Logic* ist eine klare und lesbare Darstellung dessen, was er den „logischen Positivismus" nannte; es gibt eine gute Darstellung des Verifizierungsprinzips und der Ansicht, daß über Gott zu reden sinnlos sei.) Ayer sagte gegen Ende seines Lebens, das einzig Falsche an seiner frühen Philosophie sei, daß sie komplett falsch und unangebracht sei. Wenn man das etwas weniger technisch ausdrückt, müßte das Verifikationsprinzip, um nützlich zu sein, in einem sehr weiten Sinn gefaßt werden. Bedeutungsvolle Aussagen müßten so geartet sein, daß einige Beobachtungen im

Prinzip Bezug haben müßten zur Wahrheit oder Falschheit der Aussagen. Und diese Definition ist wiederum so weit gefaßt, daß sie fast alles einschließt, einschließlich Gott und auch Hegel.

Ayer fuhr fort zu denken, daß Aussagen über Gott nichtssagend seien. Obwohl er sie durchaus als erklärende Theorien gelten ließ, war er doch nicht der Meinung, sie könnten tatsächlich etwas erklären. Wenn man ein Ereignis, vielleicht einen Gewittersturm, dadurch erklärt, daß man sagt: „Gott hat das gemacht", hat man eigentlich nichts erklärt.

Damit hat Ayer recht. Wissenschaftliche Erklärungen helfen uns, unter kontrollierten Bedingungen Ereignisse vorherzusagen, zu kontrollieren und zu wiederholen. Über Gott zu reden leistet nichts davon, weil die Absicht Gottes uns nahezu vollständig unbekannt bleibt. Es wäre in der Tat ein Unterschied, wenn es einen Gott gäbe, der eine Absicht hat, aber diese Theorie können wir nicht benutzen bei der Voraussage, was wohl als nächstes passieren könnte. Als wissenschaftliche Hypothese ist Gott vollkommen sinnlos.

Wissenschaftliche Hypothesen und existentielle Fragen

Aber vielleicht soll Gott ja auch keine wissenschaftliche Hypothese sein. Wir übernehmen die wissenschaftliche Sprache meist nur, weil sie nützlich ist für die „Erleichterung der Lage der Menschen". Die Sprache über Gott mag auf andere Art nützlich sein. Natürlich wollen wir, daß unsere Lage erleichtert wird. Wir wollen mehr Gesundheit, Muße und Freiheit. Was aber tun wir, wenn wir das alles haben? Bleiben keine Fragen übrig, auch wenn wir alle erwünschten materiellen und sozialen Dinge haben – Fragen über den Sinn unseres Lebens, dessen Bedeutung und Wert? Brauchen wir nicht Redeformen, die diese Fragen stellen?

Solche Fragen haben ja vielleicht keine Antworten im Sinne anerkannter und wohlfundierter Lösungen, die weiterem Fragen ein Ende machen. Vielleicht liegt ihre Bedeutung im Fragen selbst, im Nachdenken über unser Leben und dessen Bedeutung, im Prozeß dessen, daß wir uns selbst in Frage stellen.

Solche Fragen sind real und zudem von schwerwiegender Bedeutung. Sie müssen jedoch im Zusammenhang mit einer Welt stehen, die durch die experimentellen Wissenschaften aufgedeckt wurde. Und diese Welt erweist sich als ganz anders als die traditionelle Sicht auf das Universum, die als zutiefst absichtsvolle und moralisch geordnete Übertragung in die Materie ansah, was zuvor im Geiste des Allerhöchsten schon existierte. Diese traditionelle Sicht wurde dann durch zwei Hammerschläge erschüttert. Zunächst hat Isaac Newton, ein gläubiger Anhänger Gottes, die Absicht aus der Natur vertrieben und sie unpersönlichen und absoluten Gesetzen unterworfen. Das brachte viele Autoren dazu, die Vorstellung Gottes als großen Planer und kosmischen Uhrmacher enthusiastisch anzupreisen, der das Universum ausgelöst hatte und dessen Rolle im wesentlichen auf die Garantie beschränkt war, daß alles im Rhythmus bliebe (da Gott die Zeit schuf, war das leicht). Wenn Gott auf besondere Art handeln wollte, mußte Gott eben die Gesetze brechen, die Gott gemacht hatte, was aber ungerecht schien und zudem nicht sehr logisch. Es war unvermeidlich, daß das geschah, kurz bevor der Uhrmacher in Pension geschickt wurde, als unnötiges Anhängsel der wissenschaftlichen Gesetze, die sich vollkommen von selbst erklärten.

Zweitens hat uns Charles Darwin, der gleichfalls kein richtiger Atheist war, eine Darstellung der Evolution durch natürliche Auslese gegeben. Diese machte die gesamte Existenz der Menschen einem Zufall im kosmischen Ausmaß ähnlich, als Ergebnis von Millionen zufälliger Mutationen, die durch erbarmungslosen Wettbewerb ausgesucht wurden, und zwar zum Preis von Millionen von Vernichtungen und fast universellem Leid und Tod. Der weise, liebende Gott, der alles gut erschuf, wurde durch ein Universum ersetzt, dessen Vorgänge unpersönlich, zufällig und gleichgültig gegenüber Glück wie Schmerz sind. Weit davon entfernt, die Krone und der Ruhm der Schöpfung zu sein, wurden die Menschen zum verrückten Zufall mit vorübergehender und flackernder Existenz am Rande des galaktischen Weltraums.

Matthew Arnolds Gedicht „Dover Beach“ wurde acht Jahre nach der Veröffentlichung von Darwins „Entstehung der Arten“ geschrieben. Auch wenn es keinen Beweis eines direkten Einflusses gibt, ist es doch kaum zufällig, daß Arnold schreibt, dieses Leben habe „weder Freude, noch Liebe, noch Licht, noch Gewißheit, noch Friede noch Hilfe im Schmerz“. Oder ist dies ein übermäßig pessimistischer Ausblick, auch wenn es keinen Gott gibt und das Universum so sein sollte, wie es Newton und Darwin sagen? Die Menschen können beim Gedanken eines riesigen, unpersönlichen Universums – wo keine offenkundige Absicht von der Wissenschaft entdeckt wird wie auch keinerlei Sorge um die Belange der Menschen – depressiv werden. Andererseits können sie auch depressiv werden beim Gedanken an einen Gott, der immer beobachtet, was sie machen und dessen Sorge alle Originalität und jedes Abenteuer erstickt.

Könnte es nicht möglich sein, dem Universum ins Gesicht zu sehen, so wie die experimentelle Wissenschaft es tut? Ein riesiges System unpersönlicher Gesetze, in dem die Menschen existieren, ist durch eine fast verrückte Serie von Zufällen entstanden und wird unvermeidlich abnehmen und sterben, wenn es seine Energie verliert. Und dabei wird es alle Arten von Leben auslöschen, die es je geschafft haben, in diesem Universum zu leben – ist es also möglich, diesem Universum direkt ins Gesicht zu schauen und dann immer noch optimistisch und freudig zu bleiben?

Ist es also nicht ziemlich seltsam, wenn jemand sagt: „Ich bin schrecklich deprimiert. Merkst du eigentlich, daß alles Leben zu einem Ende kommt und ins Nichts vergeht? Die Erde wird in fünf Milliarden Jahren von der Sonne verschlungen, und alle menschlichen Bestrebungen und Ideale werden untergehen."? Fünf Milliarden Jahre? Was macht das schon aus? Was war denn *vor* fünf Milliarden Jahren? Sicher nichts, was einem menschlichen Wesen ähnelte. Ist das deprimierend? Tatsache ist, daß wir jetzt hier sind. Wir werden sterben. Wir müssen das Beste aus dem machen, was wir haben. Fünf Milliarden Jahre sind weit über unserem Horizont, und wir würden besser fragen, wie wir mit der Gegenwart und der unmittelbaren Zukunft zurechtkommen. Die könnte sehr gut sein, auch wenn sie mit dem Tode endet, natürlich.

Es ist schon ziemlich komisch, daß jemand deswegen deprimiert sein sollte, was einer unbekannten Rasse in fünf Milliarden Jahren zustößt, wenn man eher daran denken sollte, was eigentlich ein paar Lebensjahre hier auf der Erde sind. Natürlich wird das sein Ende haben. Aber warum nicht den Moment ergreifen und genießen, was sich gerade jetzt anbietet, anstatt zu sagen; „Ach, es endet ja doch alles in Tränen." Tatsächlich? Wird es in Tränen enden oder vielleicht auch in dem Gefühl, daß man gut gelebt und genug gehabt hat? Ja, der Gedanke an den Tod deprimiert einen leicht. Aber, wie schon der Philosoph Boethius vor langer Zeit gesagt hat – und er sah es als eine der größten Tröstungen der Philosophie an –, ist der Tod wirklich so viel anders als der Schlaf, als ein Aufhören des Bewußtseins, als Ruhe von den Schmerzen und Erlösung vom Kampf? Wenn wir eine wirklich gute Zeit haben oder vielleicht auf einer Party sind, sagen wir dann: „Ach, es wird ja doch alles aufhören. Heute muß ich schlafen gehen. Bewußtlosigkeit wird die Sonne auslöschen. Wie tragisch, daß jeder Tag in Schlaf endet."? Ganz im Gegenteil, wir könnten spüren, daß ein Schläfchen ab und zu etwas Gutes ist. Und so ist vielleicht auch der Tod. Das Leben kann gut, aufregend und dynamisch sein. Aber wenn man älter wird, wenn man das

Glück hat, alt zu werden, werden die Möglichkeiten des Lebens geringer, und endlich ist man erlöst, daß man die Bürde abgeben kann. Jedes Leben hat seine ihm gemäße Aufgabe, seine gebührenden Momente, und dann ist die eigene Zeit vorbei. Ist das deprimierend? Oder ist es nicht Gelegenheit für eine gewisse Befriedigung darüber, daß etwas getan wurde und nun die Zeit vorbei ist?

Selbst Nietzsche, kein Liebhaber der Religion, sagte: „Das Himmelreich gehört den Kindern" (*Der Antichrist*, Aphorismus 32). Es ist kein zukünftiger Zustand oder einer nach dem Tode. Können Frieden und Hilfe gegen Schmerz nicht hier gefunden werden, wenn das Herz den gegenwärtigen Moment als Sakrament der Ewigkeit akzeptiert? Und wenn das möglich ist, was macht es dann aus, ob es heute nacht oder in fünf Milliarden Jahren passiert? Manche Menschen klagen, daß sie nicht für immer leben werden, wissen aber nicht, was sie an einem regnerischen Sonntagnachmittag machen sollen. Wenn man hier und heute gelangweilt und deprimiert ist, wird ein ewiges Leben alles nur noch endlos schlimmer machen. Wenn man hier und jetzt glücklich und schöpferisch ist, braucht man keine Entschädigung für vergangene Schmerzen und kann die Zukunft bringen lassen, was sie mag. „Ausreichend bis zum Tag ist das Böse." Wie die große indische Schrift, die *Bhagavadgita* (2, 71) es sagt: „Der Mann, der jeden Wunsch aufgab und nichts verlangend lebt dahin, / Von Eigennutz und Selbstsucht frei, der geht zum Seelenfrieden ein."

Vielleicht können Friede und Hilfe gegen Schmerz erreicht werden, wenn man lernt, auf Verlangen, Ehrgeiz, Besitz und Stolz zu verzichten. Oder vielleicht, wie Nietzsche sagte, ist eine sogenannte buddhistische Lösung tatsächlich eine Negation des Lebens; man sollte aber nach Freiheit, Schönheit und dem Willen zur Macht streben. Es gibt unterschiedliche Lösungen für die Fragen des Lebens, eine jede von ihnen spiegelt die existentielle Auswahl wider, die wir für uns selbst treffen und für unsere Lebensart. Die Fragen sind keine wissenschaftlichen, und die Widerspiegelung geschieht nicht durch Messen und Experiment. Wir sind heute auf einem anderen Niveau als dem der Beobachtung und des Experiments; heute sind wir persönlicher, mehr eingebunden, leidenschaftlicher und subjektiver. Doch genau das ist der wichtigste Bereich für das Leben der Menschen; es ist der Bereich von Herz und Willen. Dies ist der Bereich – keiner der wissenschaftlichen Beobachtung oder der intellektuellen Hypothese –, wo Worte über „Gott" zu hören sind, seien sie leidenschaftlich akzeptiert oder zurückgewiesen.

Kierkegaard: Wahrheit als Subjektivität

So wies auch Søren Kierkegaard (1813–1855) die spekulative Metaphysik Hegels ab, die er „das System“ nannte. „Der Verfasser dieser Zeilen“, so Kierkegaard, „hat von dem System wenig verstanden, weiß nicht, ob es überhaupt existiert, ob es abgeschlossen ist; sein schwacher Kopf hat schon genug an dem Gedanken, welch ungeheuren Kopf ein jeder in unserer Zeit haben muß, da jeder einen so ungeheuren Gedanken hat“ (Vorwort zu *Furcht und Zittern*).

Das Problem mit Systemen besteht darin, daß sie so sehr groß sind. Wie können solch phantastischen Systeme aus solchen niedlichen, kleinen Tieren stammen, die an der Oberfläche eines kleinen Planeten herumschlurfen? Welche Hoffnung haben wir, solche Systeme in Gang zu bringen? Außerdem müssen sie, eben weil es intellektuelle Hypothesen sind, einen provisorischen Charakter haben, eine gewisse Vorläufigkeit. Religiöser Glaube aber, zumindest nach Kierkegaard, ist eine Sache der absoluten Hingabe. Wenn man in die Kirche geht und der Pfarrer sagt: „Ich bin mir zu 56% sicher, daß es einen Gott gibt, obwohl die Argumente sehr fein ausbalanciert sind“, wird er dann auch sagen müssen: „Laßt uns beten, mit einer 56prozentigen Wahrscheinlichkeit, erhört zu werden.“? Oder sollte er sagen: „Laßt 56% von uns beten.“? Oder vielleicht: „Laßt uns beten mit 56% Aufmerksamkeit.“?

Es ist schon seltsam, den Glauben an Gott zu einer Sache der Wahrscheinlichkeit oder der Spekulation zu machen. Ein solcher Gott wird immer umstritten sein, und wir müßten immer nach neuen Argumenten Ausschau halten, die die Wahrscheinlichkeit Gottes vergrößern oder verkleinern könnten.

Tatsache ist, daß wir die Existenz Gottes nicht als Tatsache im gewöhnlichen Sinn ansehen. Wir schicken keine Suchmannschaften – obwohl der erste Mensch im Weltraum, Juri Gagarin, berichtet hatte, daß es keinen Gott gebe, der die Erde umkreise. Wir führen keine Experimente aus, um herauszufinden, ob es ein Unterschied ist, ob es Gott gibt oder nicht (nun, manche Menschen machen das ja, aber auch daran ist etwas Merkwürdiges, gar Abstoßendes).

Francis Galton hat einmal versucht, die Anzahl der Gebete für die königliche Familie Englands mit ihrer allgemeinen Gesundheit und Langlebigkeit in Beziehung zu setzen. Er kam zu dem Ergebnis, daß dabei ein negatives Verhältnis herauskäme: Je mehr für die Royals gebetet wurde, desto schneller schienen sie wegzusterben. Natürlich kann es sein, daß die Gebete nicht intensiv genug waren. Oder die Royals wären noch jünger gestorben, wenn nicht für sie gebetet worden wäre. Oder sie fühlten sich vielleicht auch besser, als sie starben. Der Beweis ist schwer einzuschätzen.

Für Kierkegaard wären solche Vorgänge lächerlich. Der Glaube an Gott beruht nicht auf der Anzahl der von uns gesammelten Beweise, daß er unsere Gebete erhört. Der Glaube braucht keine Beweise. Er ist eine „objektive Ungewißheit, festgehalten in einem Aneignungsprozeß der leidenschaftlichsten Innerlichkeit".

Man kann andere Leute fragen, ob sie der Meinung seien, es gebe einen Gott, und sie geben vielleicht eine ruhige, leidenschaftslose, gemessene Antwort. Wenn man aber fragt: „Glauben Sie wirklich an Gott?", stellt man eine andere Frage. Es ist nicht wie: „Glauben Sie an Märchen?" Es ist auch nicht, als sagte man: „Ich stimme jedem zu, daß es Bäume und Häuser und Stühle und Menschen gibt. Ich habe aber noch einen zusätzlichen Glauben, daß es zusätzlich zu allem einen Gott gibt." An Gott zu glauben heißt nicht, zu glauben, daß da noch ein zusätzliches Ding im oder außerhalb des Universums ist.

Was ist es also? Kierkegaard sagte in einer überraschenden Feststellung, daß Subjektivität Wahrheit sei. Er unterscheidet objektive Wahrheit, die eine Entsprechung zum Glauben an Tatsachen ist und dabei leidenschaftslos festgestellt werden kann, von der subjektiven Wahrheit. Letztere ist die Wahrheit dessen, was als individueller, endlicher, leidenschaftlicher, wachsender oder vergehender Mensch bestehen soll. Jeder Psychotherapeut wird einem sagen, daß es außerordentlich schwer ist, die Wahrheit über sich selbst zu erfahren. Es ist nicht allein eine Frage dessen, daß man in einen Schädel eindringt und berichtet, was dort ist. Es bedeutet, Motive, Wünsche, Ideale und Haltungen zu entdecken, die oft tief verborgen sind. Und der Prozeß dieser Entdeckung verändert zugleich die Person, die ich bin, so daß das Beobachten und die Art, wie ich das tue, das, was ich beobachte und bin, neu formt.

Ein Mensch mit Selbsterkenntnis ist nicht der gleiche wie einer ohne Selbsterkenntnis. Erfahre ich also, was ich bin, ändert sich das, was ich bin: Diese Art Wissen, dieses Wissen um die Subjektivität ist schöpferisch und nicht nur beschreibend. Und es ist leidenschaftlich, da das, was ich entdecke, sobald ich in mich eindringe, Reaktionen und Antworten sind, die mein inneres Selbst, meine Innerlichkeit ausdrücken, verbergen und stören. Ich kann nicht neutral berichten, daß, sofern ich ein Mann bin, ich das Begehren habe, meine Mutter zu besitzen und meinen Vater zu töten, wie Freud es von mir annehmen würde.

Ich wäre schockiert, entsetzt, verwirrt. Ich werde mich damit abfinden müssen. Und das wiederum wird bestimmen, wie ich in Zukunft sein werde.

So stellt Kierkegaard die menschliche Verfassung als eine voller Angst dar, Angst angesichts des Wissens um meine eigenen Wünsche, meinen offenen Haß, mein Zittern am Rande der Existenz, dem unvermeidlichen Tod ausgeliefert. Das zu bemerken heißt, meine eigene Individualität, meine Subjektivität kennenzulernen.

Sartre: Freiheit vom unterdrückenden Gott

Wo aber kommt hier Gott ins Spiel? Natürlich gar nicht. Manche der Philosophen, die Kierkegaard verpflichtet sind – wie Martin Heidegger und Jean-Paul Sartre –, waren froh, Gott los zu sein. Für Jean-Paul Sartre (1905–1980) war Gott der versteckte Zeuge, der immer beobachtet, was man tut, so daß man nie dem zensierenden Auge des Allmächtigen entkommt. Selbst in der Toilette könnte es ein kleines Emailschild geben, das sagt: „Du, oh Herr, siehst mich“ – was mehr als abstoßend wäre. Gott wäre auch der große Diktator, der, der im voraus festgelegt hat, was man zu sein hat, so daß das gesamte Leben nichts als eine Reise entlang der Straßenbahnschienen ist, denen man nie entkommen kann.

Sartre fühlte sich sehr erleichtert, nachdem er Gott losgeworden war. Damals, und nur damals, dachte er, wir könnten wahrhaft frei und in der Lage sein, das zu sein, was wir uns erwählen, frei von Konvention, Religion, Glauben und vor allem frei von Gott, der der letzte bürgerliche Moralist sei. „Die Existenz geht der Essenz voraus“, sagte Sartre – womit er sagen wollte, daß es kein Ideal gebe, das im göttlichen Verstande niedergelegt sei und dem wir zu folgen hätten. Wir können das sein, was wir wollen. Das Leben ist absurd, es hat keine Bedeutung, objektiv gesprochen. Es liegt an uns selbst, dem Leben eine Bedeutung zu geben, wie auch immer wir das wollen.

Selbsterkenntnis ist nach Sartre das Wissen, daß man eigentlich nicht durch gesellschaftliche Konventionen, religiöse oder metaphysische Überzeugungen gebunden ist. Ein solches Wissen verändert das Leben, da wir die volle Verantwortung für das übernehmen, was wir sind. Am Ende des Lebens können wir es sagen, wie der große, weise Frank Sinatra: „I did it my way“ – ich hab’s auf meine Art getan. (Und es ist schon kurios, daß dies am Ende des zwanzigsten Jahrhunderts der in britischen Krematorien am meisten gewünschte Song ist. Ganz sicher ein bedeutender Unterschied zur traditionellen religiösen Sichtweise, bei der man eigentlich am Lebensende singen müßte: „I did it His way" – ich hab's getan, wie Er es wollte.)

Sartre hatte eine ganze Menge Einsichten; er war nicht ohne Grund ein großer Romancier und Dramatiker. Das Reden über Gott kann unsere Gesundheit ernsthaft gefährden. Es kann repressiv sein; man kann es benutzen, um gesellschaftliche Macht über andere zu gewinnen oder die eigenen Neurosen zu verbergen und verkleiden. Wenn jemand sagt: „Dies ist Gottes Wille", ist wohl eher gemeint: „Ich will, daß du das tust, und ich werde diesen psychologischen Trick anwenden, um dich dorthinzukriegen." Natürlich kann das nur bei den Menschen funktionieren, die Gottes Macht bereits kennen. Der psychologische Trick würde nicht funktionieren, wenn die Leute nicht spürten, daß es eine objektive Verpflichtung gibt, die auf ihnen lastet und die Auswahl in ihrem Leben beschränkt.

Für Sartre ist dieser weitverbreitete Glaube ein „schlechter Glaube", ein Ausweichen vor der Verantwortung. Und der Glaube ist immer schädlich, denn er unterdrückt Verlangen, beschränkt Auswahlen, reduziert Menschen zu Automaten. Er gibt ein Bild des Lebens, worin das Individuum vom übernatürlichen ‚Big Brother' beherrscht wird, der uns das Gefühl gibt, schuldig zu sein, damit er uns sein Vergeben anbieten kann – immer aber zu seinen Bedingungen, die diejenigen des vollständigen Sich-Ergebens sind. Um wahrhaft ein Mensch zu werden, muß man dieses Bild auslöschen.

Ist das aber das Bild von Gott, das die Gläubigen haben? Es wäre derjenige ein armer Prediger, der sagte: „Da gibt es dieses neugierige Wesen, das von uns verlangt, wir sollten alle Freiheit aufgeben und uns seinen Launen unterwerfen, das uns mit Schuld erfüllt und uns unaufhörlich straft. Ich würde diese Ansicht gerne mit euch teilen, damit auch ihr so unglücklich und bedrückt werdet wie ich."

Was aber an den meisten Predigern – zumindest im amerikanischen Fernsehen – so auffallend ist, ist nicht, daß sie unglücklich sind, sondern so unerträglich glücklich. Sie scheinen den ganzen Tag zu lächeln, und Gott schenkt ihnen offenbar ihre Cadillacs und perfekten Gebisse, mit denen sie so schön lächeln können. Sie scheinen zu sagen: „Es gibt da ein liebendes, sorgendes Wesen, das von uns verlangt, wir sollen unsere selbstsüchtige Art aufgeben und statt dessen seine Liebe annehmen. Wenn wir seinen Namen wiederholen und mit den Armen in der Luft herumfuchteln, wird es uns Cadillacs und perfekte Gebisse geben."

Irgendwo zwischen dem Pessimismus Sartres und dem Optimismus amerikanischer Fernsehprediger muß es eine glückliche Mitte geben. Vielleicht ist die Situation der Menschen nicht immer eine, in der wir entweder durch gesellschaftliche und moralische Verpflichtungen unterdrückt oder aber von einem liebenden und überbehütenden Elternteil in eine weiche Decke gehüllt sind. Wenn wir uns mit unserer Existenz abfinden, könnten wir – müßten aber nicht unbedingt – ein Gespür für die Realität entwickeln, die größer als unser bewußtes Ich ist und an der wir teilhaben können, von der wir aber normalerweise nichts wissen.

Was Sartre gefunden zu haben glaubte, war nur ein Abgrund an Nichtigkeit, der uns vollständig und heroisch mit uns alleinläßt. Man braucht nach ihm nicht mit Gott zu reden; es gibt sogar die Verpflichtung, das nicht zu tun, weil es unsere Freiheit gefährdet.

Heidegger und Kierkegaard: das absolute Paradox

Martin Heidegger (1889–1976) war weniger dogmatisch bezüglich dessen, was nicht existierte. Er dachte, er habe nicht gerade die Nichtigkeit gefunden, aber doch das, was er *das Nichts* nannte (...). Das Nichts ist eine Art unendlicher Horizont, der unsere gesamten Ängste und Sorgen relativiert und sie zu einer großen Angst bündelt; einer Angst im Angesicht des Nichts.

Eine solche Angst wird überwunden, wenn man den Mut hat, sich einer Möglichkeit zu überlassen, die, obgleich vom Tod begrenzt, doch einzig authentisch die unsere ist. Wir finden unsere individuelle Berufung nicht in der Beziehung zu einem tyrannischen oder väterlichen Gott, sondern in Beziehung zu diesem unbegrenzten Horizont, der kein Ding ist, sondern etwas, das allen Dingen Grenzen setzt und das jedes individuelle Wesen zu seiner einzigartigen Verwirklichung in der Zeit aufruft. Nach Heidegger führt uns die Reise zum Selbst an einen Ort, an dem das Selbst vor einer Art Unendlichkeit steht, von der aber nichts gesagt werden kann. Diese Wahrnehmung grenzt ans Mystische, ist dabei aber gefährlich mehrdeutig (und die Tatsache ist auch kaum zu übersehen, daß Heidegger unter den Nazis Rektor der Freiburger Universität war).

Was dagegen Kierkegaard der eigenen Meinung nach gefunden hatte, war nicht die Nichtigkeit, auch nicht die Unendlichkeit. Er fand das, was er das „Absurde" nannte, das absolute Paradox. „Das Paradox tritt ein, wenn die ewige Wahrheit und das Existieren zusammengesetzt werden" (*Abschließende unwissenschaftliche Nachschrift*, Teil 2, Abschnitt 2, Kapitel 2). Für ihn bewegt Religion sich nicht im Gebiet der historischen oder metaphysischen Wahrscheinlichkeiten. Sie spielt sich im Gebiet der Innerlichkeit ab, der Selbsterkenntnis. Innerhalb deren, so Kierkegaard, kann der einzelne unmöglich dem Egoismus, der Verzweiflung und der Schuld entkommen, die das menschliche Leben beherrschen. Sucht man nach Erlösung, kann es zu einem Affront gegenüber der Vernunft kommen, daß das Ewige in die Zeit eingetreten ist, um all die zu erlösen, die sich nicht selbst erlösen können. Dann, und mit dem Risiko des Glaubens, der durch die Leidenschaft fürs Unendliche geweckt wurde, wird das Individuum vielleicht das Paradoxon erfassen – und dadurch jene Wahrheit finden, die die Subjektivität ist –, daß der einzelne in eine absolute Beziehung zum Absoluten gesetzt wird.

In Kierkegaards Sicht ist der Glaube nicht das Akzeptieren von Vorschlägen bezüglich der Autorität – das theoretische Annehmen, es gebe einen Gott, weil jemand, vielleicht sogar einer, von dem man noch nie gehört hat, es bewiesen hat; oder vielleicht auch, weil jemand es eines Tages beweisen wird. Der Glaube ist demgegenüber die vollständige Hingabe an eine Entdeckung, daß das Ewige in die Zeit eingedrungen ist; eine Hingabe, die aus dem Bedürfnis nach Leidenschaft entsteht. Dies ist der wohlbekannte „Sprung des Glaubens", der dann auftritt, wenn die Vernunft keine Kraft mehr hat oder sich gar in Selbstwidersprüchen verfangen hat (was Hegel als dialektisch bezeichnete). Dort, wo die Vernunft gegen ihre Grenzen anrennt, können wir das Risiko auf uns nehmen, welches das Ewige erfaßt – was aber nur sein kann, weil das Ewige es zuerst erfaßt hat.

Für Kierkegaard gerät die Vernunft in Widersprüche, wenn sie zu sehr bedrängt wird. Diese Widersprüche werden seiner Meinung nach nicht dadurch aufgelöst, daß man einfach sagt, sie seien in eine höhere Synthese überführt worden, so wie Hegel es getan hatte. Die Vernunft eröffnet keinen Pfad zu Gott. Jeder Mensch kümmert sich leidenschaftlich um seine eigene Existenz, um den Kampf mit Leidenschaft und Verlangen, um sein Bedürfnis nach Frieden und Erfüllung, um die Mühen der Selbst-Akzeptanz und der Selbstbehauptung. Viele dieser Schlüssel-Entscheidungen des Lebens werden als Risiko empfunden, das weit über jeden Beweis hinausgeht, was aber das einzelne Leben danach in eine besondere Richtung treibt. Glaube ist eine Hingabe in objektiver Unsicherheit mit dem Risiko der Unwiderrufbarkeit und als Antwort auf eine Begegnung mit einer Realität, die die Vernunft nicht begreifen kann.

Kierkegaard, der Christ war, dachte von Jesus als demjenigen, der die Botschaft des absoluten Paradoxen gebracht habe: daß das Ewige in die Zeit eingetreten ist, geboren wurde, als Mensch lebte und starb. Dieses Paradoxon nannte er absurd, meinte aber nicht, es sei nichts als lächerlicher Unsinn. Das Paradoxe ist nur vom Standpunkt der Vernunft aus absurd, die alles in ein kohärentes System packen will. Der Affront gegenüber der Vernunft ist – paradoxerweise – ein Tribut an die Rationalität, denn laut Aristoteles heißt wahrhaft vernünftig zu sein zu erkennen, wo die Grenzen der Vernunft liegen. Wenn man die Unmöglichkeit einer objektiven Antwort auf letzte Fragen bezüglich der Natur des menschlichen Lebens sieht und dennoch ein leidenschaftliches Bedürfnis spürt, sich einem praktischen Gesichtspunkt hinzugeben, dann wird man vielleicht auch die Notwendigkeit spüren, einen „Glaubenssprung" zu tun, einen Sprung über die Vernunft hinaus, hin zur absoluten Verpflichtung dem gegenüber, was absolut ist. Kierkegaard stand allen organisierten Religionen und Kirchen höchst kritisch gegenüber. Und er glaubte nicht, daß wir viel, wenn überhaupt etwas, über den historischen Jesus wüßten. Kierkegaard bestand darauf, daß jedem Menschen die eigene Erfahrung des Ewigen in der Zeit bevorstehe. Es wäre leicht, Kierkegaards Gedanken auf jeden Glauben zu übertragen, da das Ewige in der Zeit als Koran, als Prophet, als Avatar, Guru oder Erleuchteter auftreten kann, der das Ewige in der Zeit durch die Erfahrung der endgültigen Befreiung verkörpert. Dazu ist notwendig, daß das leidenschaftlich verlangende Individuum an irgendeinem Punkt dem begegnet, das von der Vernunft nicht verstanden werden kann, dem Paradoxen nämlich – das zugleich die Fragen des Lebens vielleicht nicht beantwortet, aber doch durch die Reaktion einer totalen Hingabe auflöst.

Bedrückt oder befreit das „Ewige in der Zeit"? Wie beim Wissen um Subjektivität hängt dies davon ab, wie wir uns ihm nähern. Wenn wir dies mit der Überzeugung tun, daß alles Wissen auf experimentelle Beobachtung beschränkt ist, dann können wir es leicht als subjektive Verirrung abtun. Wenn wir uns dem mit Furcht und unaufgelöster Wut nähern, finden wir vielleicht darin die gewaltige Projektion unserer eigenen Vorurteile. Nähern wir uns dem mit Demut und Resignation, die aus der Anerkennung der letztlichen Leere all unserer Projekte resultieren, dann stellt sich vielleicht heraus, das sich neue, tiefe Einsichten zeigen, Gelegenheiten für neues Engagement und die Möglichkeit, unsere einzigartigen Möglichkeiten zu verwirklichen.

Im Lichte all dessen könnte man sagen, daß Gott kein übernatürliches Wesen ist, das immer wieder ins Universum eingreift, um die Naturgesetze zu regulieren oder ein paar Wunder (aber nicht genug) zu vollbringen. Wir sollten beim Wort „Gott" nicht an irgendein Wesen denken; eher sollte es uns dadurch möglich sein, daß wir auf eine gewisse Art unsere eigene subjektive Existenz begreifen – nicht eine bestimmte Art ist gemeint, sondern eine bestimmte Anzahl solcher Arten. Darin erkennen wir – vielleicht nur scheinbar –, was mehr ist als jede endliche, beschreibbare Ganzheit, die von Wert und Möglichkeit erzählt, dies aber still und geheimnisvoll tut. Und diese Entdeckung bewirkt bei uns eine neue Ebene des Engagements, damit wir merken, welches Gute wir bislang nur als Möglichkeit sahen.

Tillich: religiöse Symbole

Der Unterschied zwischen der Beschreibung eines Wesens und dem Ausdruck eines Seinsmodus ist fundamental. Was beschrieben werden kann, kann auch diskutiert, analysiert, noch enger definiert und endlich passend ins System eingebaut werden. Es mag aber etwas geben, das man nur ausdrücken kann. Tanz drückt aus; Dichtung drückt aus; Lieder drücken aus – und vielleicht auch Wörter wie „Gott", wenn sie so benutzt werden, daß sie eine Diskussion darüber ausschließen. Sie sagen aus, was sie sagen, und man kann es nicht besser ausdrücken.

In dieser Hinsicht bedeutet die Feststellung „Gott ist die Liebe", daß wir vielleicht in unserer gelebten Erfahrung des Liebens und Geliebt-Werdens etwas entdeckt haben, das einer neuen, höchsten Hingabe würdig ist. Diese Hingabe hängt von keinerlei wohlüberlegter Betrachtung ab – daß sie sich etwa auf lange Sicht auszahlen möge oder zukünftiges Glück bringe. Es ist eher wie die Einsicht, daß dies die tiefste Wahrheit unseres Seins ist, daß es etwas ist, das uns dazu aufruft, es in unserem Leben zu bemerken. Die Liebe wird als objektive, unveränderliche, ewige Wahrheit begriffen, durch die unser Leben beurteilt wird und durch die unser Leben verändert werden kann. Sie ist keine empirische Tatsache, nicht einmal eine übernatürliche, mit besonders kausalen Konsequenzen. Sie hat ihre eigene Wirklichkeit, und die mag für uns in einer besonderen gesellschaftlichen Praxis begrenzt sein, der Praxis des Gebets, worin allein wir herausfinden, was es heißt, wenn man sagt, „Gott ist die Liebe".

Wie es Paul Tillich (1886–1965) ausdrückte, wird eine solche Liebe unsere „letzte Angelegenheit"; eine Angelegenheit, die alle anderen ausschließt, die ohne Bedingungen und vollständig und unendlich ist. Religiös zu sein und an Gott zu glauben heißt, eine solche Angelegenheit sein eigen zu nennen, und Gott ist die Kraft des Seins, welche die Fragen beantwortet, die durch unsere vielen verfehlten und wechselnden Formen der Liebe aufkamen. Dies geschieht, indem es uns möglich wird, an einer Liebe teilzuhaben, die stärker als der Tod ist – aber nicht, indem Wunder gewirkt werden, welche die kausalen Gesetze der Natur verändern. Daher verwirft Tillich den Theismus, die Ansicht also, Gott sei ein persönliches, allmächtiges und allwissendes Wesen mit besonderen Auswirkungen auf das Universum.

Tillich spricht lieber davon, daß Gott die Kraft und der Grund des Seins ist: „In sich weist die endliche Welt über sich hinaus." Gott ist die transzendente Tiefe der Dinge, kein Zusätzliches. So sind alle Aussagen über Gott symbolisch. Sie lassen ihre wörtliche Bedeutung fallen und weisen auf die Kraft und Bedeutung hin, die durch die Symbole entdeckt und vermittelt werden.

Man könnte meinen, das Bild Christi am Kreuz sei auch ein solches Symbol. Es ist höchst unwahrscheinlich, daß er so aussah wie die bärtigen Gestalten an den Kruzifixen – wir haben keinerlei Ahnung, wie er wirklich aussah. Und es ist schon merkwürdig, daß überhaupt das Abbild eines Gefolterten ein Objekt der Verehrung werden konnte. Wörtlich genommen würde das Kruzifix wie das Produkt einer sadistischen Vorstellung wirken, und wir möchten uns wohl wünschen, wir würden es aus dem Fernsehen verbannen, da es für Kinder ungeeignet ist.

Was aber der heilige Franziskus im Kruzifix sah, war das Leiden Gottes für die Menschheit, die Macht der sich selbst opfernden Liebe. Das Kruzifix muß, damit es religiös wirken kann, seine wörtliche Darstellung aufgeben. Es muß vielmehr zur Entdeckung der bedingungslosen Macht und Herausforderung der bedingungslosen Liebe führen und diese Macht dem vermitteln, der an ihrer Bedeutung teilhaben will. Als das Kreuz zu Franziskus sprach, war niemand hinter einer Leinwand versteckt, der ein paar Worte auf lateinisch oder italienisch sagte. Es gab die Macht der Opferliebe, die seine vollständige Treue forderte, was auch kommen möge.

Ähnlich glauben manche Christen, die von der Versuchung Christi in der Wildnis durch den Teufel lasen, es sei dies ein physischer Teufel gewesen – für manche gilt das sicherlich, aber auch für die, die einen derartigen ungewöhnlichen Glauben an Tatsachen haben, sind die Fakten nicht das, was zählt. Was vielmehr für Gläubige zählt, ist, daß Jesus durch die korrumpierende Möglichkeit eines bösen Willens versucht wurde, durch ein Verlangen nach Popularität oder materieller Macht. „Der Teufel" wurde zum Symbol für die Mächte des Bösen, die uns ständig heimsuchen.

„Gott" ist ein Symbol für die Mächte des Guten, für die Möglichkeiten der Güte in unserem Leben, das uns herausfordern, inspirieren und kraftvoll machen kann. Manche nehmen das Reden von Gott noch immer wörtlich und halten ihn für eine Person, die über uns wacht und unsere Gebete hört. Die Wirklichkeit aber hinter solchen Symbolen und Metaphern ist die Wirklichkeit des ewig Guten, die unser Leben, das so oft zeitlichem Verlangen gewidmet ist, in Frage stellt.

Religion liefert keine Antworten auf die Fragen des Lebens; sie stellt unser Leben in Frage. Sie führt uns die Möglichkeiten des Handelns vor Augen in Bezug zu dem, was von unendlichem Wert ist. Deshalb ist das Fragen, das Wahrhaben solcher Fragen wichtiger als jede Antwort, sei sie wahrscheinlich oder spekulativ. Wenn wir entdecken, was unser Leben in Frage stellt, sind wir fest im Griff der Religion. Dann können wir sagen, daß Gott uns erwählt hat; nicht wir erwählen Gott. Die Macht des ewig Guten hält uns fest, und in diesem Augenblick – dann, und nicht Jahre später oder gar irgendwann – kennen wir das ewige Leben.

Wittgenstein: Bilder vom menschlichen Leben

Religiöse Sprache spricht also nicht leidenschaftslos und objektiv von Tatsachen. Sie hat im Leben der Menschen eine ganz andere Rolle. Darauf hat innerhalb der Philosophie des zwanzigsten Jahrhunderts am deutlichsten Ludwig

Wittgenstein (1889–1951) hingewiesen, der einst sagte, Kierkegaard sei sein Lieblingsschriftsteller. Wittgenstein schrieb sehr wenig direkt über Religion, aber er soll gesagt haben: „Ich bin kein religiöser Mensch, aber ich kann nicht anders, als alle Probleme vom religiösen Standpunkt aus zu sehen." Obwohl es unklar ist, was diese eigenartige Bemerkung wirklich bedeutet, könnte sie doch besagen, daß, obgleich Wittgenstein nicht in die Kirche ging, er zutiefst von den letzten Fragen der Bedeutung des Lebens erfaßt war. Sein frühes Werk, der *Tractatus logico-philosophicus* erwähnt die Religion nirgendwo, aber man könnte auch behaupten, in dieser Schrift ginge es vollständig um Religion. Das Buch ist in sieben Abteilungen geteilt. Die siebte enthält nur einen einzigen Satz: „Wovon man nicht sprechen kann, darüber muß man schweigen." Der *Tractatus* handelt von dem, was klar gesagt und was nicht gesagt werden kann. Das Mystische liegt außerhalb der Sprache, ist dabei aber von fundamentaler Wichtigkeit. „Nicht, wie die Dinge in der Welt existieren, ist mystisch, sondern daß sie existiert."

Der *Tractatus* brachte eine Gruppe Wiener Philosophen dazu, den Logischen Positivismus zu erfinden, der behauptete, daß alles Wissen auf experimentell nachweisbaren Grundlagen beruhe („Positivismus") und alle Sätze mit Bedeutung in sich und untereinander widerspruchsfrei sein müßten („logisch"). Leider hatte dies die Folge, daß fast alle Sätze in ihren Büchern bedeutungslos waren, so daß keiner sie verstehen konnte. Trotzdem machte A. J. Ayer diese Ansichten in England populär, und nur wenige Menschen merkten, daß sie im Wortsinne sinnlos waren. Der Logische Positivismus war in der Tat eine Travestie von Wittgensteins frühen Ansichten. In Ayers Version verschwand das Ideal „des Mystischen". Das Mystische war für Wittgenstein wichtig, was für die logischen Positivisten nicht zutraf. Während letztere den Einfluß Wittgensteins auf ihr Werk anerkannten, sagte dieser bloß, sie hätten ihn komplett mißverstanden. Für ihn habe damals gestimmt, daß alles, was gesagt werden konnte, der Logik und Wissenschaft angehörte. Der gesamte Bereich aber des Ethischen – und des Religiösen – gehörte nicht zum Sagbaren.

In seinem späteren Werk wurde Wittgenstein entspannter bei der Frage, wie Dinge ausgedrückt werden könnten und worüber man bedeutungsvoll sprechen könne. Er hatte, mit Bertrand Russell, angenommen, daß die Bedeutung eines Wortes das war, wofür das Wort stand. Russell hatte Probleme mit dem Wort „falls". Aber Russell war nie um eine absurde Theorie verlegen, weshalb er vorschlug, das Wort „falls" stünde für das Gefühl des Zögerns im Geiste, wenn man über Alternativen nachdenkt. Wenn aber einer kein solches Gefühl hat beim Sprechen des Wortes „falls“, ist dann dieses Wort bedeutungslos? Und wenn es dennoch eine Bedeutung hat, ist dann das Gefühl wirklich wichtig?

Die Theorie, daß Wörter für Dinge stehen, manchmal auch für sehr komische und für immaterielle Dinge, schien immer weniger realistisch. Wittgenstein hatte keine generelle Theorie, wie die Wörter Bedeutung erlangen. Er bemerkte aber, daß wir oft lernen, Wörter im Zusammenhang mit kleinen Abschnitten unseres Verhaltens zu benutzen und daß die Wörter selbst Teile unseres Verhaltens sind – Teile des Rituals, könnte man sagen. Man könnte also die Wörter eines Liedes lernen, das in einem bestimmten Tanz eingesetzt wird. Diese Wörter könnten für einen sehr wichtig werden, aber man würde sich nie fragen, wofür sie stehen oder worauf sie sich beziehen. Sie sind Teile eines Rituals, das man gelernt hat und das mit allerhand tiefen Gefühlen und Erinnerungen assoziiert wird.

Oder sie könnten ein Bild heraufbeschwören, das die Rolle der „Regulierung des ganzen Lebens“ übernimmt. Jene, die dieses Bild nicht haben, widersprechen dem nicht; sie haben nur keinen Gebrauch dafür. So widerspricht derjenige, der angesichts des Gemäldes in der Sixtinischen Kapelle sagt: „Gott ist nicht so“, nicht diesem Bild. Ungläubige benutzen keine religiösen Bilder, wie das des Jüngsten Gerichts. Aber es gibt Menschen, die ihr gesamtes Leben im Lichte solcher Bilder sehen und jedes Ereignis als von Gott beobachtet betrachten und die Schmerz als Strafe oder vielleicht auch als Prüfung ansehen. Auch diesem Bild kann nicht widersprochen werden, wenn wir das Bild nicht auf diese Weise benutzen. Wittgenstein sagt: „Ich denke anders, auf andere Weise. Ich sage unterschiedliche Dinge zu mir. Ich habe unterschiedliche Bilder.“ Es ist also nicht so, daß er keine Bilder hätte oder keine regulierenden Bilder, wie sein Leben draußen in der Welt gelebt wird. Er hat eben nur nicht dieses Bild vom Jüngsten Gericht.

Unter den vielen anderen Bildern, die man haben mag, gibt es das Bild von sich selbst als einsamem Helden, der sich abmüht, Bedeutung angesichts der Bedeutungslosigkeit des Universums zu ersinnen. Oder es gibt auch das Bild, bei dem man sich als Kind Gottes sieht, festgehalten durch Liebe und dazu angehalten, das Leben als ständiges Anwachsen zur Reife hin zu betrachten. Noch viele andere Bilder gibt es, und „Gott“ funktioniert in vielen Fällen als zentraler Begriff eines Selbstverständnisses, das wiederum ein ganz bestimmtes Leben in der Welt nach sich zieht.

Ist es vernünftig, ein solches Bild zu haben? „Nicht nur ist es nicht vernünftig, sondern es tut auch nicht so als ob“, sagte Wittgenstein. Die Vernunft entscheidet nicht, daß Michelangelos Bildnis große Kunst ist, und Vernunft rechtfertigt auch nicht, daß man das Bild des Jüngsten Gericht im Gedächtnis hat. Die, die an Beweise innerhalb der Religion appellieren, mißverstehen exakt, wie religiöse Sprache benutzt wird; sie mißverstehen den lebendigen Zusammenhang, in dem sie funktioniert. Sie versuchen, den religiösen Glauben an Gott in einen wissenschaftlichen Glauben an Gott umzuwandeln, nur ist Gott kein wissenschaftlich benutzbarer Begriff.

Die Sprache der Religion und die Formen des Lebens

Der Unterschied zwischen Wörtern, die im Ritual, und solchen, die in der Wissenschaft benutzt werden, wird recht gut in einer Geschichte des Cambridge-Philosophen Richard Braithwaite dargestellt, der mit großem Einfluß auf die Philosophie der Wissenschaft schrieb. Er entschied sich recht spät in seinem Leben, sich in der anglikanischen Kirche taufen zu lassen. Dementsprechend nahm er an einem kurzen Einweihungskurs teil. Alles verlief sehr gut, bis er darauf hingewiesen wurde, daß er in der Taufe das Apostolische Glaubensbekenntnis würde sprechen müssen. Dieses Bekenntnis enthält allerlei Tatsachenbehauptungen über die jungfräuliche Geburt, die Auferstehung und dergleichen mehr.

Braithwaite, der sich zur Schule des Logischen Positivismus bekannte, fühlte sich sehr unbehaglich. Sicher glaubte er nicht, daß derartige Dinge stattgefunden hatten. Aber seine Gefühle beruhigten sich, nachdem man ihm gesagt hatte, er könnte das Bekenntnis auch singen, falls er das wünschte. Also sang er es. Das Singen war ihm leichter, weil man nicht das meinen muß, was man singt. Zumindest muß man es nicht wörtlich meinen. Es ist mehr wie eine Geschichte, eine Erzählung. Und tatsächlich könnte man sagen, daß das Wichtigste beim Rezitieren des Glaubensbekenntnisses ist, daß man keine Liste merkwürdiger Überzeugungen abliefert, sondern Gott lobt und eine gewisse Art persönlicher Betroffenheit kundtut. Es ist eine Art Kurzfassung des Gottes, den man da lobt – eines Gottes, der das Leben frei und bedingungslos schenkt und dessen Liebe die Mächte des Todes überwindet. Das wird viel klarer, wenn man etwas singt, weshalb Braithwaites Haltung vollkommen verständlich ist.

So sollte es auch keine Überraschung sein, wenn man daran erinnert, daß das Wort „Gott" vor allem bei Ritualen gebraucht wird. Es wird benutzt, wenn man

Geburten, Hochzeiten und Todesfälle zelebriert (sofern ‚zelebrieren' der passende Ausdruck dafür ist). Die Pfarrer sagen „Gott schütze dich", und vermutlich zitieren sie keinen übernatürlichen Geist herbei, wie groß er auch sein möge, der uns Glück gebe oder vor dem Bösen bewahre. Es ist einfach die Art des Pfarrers, „Ciao" zu sagen oder auch „Cheers". Es hat aber eine zusätzliche heilige Bedeutung, die durch das Wort „Gott" bezeichnet wird.

Was ist nun diese heilige Bedeutung? Nun, es bedeutet, das, was man gerade tut, mit dem zu verbinden, was für einen von höchster Bedeutung und größtem Wert ist. Wir können sagen: „Mögen all deine tiefsten Werte verwirklicht, deine tiefsten Wünsche erfüllt werden, und es bleibe das fern von dir, was du fürchtest." Es ist ein Wunsch, es möge einem gutgehen; ein freundlicher Gedanke und zudem einer mit Kraft. Denn können nicht die guten Wünsche anderer, sofern ernst gemeint, uns in der Not ermutigen und unterstützen und uns bei unseren Unternehmungen inspirieren und beflügeln?

Ein religiöser Mensch wird also vielleicht einen Pfarrer bitten, ein neues Haus oder ein Neugeborenes zu segnen. Das könnte oberflächlich aufgefaßt werden, als gäbe es einen magischen Bann, der ferngehalten werden müßte. Aber da ist auch noch eine weitere Ebene, auf der man auf die Verwirklichung neuer Erfahrungen und Gelegenheiten hofft, die bereichernd und wohltuend sind. Solche Gelegenheiten lassen uns an unsere eigenen Ziele und Einstellungen denken und ermutigen uns, sie neu zu schätzen, damit wir uns daranmachen, alle Werte zu verwirklichen, auf die bei solchen Gelegenheiten verwiesen wird.

Was also geschieht, wenn das Wort „Gott" benutzt wird, ist das Heraufbeschwören tiefer Gefühle, Entdeckungen und Hingaben, was die Menschen dazu bringt, ihre eigene Hoffnungen und Ängste neu zu überdenken und eine neue Kraft zu entdecken, ihr Leben mit Mut und Hoffnung zu leben.

Man kann das sehr schön bei Beerdigungen beobachten. Der Pfarrer sagt dabei nur sehr selten Dinge wie: „Wenn wir jetzt Joe beerdigen, muß ich doch sagen, daß er wenig Glück hatte. Als er noch lebte, war er ein ziemlicher Lump, der keinerlei Anzeichen von Reue zeigte, und es sieht ziemlich danach aus, als würde er direkt zur Hölle fahren. In der Tat würde ich diese Möglichkeit um einiges höher als 56% einschätzen, was ja, wie Ihr wißt, meine bevorzugte Einschätzung ist. Laßt uns beten."

Wenn man Religion als Angelegenheit der persönlichen Überzeugungen sieht, Überzeugungen bezüglich dessen, was vermutlich den Menschen zustößt, nachdem sie gestorben sind, würde man erwarten, noch mehr davon zu hören. Die Priester aber, die die Hinterbliebenen besuchen, führen nur sehr selten theologische Diskussionen darüber, was nach dem Tode passiert. Solche Dinge werden am besten in ehrfürchtiger Stille belassen. Wenn jemand tatsächlich fragt: „Werde ich ihn einst wiedersehen?", sagt man nicht: „Lassen Sie mich von einer Reihe faszinierender Predigten berichten, die ich gerade letzte Woche gehört habe." Wenn man eine gewisse Sensibilität hat, sagt man statt dessen: „Natürlich" – man braucht dabei in keinerlei Details zu gehen, was der Verstorbene dabei trägt oder ob er immer noch so glatzköpfig ist, oder gar, wie alt er sein wird.

Was tun also die Priester bei Beerdigungen? Sie versuchen zu trösten, zu beruhigen, zu ermutigen und Gefühle der Dankbarkeit für ein Leben zu erwecken, das nun vorbei ist; sie erleichtern das Akzeptieren des Abschieds und die Hinwendung zu den Werten, die im Leben gelebt wurden. Fakten über das Leben nach dem Tode berichten die Priester allerdings nichts. Sie handeln von tiefsten menschlichen Gefühlen und versuchen, die Menschen auf den eigenen inneren Weg zu bringen, mit Tod, Verlust und Kummer fertigzuwerden.

Leidenschaftliche Innerlichkeit, gepaart mit objektiver Unsicherheit: so fühlen sich viele Menschen bei Beerdigungen, wenn sie sich mit dem Tod eines Freundes abfinden, mit dem eigenen Tod, mit der Tatsache des Todes als einziger Sicherheit im Leben. Das Objektive ist in solchen Zusammenhängen nicht die erste Sorge – das bloße Rezitieren der Fakten von biologischen Prozessen und genetischen Mängeln. Es ist vielmehr das Subjektive, worum es zunächst geht; die Frage danach, wie man solchen Ereignissen begegnet und darauf reagiert. An diesem Punkt sind alle Menschen auf sich gestellt und allein, herausgefordert zu neuen Entdeckungen und neuen Engagements in diesem einen Leben, das nur sie erfahren und bis zu einem gewissen Ausmaß auch formen.

Religion und das „Sehen als ob"

Natürlich wird sich nicht jedermann einem religiösen Ansatz bei solchen Gelegenheiten nähern. Manche werden durch das religiöse Ritual eines Beerdigungsunternehmens getröstet und ermutigt sein, während andere davon befremdet oder auch nur gleichgültig sind. Und das, so Wittgenstein, ist genau das, was wir erwarten sollten. Der Unterschied von Gottgläubigen und Nichtgläubigen ist keiner, den eine der beiden Parteien klar begreift, als würden beide ganz klar die Optionen erkennen. Sondern die eine Person wählt den Glauben an eine weitere Entität oder an ein weiteres Leben nach dem Tode, und die andere Person tut das eben nicht. Viel eher verstehen Gläubige und Ungläubige einander überhaupt nicht.

Ein Beispiel, das Wittgenstein gebraucht, ist das faszinierende Rätselbild, das aus Mengen von Punkten besteht, die man aus dem richtigen Blickwinkel sehen muß und die dann ein Bild ergeben. Manche Leute werden das Bild sofort erkennen, andere nie. Beide sehen dieselben Punkte, aber einer sieht, was der andere nicht sieht. Die Tatsachen sind dieselben. Nur haben für den einen die Punkte eine Bedeutung, für den anderen aber nicht.

Religiöse Streitgespräche drehen sich also nicht eigentlich um Tatsachen, zumindest nicht um die Tatsachen, die im Prinzip durch geduldige Beobachtung und Experimente festgestellt werden können. Sie thematisieren das Gewahrwerden von Bedeutungen im Leben, die wir sehen oder auch nicht, was wiederum abhängt von persönlichen Faktoren, deren man sich nicht bewußt ist. Wir sollten aber nicht den Schluß ziehen, solche Entdeckungen seien „bloß“ subjektiv und daß sie uns nicht wirklich darüber etwas mitteilen, was wirklich los ist. Das ewige, objektiv Gute ist wirklich, so wie auch die Zahlen wirklich sind, von denen uns die Mathematiker berichten. Das ewig Gute ist aber nicht wirklich in dem Sinne, wie physikalische Objekte wirklich sind. Es ist auf seine eigene Art wirklich, und der Weg zu dieser Wirklichkeit geht über das innere Gewahrwerden und die persönliche Orientierung – eine Orientierung weg vom Zeitlichen und hin zum Ewigen.

Diese Worte erinnern an Platon, und in bestimmter Hinsicht hat die westliche Philosophie noch nicht einmal jetzt die Berührung mit dem Denken des alten Atheners verloren. Nur einige Menschen würden Wittgenstein mit dem Platonismus assoziieren. Denn hat Wittgenstein nicht die Suche nach den Grundideen verworfen wie auch den Gedanken, daß jedes Wort für eine bestimmte begriffliche Realität stehen müßte? Es stimmt, Wittgenstein hat unsere Aufmerksamkeit auf die vielen Arten geleitet, auf die wir die Wörter gebrauchen; auch auf die Tatsache wies er hin, daß Wörter viele Familienähnlichkeiten aufweisen, ohne daß sie für eine gemeinsame Idee stünden, und daß eine Sprache zu lernen und zu sprechen eine öffentliche, gesellschaftliche Aktivität ist, die untrennbar mit einer bestimmten Form von Leben und Verhalten verbunden ist. Anders als Platon war Wittgenstein sicher kein Essentialist.

Wittgenstein leitete zudem unsere Aufmerksamkeit vom inneren Gehalt eines angeblich privaten Geistes weg und dafür hin zum gesellschaftlichen Kontext des Sprechens. Nach ihm beziehen sich Wörter nicht auf wesentlich private Erfahrungen, und sie beziehen ihre Bedeutung auch nicht vom Hinweis auf solche Erfahrungen. Wörter oder auch die Sätze, in denen sie benutzt werden, haben einen öffentlich zugänglichen Zusammenhang und beziehen ihre Bedeutung aus der Praxis und Aktivität bestimmter Gruppen der menschlichen Wesen. Wittgenstein war also, anders als Platon, auch kein Dualist.

In welcher Hinsicht also bleibt dennoch ein platonisches Element bei ihm zurück? Um das zu erfahren, müssen wir erkennen, wie Wittgenstein Sprache mit menschlicher Aktivität verknüpft und wie manche dieser Aktivitäten ein Reden über Gott entlocken. Wittgenstein betonte die unterschiedlichen Arten, wie Sprache gebraucht wird, und die unterschiedlichen und wechselnden Lebensformen, an denen Sprache teilhat. Das Wort „Gott“ findet seinen primären Gebrauch bei Anbetung und Gebet, besonderen Lebensformen also, die solche Vorgänge wie verbeugen, niederknien, die Hände falten, das Schließen der Augen, singen und Still-in-Gruppen-Sitzen beinhalten. Obgleich sie nicht vollständig individualistisch sind, sind derartige Praktiken auch nicht universell. Sie werden längst nicht von allen geteilt und werden manchen unverständlich erscheinen. Wenn man fragt: „Was tun diese Leute da gerade?“, sagt man wohl, sie beten oder danken Gott, bekennen ihre Sünden oder gedenken ihrer Freunde vor Gott oder weihen sich Gott.

Wittgenstein war der Ansicht, die beste Art herauszufinden, was das Wort „Gott“ bedeutet, sei die, derartige Aktivitäten zu verstehen. Es ist ein Wort, um das solche Aktivitäten aufgebaut werden, das ihnen Sinn gibt. Aber was tut es dabei? Vielleicht unter anderem, daß es den Augenblick der Einsicht markiert, wenn etwas von großer Wichtigkeit für das Leben der Menschen zu werden scheint, zumindest für die betreffende Gruppe. Dort sagt man vielleicht: „Wir haben diese Person getroffen und wurden durch den Sinn für Frieden und Liebe überwältigt.“ Oder auch: „Mein Leben hat sich mit einem Schlage geändert.“

Analog dazu kann man die Liebe sehen. Ich habe mich schon seit Beginn meiner Ehe nur unwillig auf Analysen eingelassen, was Liebe ist, und meine Frau fragte mich, ob ich sie liebe. Damals war ich noch berufsmäßig Philosoph, und dieser Verantwortung sehr bewußt, sagte ich: „Na ja, was meinst du mit Liebe?“ Kurze Zeit später, nachdem ich wieder etwas bewußter geworden war, beschloß ich, nie wieder diese Frage zu stellen. (Die Antwort sollte ein eindeutiges „Ja“ sein!)

Doch wenn man sich verliebt, sieht man etwas in dem Gegenüber, was sonst keiner sieht. Was aber ist das? Hat es Sinn, wenn man sagt: „Ich liebe dich, weil du so große Ohren hast … weil du weiße Zähne hast … weil du einen IQ von 92 hast“? Und wenn ja, heißt das, daß man sich in jeden oder jede verliebt, der oder die noch weißere Zähne und größere Ohren hat? Wenn man sich verliebt, sieht man etwas in einem Menschen neu und anders, kann das aber nicht auf den Punkt bringen, indem man eine beschreibende Liste der Eigenschaften dieser Person gibt und angibt, welche dieser Punkte einen haben verliebt werden lassen. Was auch immer es ist, sich zu verlieben ist das Gefühl der unwiderstehlichen Anziehung einer anderen Person, und das ist damit verbunden, daß man diesen Menschen neu sieht und sich dem ganz hingibt.

Ist der Glaube an Gott so, als verliebte man sich in das Universum? Vielleicht ist das ein reichlich großer Gegenstand, in den man sich da verliebt. Aber man könnte auch sagen, daß etwas Besonderes einen dazu bringt, die gesamte eigene Erfahrung auf neue Art zu begreifen. Das funktioniert wie eine Schlüsselerfahrung, die einem den Schlüssel an die Hand gibt, die gesamte Erfahrung neu zu deuten. Und wenn man es so sieht, reagiert man darauf auf eine neue Art und Weise, als wäre es etwas Furchterregendes und zugleich Wunderschönes. Man sieht eine Tiefe der Erfahrung, die nur dadurch bewirkt wird, daß Wörter wie „ewig“ oder „allerhöchster“ gebraucht werden. „Du bist die Schönste auf der ganzen Welt“, möchten wir dann sagen, wären aber erstaunt, wenn man uns bitten würde, diese Feststellung objektiv zu begründen. So könnte man die Liebe auch als unveränderlich und stärker als der Tod begreifen, obwohl wir das nicht gerne einem experimentellen Test unterziehen würden.

An Gott zu glauben lernen heißt sehen lernen und auf all unsere Erfahrungen reagieren, und zwar so, daß das nur möglich ist, wenn man die Praxis übt, bei der die genannten besonderen Wörter ein wesentlicher Bestandteil sind. Wittgenstein nennt das „das Aufleuchten eines Aspekts“; man sieht, interpretiert und reagiert auf Dinge, und zwar so, daß man das nur mit besonderen Worten ausdrücken kann. Das ist das verbleibende platonische Element, die „Tiefe“, die „Transzendenz“, die von anderen oft nicht gesehene Wirklichkeit, das Ewige, das nicht von den Herzen geschaut werden kann, die ergriffen sind vom Zeitlichen und dadurch auch gebunden; es ist dies der aus sich heraus existierende höchste Wert, angesichts dessen die menschliche Erfahrung in Frage gestellt oder aber bekräftigt wird.

Anstatt sich zu fragen, wofür das Wort „Gott“ steht, sollte man fragen: „Wie wird es gebraucht?“ Und dann muß man beobachten und nicht theoretisieren, und man sieht, daß es benutzt wird, um eine Sichtweise auf die Welt zu erzeugen und zu unterhalten, die nicht anders ausgedrückt werden kann. Um das zu begreifen, muß man sich in die Praxis begeben, in die Form des Lebens, wovon dies ein Teil ist und es erst möglich macht. Vielleicht ist man dazu nicht in der Lage. Man mag es gar abstoßend finden. Oder man findet sich zu einer Sicht- und Seinsweise gedrängt, die man unwiderstehlich findet.

Der religiöse Mensch – das gilt auch für viele areligiöse Menschen – ist einer, der zu einer Sichtweise auf das menschliche Leben geführt wurde, die zunächst als unangemessen erscheint. Große Romanciers, Dichter und Dramatiker haben die Fähigkeit, eine solche Sichtweise hervorzurufen. Sie haben ihre Anhänger, deren Leben zumindest zum Teil durch die Worte vorgegeben wird, die sie mit Leidenschaft ergriffen haben. Wir würden aber die Anhänger von *Star Trek* nicht gleich als religiös bezeichnen, obwohl ihr Leben durchdrungen sein mag von den Werten des heroischen Humanismus und Optimismus, welche diese Fernseh- und Filmserie auszeichnen. Sie haben aber zumindest einen wichtigen Teil der religiösen Welt betreten. Sie haben einen für sie kanonischen Text, neigen dazu, unverwechselbare Kleidung zu tragen, und benutzen solche Formeln wie „Beam me up, Scotty“.

Was aber hier noch fehlt, ist die ritualisierte Praxis der geistigen Ausbildung, die angeblich das Verständnis der menschlichen Wirklichkeit vertiefen soll. An Gott zu glauben – im Gegensatz zu dem, daß man sich wie Mr. Spock kleidet – heißt, in eine Gemeinschaft der gesellschaftlichen Praxis einzutreten, in der die Menschen systematisch dazu gebracht werden, die Ereignisse ihres Lebens zu sehen und auf sie mit einer ganzen Reihe idealer Reaktionen zu antworten. In diesem Prozeß der Selbstbildung wird das Wort „Gott“ auf vielfältige Weise benutzt, in erster Linie aber, um unterschiedliche allgemeine Antworten auf die menschlichen Erfahrungen zu erhalten: Antworten der Anbetung, des Danksagens, der Reue und der Sorge um die Bedürfnisse anderer.

Spiritualität ohne Glauben

Diese Antworten haben einen Wert, der nicht auf früheren theoretischen Überzeugungen beruht, ob es nun einen Gott gebe oder nicht. Vielleicht wird es eines Tages nötig sein, die Praxis ohne theoretische Überzeugungen zu lernen. Das wird das Gerümpel des vielen populären Geredes über Gott klären helfen, und es wird helfen, die Vermischung von Religion und Wissenschaft zu vermeiden. Wie würde das Beten aussehen, wenn wir das Wort „Gott" wegließen und uns auf die Praktiken konzentrierten, die normalerweise dazugehören?

Zunächst wären wir wohl ermutigt, die Aufmerksamkeit von uns und unseren Bedürfnissen abzulenken und dem Guten, dem Schönen und der Weisheit zuzuwenden, die in der Welt zu finden sind, wie wir sie gerade erfahren. Wir könnten den Mut fühlen, das Gute in all seinen Formen zu verehren und die Bindung an Objekte zu überwinden, indem wir ihre innere Güte schauen. Das wäre dem sehr ähnlich, was die Gottgläubigen Anbetung nennen; dabei wird nicht einer übernatürlichen Person gesagt, wie herrlich sie ist, sondern in den Jubel angesichts der Betrachtung des Guten einzustimmen sein.

Dann wären wir auch ermutigt, der Vergänglichkeit und des schieren Überflusses des Lebens gewahr zu werden und uns die Zeit zu nehmen, das zu würdigen, was wir erfahren, als wäre es eine kostbare und unverdiente Gabe. Wir hätten den Mut zum Glauben – nicht in dem Sinne, daß man Mengen merkwürdiger Dinge über eine Autorität glaubt, sondern so, daß wir uns der steten Möglichkeit des Guten hingeben. Das wäre wie das, was die Gottgläubigen Dankbarkeit nennen.

Wir wären weiterhin ermutigt, unsere Motive und Wünsche zu befragen, uns vom Egoismus abzuwenden und dem wahren Bedürfnis zuzuwenden, anderen zu helfen und sie wertzuschätzen. Wir wären ermutigt, die Befreiung von der Tyrannei der Vergangenheit zu erfahren und der Zukunft mit einer Hoffnung ins Angesicht zu blicken, die weit mehr als Optimismus ist. Wo der Optimismus glaubt, daß eines Tages alles besser wird, erwartet die Hoffnung nichts und will auch keine große Erfolgswahrscheinlichkeit. Sie bringt das Selbst zur positiven Tat für das Gute. Es ist wie eine Art Reue, oder wie der Geist dazu gebracht wird, sich vom Selbst zur Möglichkeit des objektiven Guten zu wandeln.

Endlich wird man auch dazu ermutigt, Leidenschaft und Mitleid für andere zu entwickeln und zu überlegen, wie das Gute in der Welt vermehrt werden kann, nicht für uns, sondern für alle empfindungsfähigen Wesen. Es ist keine

Angelegenheit dessen, daß man sich die Mühe erspart, etwas Praktisches zu tun, indem man eine Weile in einer warmen Kapelle betet. Es ist vielmehr – sollte es zumindest sein – eine Angelegenheit dessen, daß man sich bereitmacht, hinzugehen und etwas Praktisches zu tun. Wir könnten ermutigt werden, Liebe zu empfinden; nicht in dem Sinne von sentimentalen Gefühlen für andere, sondern daß man aktiv sich um das Gute für andere kümmert. Das wäre wie eine Art Fürsprache, ein „Gebet für andere".

Es könnte demnach möglich sein, eine Art der Spiritualität zu kultivieren, eine Disziplin von Geist und Herz, ohne Vertrauen auf kontroverse Lehren und abstrakte theologische Probleme. Und wenn wir das tun, könnten wir zu unserer Überraschung feststellen, daß wir dadurch ins Herz des Gebets eindringen und in das, was echter Glaube an Gott wirklich meint.

Schmeichelei, Sentimentalität, Leichtgläubigkeit und Optimismus sind Haltungen, meist zudem eher oberflächliche, und für manche scheint die Religion genau die Anpassung solch oberflächlicher Haltungen an ein imaginäres Wesen zu sein, an „Gott". Aber Anbetung, Liebe, Glaube und Hoffnung sind Tugenden, die das gesamte Leben durchdringen können. Es sind Tugenden, die unser innerstes Selbst an Werte bindet, die man als die höchsten anerkennt und die einen erfassen können, wenn man sich ihnen widmet. Religiöse Praxis ist – oder sollte sein – eine Praxis der tugendhaften Ausbildung des Selbst, des eigentlichen Vorzugs, wahrhaft ein Mensch zu sein.

Muß man zuerst an Gott glauben, um sich dieser Praxis widmen zu können? Das zu glauben hieße, die Dinge auf den Kopf zu stellen. An Gott zu glauben heißt, diese Praxis zu üben. Wenn Gott dich quält, vergiß Gott und denke daran, einen Weg der Selbstbildung zu beschreiten, der das menschliche Leben im Lichte der Werte sieht, die immer wichtig sind. Ein intellektueller Atheist, jemand, der leugnet, daß Gott eine übernatürliche Person sei, kann auf diese Weise beten. Warum aber sollte er? Es gibt keinen allgemeinen Grund, den man hier nennen kann, außer daß man sagt, eine solche Praxis, ein solcher Weg, in Beziehung zur Welt zu treten – das Beten nämlich –, könnte eine solche Faszination ausüben, daß es seinen inneren Wert deutlicher erweist, je mehr diese Praxis ausgeübt wird.

Wenn man gefragt wird: „Warum sollte man Shakespeare lieben?", könnten inadäquate Antworten die Betrachtung einschließen, daß er große Kunst gemacht habe, die bedeutende Einsichten vermittele und ihre eigene Anziehungskraft ausübe. Man könnte also sagen, daß religiöse Haltung die Tiefe der Bedeutung und Einsicht auftut, die ihre eigene Anziehungskraft haben. Für den Gläubigen hieße diese Kraft zu vermissen, etwas zu vermissen, das im Leben von großer Wichtigkeit ist.

Wenn ein Atheist in ein solches Leben des Gebets einträte, würde er ins Herz dessen vorstoßen, worum es sich bei Gebeten zu Gott immer schon gehandelt hat, obgleich in Symbole und Bilder gekleidet, die manche heute abstoßend oder mindestens wenig einladend finden. Wenn das zutrifft, entdeckt der Gläubige nicht ein bislang neues und unbekanntes Gesicht oder Wesen, sondern führt eine bestimmte Art der persönlichen Hingabe aus und entdeckt so eine neue Tiefe oder einen neuen Aspekt der Welterfahrung und damit der Welt selbst.

Dies ist nicht so verschieden von der klassischen Sichtweise, wie manche Menschen manchmal glauben. Beide Ansichten sehen das meiste, was von Gott gesagt wird, als metaphorisch oder symbolisch an. Für beide ist Gott keine erklärende Hypothese, sondern Objekt von Gebet und Kontemplation. Für beide ist das Reden über Gott, das Beten zu Gott ein Weg, sich der Wirklichkeit in ihren bedeutendsten Aspekten zu verbinden. Die klassische Sichtweise aber sieht diese irdische Welt als letztlich weniger real denn die in sich vollkommene Wirklichkeit Gottes an. Gemäß der post-metaphorischen Sichtweise ist diese unsere Welt das einzig Reale, und Gott ist keine andere Realität jenseits der Welt. Von Gott zu reden macht eine gewisse Haltung und Antwort auf die reale Welt möglich, die das Selbst von Verzweiflung, Schuld und Verlangen frei macht und es in die Lage versetzt, einen glücklichen, schöpferischen und kontemplativen Zustand zu erlangen.

Non-Realismus und Gott

Der Denkweg des 20. Jahrhunderts wird manchmal der des „Non-Realismus" genannt, weil er Gott als nicht-„real" ansieht, in dem Sinne, wie materielle oder endliche Objekte real sind, und er sieht Gott auch nicht als persönliches Wesen, das unabhängig von der Welt existiert und ihr auf unterschiedliche Weise verbunden ist. Manche betrachten Gott gar als Fiktion, deren Funktion es ist, eine gewisse Hingabe zu entfachen. Das sind dann die Non-Realisten, aber ihrer sind wenige.

Zumeist betonen die Autoren des 20. Jahrhunderts, die Wirklichkeit Gottes sei anderer Art und sollte nicht mit der Wirklichkeit von Ursachen oder Menschen innerhalb oder außerhalb des Universums verwechselt werden. Diese

Autoren achten gleichfalls darauf, die Wirklichkeit Gottes nicht mit metaphysischer Spekulation zu verwechseln, als wäre diese nur sehr fähigen Intellektuellen und Anhängern ‚des Systems' möglich.

Irgendwie muß diese Idee aber im Leben und der Erfahrung gewöhnlicher Menschen verwurzelt werden. Manch einer erwähnt vielleicht die Wirklichkeit von Mathematik, Musik oder Ethik. Wer so redet, sagt damit, daß es tatsächlich mathematische Wahrheiten gibt, die man wissen kann, und Entdeckungen, die man machen kann. Wir bauen uns die Mathematik ja nicht einfach zurecht. Selbst Bertrand Russell bemerkte, daß er in der Mathematik eine Welt der Klarheit und Verständlichkeit gefunden habe, die ihm etwas gab, das denkbar nahe an einem mystischen Gefühl gewesen war.

Auch in der Musik spürt man vielleicht, daß man eine Welt des üppigen Gefühls betritt, der komplexen Harmonie und der schönen Strukturen, die durch die Klangwellen und neurochemischen Impulse im Hirn vermittelt werden, die aber eben mehr und ganz anders ist als bloße physikalische Daten. Und in der Ethik merkt man wohl, daß es Wahrheiten gibt, die man wissen, erfahren kann; Verpflichtungen, die man anerkennen muß, und Visionen der Güte, die zu entdecken sind.

Wer von der Wirklichkeit Gottes spricht, sagt etwas diesem Ähnliches; nur ist es weiter und umfassender, und es schließt auch mehr von der Totalität des eigenen Selbst ein. Kierkegaard sprach von den drei Stufen des Lebens oder den Stadien der Existenz: der ästhetischen, der ethischen und der religiösen. Die erste wird von der Suche nach Vergnügen beherrscht, sie ist vielen Formen der Kontemplation des Schönen offen, dabei aber oft unberührt von moralischen Erwägungen (Künstler sind notorisch gleichgültig gegenüber vielen moralischen Konventionen). Die zweite Ebene betrifft die universellen Normen und Verpflichtungen mitsamt den Pflichten und Verantwortungen von Beruf und Familie. Auf der dritten sieht man, nach Kierkegaard, die Leere der zeitlichen Dinge des Lebens mit all der einsetzenden Angst und Verzweiflung, die sich vor dem Hintergrund der Ewigkeit auftun. Der Glaube ist ein Risiko, eine gewollte Entscheidung für eine objektive Unsicherheit, eine totale Hingabe des Selbst an das Ganze der Erfahrung. Er ist die Art und Weise, wie man sich im tiefsten Grunde gegen das verhält, was immer einem im Leben begegnet. Es ist die Art, wie man die Dinge angesichts der Ewigkeit sieht, und man glaubt an ewiges Glück – und an die Liebe, Hoffnung und Verzweiflung, die der Kampf des Lebens mit sich bringt.

Ein solcher Glaube kann als Entscheidung begriffen werden, jeden Moment als den zu erkennen, in dem man sich für die Zeitlichkeit (Sinnenhaftigkeit oder Konvention) oder für die Ewigkeit entscheidet (Freiheit von vergangener und ängstlicher Sorge; Freiheit, sich den anderen ohne Furcht oder Verachtung hinzugeben). Es geht nicht einfach darum, moralische Regeln einzuhalten; es geht darum, wie man das eigene Sein in der Welt begreift. Es sieht jeden Moment als Begegnung mit den Herausforderungen und Möglichkeiten der Vertiefung einer solchen Ansicht, alles in Bezug zu dem, was man als ewige Werte anerkennt.

Man sagt zuweilen von Wittgenstein, daß er die privaten persönlichen Erfahrungen aus seiner Philosophie ausgeschlossen habe, daß er ein Behaviourist gewesen sei. Das ist so gut wie sicher nicht der Fall. Wittgenstein untersuchte die Art, wie man sich identifiziert und von den eigenen Erfahrungen spricht, von den Begriffen und der Sprache abhängt, die man hat, und das ist etwas Gesellschaftliches. „Was gibt den Eindruck, daß wir etwas verleugnen wollten?", fragte er in den *Philosophischen Untersuchungen*, und fährt fort: Das, „was wir verleugnen, ist, daß das Bild des inneren Prozesses uns die genaue Vorstellung davon gibt, wie wir das Wort gebrauchen". Wittgenstein bestreitet nicht, daß die Menschen tiefe und sinnliche Erfahrungen haben. Nur: wie kann man über diese Tiefe reden? „Wenn man nur nicht versucht, das zu sagen, was unsagbar ist, geht schon nichts verloren." Aber das Unsagbare kann gleichwohl durch Worte ausgedrückt werden.

So sagte Wittgenstein: „Wenn ich dächte, Gott wäre ein anderes Wesen als ich, außerhalb meiner selbst, nur unendlich viel mächtiger, dann würde ich es als meine Pflicht erachten, ihm zu widerstehen" (Rhees, *Recollections of Wittgenstein*, S. 107). Doch „der Mensch ist ein zeremonielles Tier" und spricht das Wort „Gott" aus, wenn er sich dankbar, ängstlich, erhaben oder bedrückt fühlt – im Zusammenhang solcher gesellschaftlicher Praktiken, die derartige Gefühle ausdrücken; Gefühle, die eben nicht nur innere subjektive Ereignisse sind, sondern Arten, sich mit der Welt zu verbinden, die man im gesellschaftlichen Kontext gelernt und geteilt hat.

Das Wort „Schmerz", so Wittgenstein, bezieht sich nicht auf ein inneres Objekt, doch der Schmerz existiert. Das Wort „Gott" bezieht sich nicht auf ein übernatürliches Objekt, doch Gott kann existieren. Ich sage in diesem Falle „kann", weil es Gemeinschaften gibt, die dieses Wort nicht benutzen oder es sogar extra ausschließen. Sie haben ihre eigenen Lebensformen und -praktiken, ihre eigene Art, mit der gewöhnlichen Situation fertig zu werden, ein Mensch zu sein, endlich, abhängig und ungewiß. All das richtet sich nicht auf ein „Objekt" der Verehrung, Anbetung, Sehnsucht und Nahrung, denn diese Gemeinschaften spüren, daß es die Menschlichkeit in gewisser Weise verringert, wenn man ein solches Objekt festsetzt.

Gläubige aber leiden nicht unter einer Illusion, wenn sie Gott „setzen". Sie verbinden sich vielmehr auf diese Art mit der Welt, und die Wirklichkeit Gottes ist in ihrer Praxis begründet. Das mag den Glauben wie eine Option wirken lassen, was er natürlich nicht ist. Wenn er vorhanden ist, ist er zwingend und nicht frei gewählt. Es geht nur darum, den Glauben an Gott – eine leidenschaftliche, das Selbst verändernde, existentielle Hingabe – nicht mit dem Glauben zu verwechseln, es gebe im nächsten Zimmer ein paar Stühle.

Haben also Gläubige recht, oder irren sie sich? Es gibt keine neutrale Vernunft, die das entscheiden kann. Das Wissen der Menschen hat keinen absolut sicheren Grund, auf dem zu stehen hieße, daß man unparteiisch über solche letzten Fragen richten könne. An Gott zu glauben heißt, ihn anzubeten, und Anbetung heißt gewöhnlich, sich einem einzigen, vollkommenen Ideal zu widmen, das unbestechlich und unzerstörbar ist. Etwas Ähnliches wird durch die Erfahrung und Betrachtung von Kunst vermittelt. Wie die Romanautorin und Philosophin Iris Murdoch es sagt: „Große Kunst lehrt uns, wie man reale Dinge betrachten und lieben kann, ohne sie zu ergreifen und zu benutzen." Die Betrachtung der Schönheit in Kunst und Natur überprüft die Selbstsucht im Interesse des richtigen und wahren Sehens.

Moralische Verpflichtung gibt uns gleichfalls etwas an die Hand, das mit Anbetung zu tun hat. Sich dem Mitleid und der Liebe zu verpflichten, angesichts zahlreicher Versuchungen zu belangloser Selbstsucht, zwingt die Aktion zur Kontemplation. Moral lehrt uns zu sehen, wie das Gute ersehnt und verwirklicht werden kann, ohne daß man es für sich allein zu besitzen sucht. Sie lehrt uns, persönliches Verlangen dem allgemeinen Wohl unterzuordnen.

Die religiöse Lebensart reicht noch tiefer in das Selbst hinein und sucht unsere Haltung und Art von den inneren Tiefen aufzuspüren und die Aufmerksamkeit auf ein höchstes objektives Gutes zu lenken. Auf das Gute ausgerichtet, wird das endliche Selbst mehr als das ästhetische oder ethische Selbst. Es wird ein Selbst, das durch das Gute verwandelt wurde, und man kann es als erhoben in die Ewigkeit bezeichnen, befreit von aller Sorge um das Zeitliche.

Aber nur wenige können in aller Strenge und Intensität diesem Weg folgen. Die Belohnung dafür ist schlicht die Gesellschaft des Guten, das personifizierte

Ideal, von dem die *Gita* sagt (6, 30): „Wer mich allüberall erblickt und alles auch in mir erblickt, dem kann niemals entschwinden ich, und er entschwindet niemals mir." Das Gute in allem zu schauen, alles als vom Guten erfaßt zu erkennen, heißt, mit dem Unzerstörbaren vereint zu sein, besessen vom Guten. Die, die derart vereint sind, nennen wir Heilige. Die meisten von uns folgen einem leichteren Weg, in dem Reue und Vergeben eine wesentliche Rolle spielen und auf dem unsere Hoffnung beruht, daß wir von Zeit zu Zeit von dem Guten berührt werden, welches wir von uns allein aus nicht erlangen können.

Die Stille des Herzens

Es ist kein Zufall, daß ich damit geendet habe, eher vom Guten als von Gott zu sprechen. Die Vorstellung von Gott mit ihrer langen Geschichte von Debatten und Disputen ist zu sehr von Vorstellungen einer übernatürlichen Person überlagert, die uns willkürlich vom Tode errettet, während um uns herum Millionen sterben. Wenn wir statt dessen an ein transzendentales Gutes denken könnten, das nichts als sich selbst bietet und unsere vorübergehende Teilnahme an seinem Leben, dann könnten wir dem Zentrum der klassischen Gottesidee wieder näherkommen.

Das Gute ist, wiewohl unbeschreibbar, durch Bilder symbolisiert und in Personifikationen gekleidet, die zugleich phantasievoll und inspiriert sind, dabei aber vermittelt durch Rituale, die noch ein gewisses Bewußtsein ihrer Wirklichkeit bewahren. Wenn solche Bilder zum Objekt metaphysischer oder historischer Spekulation werden, werden sie endlos disputabel und religiös irrelevant. Die Aufmerksamkeit wird von der Rolle, die sie bei der Ausbildung unserer Innerlichkeit spielen, unserer inneren Haltung gegenüber der Welt, übertragen auf vergebliche Versuche, objektive Fakten über die Natur des Kosmos oder die Ereignisse der vergangenen Geschichte darzulegen. Anstatt zu fragen, ob die Anbetung uns den Zugang zu tieferen Aspekten der Realität vermittelt, werden wir dazu gebracht, darüber nachzusinnen, ob Jesus an einem Freitag oder Samstag nach Jerusalem ging. Dann teilen wir uns in zwei Gruppen auf, die eine hält den Freitag hoch, die andere den Samstag; keine Gruppe spricht mehr mit der anderen – und kein Weg tut sich auf, den Streit zu lösen.

Diese Mißdeutung, dieser falsche Einsatz der Bilder ging so weit, daß für viele europäische Autoren des zwanzigsten Jahrhunderts die Bilder selbst aufgegeben werden mußten. Vor allem nach den beiden Weltkriegen und der *Shoah*, gemeinhin auch Holocaust genannt, schien der Gedanke an Gott als fürsorgender Vater fast schon komisch irrelevant, wie auch der Gedanke an Gott als weißbärtiger Richter, der Millionen von Seelen zu endlosen Qualen verurteilte ein moralischer Bankrott zu sein schien.

Was blieb, war Stille, obwohl es keine Stille war, in welcher nichts anfängt oder aufhört; und es gibt hier auch keine Erinnerung an das, was gewesen war. Es ist eine Stille wie die, die nach tiefgründiger Musik eintritt, nachdem alles gespielt wurde und jeder weitere Klang, auch der Applaus, erniedrigend wäre. Eine solche Stille hat den Widerhall des geendeten Klanges. Es gibt einen Ort, an dem Worte und Musik enden. Es ist dies nicht die bloße Dunkelheit; es ist die Dunkelheit zwischen den Sternen, die ihren Kontrast von Millionen von Sonnen bezieht. Moses kannte diese Dunkelheit; sie war in der Wolke, die den Berg umhüllte. Elias kannte sie, nach dem Erdbeben und dem Feuer. Thomas von Aquin kannte sie, als er seine große *Summa Theologiae* unvollendet ließ. Es ist die Wolke des Nichtwissens, die nur von der Liebe durchdrungen werden kann.

Bei der Reise durch das europäischen Denken über Gott sind wir von der antiken Welt voller Götter zu einer Welt gekommen, in der es die Stille gibt; wir sind von der Glut der platonischen Sonne bis zur Dunkelheit zwischen den Sternen gereist. In einem gewissen Sinne merken wir, nachdem wir so viel mehr erfahren haben, daß wir viel weniger wissen, als wir dachten. Wenn wir aber diese Reise gemacht haben, wenn wir dem Ringen der Menschen mit einem namenlosen Gott gefolgt sind, mit einer Idee eines solchen Gottes, dann sehen wir vielleicht, was wir bislang nicht sahen, obwohl das, was zu sehen ist, nicht gesagt werden kann. Und unser Mangel an Wissen mag dennoch mehr als die Summe der Wörter über den Begriff ‚Gott' im *Shorter Oxford Dictionary* enthüllen.

> Warum nicht! Nie dachte ich anders denn
> daß Gott die große Abwesenheit
> in unserem Leben sei, die leere Stille
> darin, der Ort, zu dem wir zieh'n
> und suchen, ohne Hoffnung
> anzukommen oder zu finden. Er hält den Riß
> in unserem Wissen auf, die Dunkelheit zwischen den Sternen.
>
> (Aus R. S. Thomas, *Via Negativa*)

Zur weiteren Lektüre

A. J. Ayer, *Language, Truth and Logic*, London, 1971, ist eine klare Darstellung des Logischen Positivismus.

Francis Bacon, *On the proficience and advancement of learning divine and human*, London 1605.

Søren Kierkegaard, *Abschließende Unwissenschaftliche Nachschrift*, 1846 (München 2005), vor allem Teil 2, Abschnitt 2, Kapitel 2 ist am relevantesten für „Wahrheit als Subjektivität". Siehe auch *Furcht und Zittern*, 1843 (München 2005). Die Unterscheidung von Sokrates und Jesus findet sich in den *Philosophischen Brosamen*, 1844 (München 2005).

Über Symbole siehe: Paul Tillich, *Systematic Theology*, Chicago 1951. Die Einführung zu Band 2 ist hier relevant.

Ludwig Wittgenstein: Das meiste Material stammt aus den *Vorlesungen* und dem *Tractatus logico-philosophicus*, Frankfurt a. M. 2005. Siehe auch *Philosophische Untersuchungen*, Frankfurt a. M. 2001.

Jedes Buch von D. Z. Phillips lohnt die Lektüre wegen der Darstellung einer „nicht-metaphysischen" Sicht auf den religiösen Glauben.

7. Der persönliche Lebensgrund

Worin der Leser findet, daß Gott kein Mensch ohne Körper ist, und worin er sich fragen wird, ob Gott Fahrrad fahren kann oder ob er weiß, wann die Menschen auf dem Mars landen werden. Der Leser wird entdecken, warum die Deutschen im neunzehnten Jahrhundert immer deprimierter wurden und daß die Trinität nicht, obgleich sie tatsächlich drei Personen in einer Substanz ist, nicht zugleich drei Menschen meint, die in einer Suppenschüssel sitzen. Endlich wird der Leser auch bemerken, daß die Evolution nicht ein verzweifelter Existenzkampf sein muß, wie mancher Pessimist uns weismachen will, sondern als das Streben nach höherem Leben und Bewußtsein betrachtet werden kann. Gott fährt vielleicht kein Fahrrad, aber Gott kennt viele Leute, die das können, und Gott sorgt dafür, daß sie das schließlich sogar sehr gut können.

Gott als allmächtige Gestalt

Dieser Führer zu Gott hat vielleicht nicht erfüllt, was erwartet wurde. Nicht nur habe ich die Lehre von der übernatürlichen Person nicht dargelegt, die absolut alles kann, die absolut alles weiß und nie jemandem schadet. Sondern ich habe diese Lehre auch gegeißelt: als Travestie dessen, was die bekanntesten Philosophen aller Zeiten über Gott geschrieben haben.

Sicher gibt es viele Menschen, die denken, Gott sei ganz offensichtlich eine übernatürliche Person. Im alten Griechenland gab es so etwas sicher, und auch die Vorstellung, daß Pallas Athene wirklich zur Hilfe herbeifliegen würde, wenn die Menschen Probleme hätten. Andererseits schien die Tatsache, daß Athene das aber niemals tat, die Griechen nicht sonderlich zu bekümmern – was den Verdacht aufkommen läßt, die Griechen kümmerten sich nicht wirklich um die wörtlichen Entsprechungen ihrer Sprache, was auch immer sie gesagt haben mochten, wenn man sie fragte. Es gibt zudem viele Menschen, die meinen, Gott sei auch heute noch so – aber wiederum scheinen auch diese Menschen sich nicht sonderlich zu bekümmern, wenn dieser Gott so nie erscheint oder auf die meisten Gebete mit „nein“ antwortet.

Ist es dann trotzdem wirklich plausibel zu sagen, daß Gott nicht als wie auch immer geartete Person gedacht werden sollte? Sicher legen uns die großen klassischen Autoren nahe, die Vorstellung einer „Person“ weitgehend einzuschränken, aber gibt es in ihrem Denken gar keinen Raum für die Personifizierung Gottes? Und kann die Vorstellung Gottes als Person nicht doch auf elegante Weise verteidigt werden?

Natürlich kann man das tun. In Amerika gibt es eine zu Recht bekannte Schule der personalistischen Philosophen, wie Edgar Brightman und Peter Bertocci. Und eine der am häufigsten zitierten Definitionen Gottes in der neueren Philosophie stammt von dem Philosophen Richard Swinburne aus Oxford. Gott, so Swinburne, ist etwas wie „eine Person ohne Körper (also ein Geist), die ewig ist, frei, fähig, alles zu tun, die alles weiß, vollkommen gut ist, das geeignete Objekt für die Anbetung der Menschen und für Gehorsam, Schöpfer und Erhalter des Universums“ (so der zweite Satz aus der Einführung zu *The Coherence of Theism*). Swinburnes Bücher geben uns die beste Darstellung und Verteidigung seiner eigenen Definition, weshalb es eine große Zeitverschwendung wäre, wenn ich es hier auf weniger elegante und gelehrte Weise erklären wollte.

Es muß aber festgehalten werden, daß die Vorstellung einer „Person“ ganz anders sein kann als das, was man auch immer auf menschliche Personen anwendet. Für Swinburne ist Gott ewig, vollkommen frei und allmächtig, was menschliche Wesen sicher nicht sind. Swinburne gibt diesen Begriffen eine Bedeutung, die eindeutiger persönlich ist als innerhalb der klassischen Tradition üblich. Aber immer noch erweist sich Gott als ganz anders denn als menschliche Personen.

In Swinburnes Interpretation heißt „ewig“ nicht „zeitlos“, wie dies für die klassischen Theologen gilt. Es bedeutet vielmehr ohne Anfang oder Ende. „Frei“ heißt nicht, daß Gott alles tun kann, was logisch möglich ist. Im Gegenteil, es bedeutet, daß Gott immer irgend etwas tun wird, wenn Gott weiß, daß es besser wäre, es würde getan als daß es nicht getan würde. Gott ist vollkommen und durch und durch rational, und wenn wir ebenso rational wären, würden wir fast alles vorhersagen, was Gott tun würde oder auch nicht. „Allmächtig“ heißt nicht, daß Gott jeden logisch möglichen Zustand bewirken kann. So muß Gott zum Beispiel Gutes tun und das Böse vermeiden. Deshalb ist Gott kein moralisch Handelnder in dem Sinne, daß Gott fähig ist, Falsches zu tun und dennoch verpflichtet ist, zu tun, was recht ist. Um es allgemeiner zu sagen: Ein allmächtiges Wesen ist eines, das alles tun kann, das ins Gebiet der unbestimmten oder nicht notwendigen Taten jenes Wesens fällt, das der Quell aller wirklichen und möglichen Macht ist. Wie Swinburne es selbst ausdrückt: „Ein Wesen, das in meinem Sinne vollkommen frei und allmächtig ist, hat soviel Kontrolle über die Dinge, wie es logisch möglich ist, daß ein Wesen dies haben könnte" – und wir müssen nicht einmal genau wissen, welches die Grenzen dieses „logisch Möglichen" sind.

Dies ist eine sehr qualifizierte Vorstellung über die Allmacht, aber, wie ich finde, auch eine sehr schlüssige. Wir wissen einfach nicht, wieviel Kontrolle über die Dinge ein vollkommen gutes und rationales Wesen haben würde, welche unbestimmten Dinge getan werden müßten oder was notwendig aus der Natur dieses Wesens folgen müßte. Man kann sehr leicht einen Ausdruck wie den folgenden ersinnen: „ein Universum wie dieses, aber ohne jedes Leid darin". Wie können wir überhaupt wissen, ob ein solches Universum möglich ist? Nun, man könnte sagen, mit Gott muß alles möglich sein. Aber so leicht ist es nicht. Selbst wenn Gott der Quell von allem außer Gott ist, auch der Quell aller Macht, so daß es nichts Mächtigeres als Gott geben kann, haben wir dennoch nicht die geringste Ahnung, welche Macht Gott tatsächlich hat. „Alle Macht natürlich", würde man sagen. Aber hat Gott die Macht, Fahrrad zu fahren oder eine Meile in drei Minuten zu laufen? Wenn man versucht ist, mit „Ja" zu antworten, sollte man daran denken, daß Gott kein Fahrrad hat und auch keine Beine.

„Aber Gott kann Beine machen." Das ist nicht vollkommen absurd. Manche Christen glauben, daß Gott einige göttliche Beine schuf, die Beine von Jesus von Nazareth – obwohl Jesus auch kein Fahrrad hatte. Manche Leute denken auch, daß Gott tatsächlich die Beine aller Menschen hat, wenn sie glauben, daß alles Teil von Gott ist. Man könnte sogar sagen, daß ein guter Grund für die Erschaffung eines Universums mit Menschen und Fahrrädern darin liegt, daß Gott erfahren kann, wie es ist, wenn man läuft und Fahrrad fährt.

Das wahre Problem aber kommt von unserer Denkweise, daß Gott in der Lage sein muß, alles zu tun, was wir denken können – weil wir, unwissend wie wir sind, uns eine Menge von Dingen vorstellen können, die in der Tat vollkommen unmöglich sind. So können wir uns vorstellen, in der Zeit zurückzugehen, um rechtzeitig unsere Großeltern umzubringen, ehe sie Kinder bekamen – man sieht ja gelegentlich Filme, in denen solche Dinge passieren. Doch wir können erkennen, daß so etwas offenkundig unmöglich ist, da wir ohne unsere Großeltern nicht leben würden. Wir können uns auch ausdenken, ein Quadrat zu finden, daß gleich groß wie ein gegebener Kreis ist – aber Mathematiker können beweisen, daß das logisch unmöglich ist. Wir meinen, wir könnten uns vorstellen, daß die Schwerkraft nur ein wenig stärker ist als tatsächlich – aber die Physiker erzählen uns, daß, wenn dem so wäre, die Elektronen in die Zellkerne der Atome stürzen würden; es gäbe also keine Atome und daher überhaupt kein organisiertes Universum.

Die Wahrheit ist, daß wir eben nicht sehr gut sind, wenn es um die richtige und genügend detaillierte Erfindung von Dingen geht, um zu sehen, ob sie möglich sind. Daraus, daß wir etwas ersinnen können, folgt noch lange nicht, daß es auch möglich sein muß. Im vierten Kapitel sahen wir, daß manche Menschen dachten, sie könnten sich einen Gott vorstellen, der in allen möglichen Welten lebt. Andere Menschen aber waren gleichermaßen sicher, sie könnten sich eine mögliche Welt ohne Gott vorstellen. Offensichtlich können nicht beide recht haben, nur gibt es keinen anerkannten Weg, der uns sagt, wer nun recht hat.

Unsere Vorstellungen sind nur ein schwacher Führer zu dem, was wirklich möglich ist, weil wir absolut keine Ahnung haben, welche Arten von Dingen wirklich existieren können oder was für Gott notwendig oder möglich wäre. Daher glaube ich, daß wir einfach sagen müssen, daß Gott mächtig genug ist, das Universum zu erschaffen und daß kein anderes Wesen mächtiger sein kann und daß das genau soviel ist, wie wir von einer Allmacht zu erwarten haben.

Diskussionen über die Allmacht Gottes laufen gewöhnlich in abstruse Diskussionen darüber aus, ob Gott einen Stein machen kann, der zu schwer ist, als daß Gott ihn heben könnte, oder ob Gott Selbstmord begehen oder ein Wesen schaffen könnte, das mächtiger ist als Gott. Wenn Gott keinen solchen Stein erschaffen kann, ist er nicht allmächtig. Wenn er ihn nicht heben kann, ist er auch nicht allmächtig. All diese Rätselspiele enden damit, daß man sagt, es gibt manche Dinge, die selbst Gott nicht tun kann, aber sie unterminieren nicht seine Allmacht, da Allmacht schlicht bedeuten muß, daß kein Wesen mächtiger sein kann als Gott.

Das Problem des Bösen

Es sollte darauf hingewiesen werden, daß dies zugleich das sogenannte Problem des Bösen löst (obwohl natürlich nur in einem intellektuellen Sinn; das existierende Problem, dem Bösen ins Angesicht zu schauen, bleibt so drängend wie immer). Das intellektuelle Problem des Bösen ist das Problem, wie ein allmächtiger und guter Gott ein Universum mit dem Bösen darin erschaffen konnte. Man braucht hier nur zu sagen, daß ein Universum mit rationalen Wesen, die einigermaßen so sind wie wir, ohne das Böse existieren könnte und daß Gott als mächtigstes Wesen, das möglich ist, ein solches Universum erschaffen muß. Zudem ist dieser Gott gut, weil Gott von höchstem Wert ist und vorhat, daß das Universum Gutes hervorbringen sollte und ihm dabei hilft und sicherstellt, daß das auch passiert.

Wie man erwarten könnte, sah Platon dies schon vor langer Zeit ebenso, als er meinte, daß Gottes Erschaffung des Universums durch Notwendigkeiten begrenzt sei. Richtige Theisten legen die Notwendigkeit in das göttliche Wesen hinein, anstatt daß sie es als etwas Äußeres ansehen, das Gott begrenzt. Und sie sehen Gott als den Schöpfer, nicht nur als den Former des Universums an. Daher können sie sagen, Gott will, daß das Universum existiert um des Guten willen, das darin ist und es möglich macht. Trotzdem: was Gott will, muß ein Ausdruck des göttlichen Seins sein, und dessen verwirklichte Natur ist vollkommen gut. Gott erwählt diese Natur nicht; sie ist notwendig, wie sie ist. Viele der nicht verwirklichten Möglichkeiten darin sind böse und schlecht, nicht erstrebenswert und nicht um ihrer selbst willen rational zu wählen. Daher wird Gott sie nicht verwirklichen um ihrer selbst willen; Gott will nicht, daß sie verwirklicht werden.

Gott will ein Universum verwirklichen (zumindest eines, vielleicht aber auch viele). Gott tut und will das, weil es gut ist, es so zu tun, und weil es in der göttlichen Natur liegt. Aber eine solche Verwirklichung kann auch die Verwirklichung manches tatsächlich Bösen einschließen wie auch die von viel möglichem Bösen (etwas Böses, das unvermeidlich von freien endlichen Wesen verwirklicht werden kann). Auch das mächtigste Wesen, das möglich ist, kann das nicht verhindern, und das, obwohl es am Bösen teilhaben kann und es überführen (oder davon erlösen), es zum integralen Bestandteil eines Ganzen macht, das auf einzigartige Weise gut ist und als solches von allen empfindungsfähigen Wesen erkannt werden kann, die zu solch einer Erkenntnis fähig sind.

Natürlich wissen wir nicht, ob all das stimmt oder nicht. Aber es ist sinnvoll. Es löst das Problem des Bösen. Und wenn man das einmal zugibt, kann man sich Gottes Natur nicht vorstellen oder begreifen. Man kann dann nicht einen solchen Vorschlag ausschließen, indem man auf eine fragwürdige Definition der Allmacht verweist, wie etwa „die Fähigkeit, absolut alles zu tun, das ich mir vorstellen kann oder das ich ohne offenkundige Widersprüche festlegen kann". Es folgt daraus, daß Gott nicht positiv all das beabsichtigt, was ist, sondern nur das Gute. Gott hat nicht das Schlechte vor; Gott muß es akzeptieren, da es (jedenfalls vieles davon wie der Tod von Tieren) notwendig ist, oder es wird durch das Gute hervorgebracht, das irgendwie falsch gelaufen ist (wie die Menschen). Wenn man sagt, das ist aber keine Allmacht, kann es sein, daß es dennoch das Beste ist, was man bekommen kann. Wie auch immer, es ist eine vollkommen treffende Definition der Allmacht, weil sie besagt, daß Gott alle Möglichkeiten enthält, die es gibt, und daß alle mögliche Gewalt von Gott kommt. Wenn man mehr will, verliert man vielleicht die Kontrolle über die eigene Phantasie.

Fichte, Schelling, Schopenhauer und Nietzsche: jenseits von Gut und Böse

Man mag das Gefühl haben, daß es notwendigerweise immer schlecht ist, etwas Böses zu tun und daß damit die Güte Gottes in Frage gestellt wird. Eine Reihe deutscher Philosophen nach Kant, die sich entweder als ‚Post-Christen' oder als ‚Anti-Christen' begriffen, verwarf die Sichtweise, daß Gott gut sei. Johann Gottlieb Fichte (1762–1814) beanspruchte für sich, das Denken Immanuel Kants zu vervollständigen. Kant hatte gesagt, daß all unsere Grundbegriffe des Denkens, sogar Raum und Zeit, dem Wissen durch das wissende Selbst vermittelt werden und keine Kennzeichen der objektiven Welt sind. Fichte schloß daraus, daß das gesamte Universum das Produkt eines riesigen kosmischen Selbst ist, des absoluten Egos. Dieses Ego ist nicht persönlich, realisiert sich aber schrittweise in der Geschichte, bis es endlich in einer menschlichen Gesellschaft resultiert, in der alle „freudig tun, was richtig ist", und dann gibt es keine weitere Notwendigkeit für Religion. In diesem Sinne konnte Fichtes Gott immer noch gut genannt werden, obwohl er keine persönliche Beziehung zum Universum hatte. Kant aber mochte das nicht und klagte, daß Fichtes absolutes Ego größer sei als sein,

Kants, absolutes Ego, und er vermutete, Fichte würde in Wahrheit denken, er (Fichte, nicht Kant) sei das absolute Ego.

Die Idee aber des Universums, das sich durch einen Prozeß der Selbstentwicklung realisiert, setzte sich durch. Friedrich Wilhelm Joseph von Schelling (1775–1854) legte fest, daß das absolute Ego großenteils unbewußt sei. Aus einer ursprünglichen blinden Notwendigkeit heraus, die mit einem arationalen und unbewußten Willen gleichzusetzen ist, entstehen sowohl Natur wie Geist. Während im Denken Hegels die Vernunft letztlich unter Kontrolle ist, wird bei Schelling der Wille wesentlich, das arationale und heroische Suchen, das die Moral transzendiert und die Notwendigkeit des Bösen als Teil der Entwicklung des Willens akzeptiert. Nun löst das Universum oder die Natur Gott ab als Ursache für sich selbst, und die Betonung der Notwendigkeit führt zur Befürwortung einer transmoralischen Kraft des Willens und der heroischen Suche, des „Kampfes ums Dasein", der dann Charles Darwin stark beeinflussen sollte. Das ist vermutlich so nahe dem Pantheismus, wie Philosophen es überhaupt möglich ist.

Deutsche Philosophen wurden nun immer düsterer, und die Güte des höchsten Wesens begann zu verschwinden. Arthur Schopenhauer (1788–1860), meist als der größte Pessimist aller Zeiten angesehen, sah das gesamte Universum als tragische Erscheinung eines blinden Strebens des Willens; eines Strebens, das unvermeidlich zu Konflikt, Unglück und Leiden führt. So führt der Verlauf der deutschen Philosophie des achtzehnten Jahrhunderts von der fröhlichen Notwendigkeit bei Leibniz, die das Universum als rational akzeptiert und als beste aller möglichen Welten – auch wenn sie gewöhnlich unerfreulich ist –, zur unglücklichen Notwendigkeit bei Schopenhauer, der das Universum nicht akzeptiert, ihm aber auch nicht entkommen kann. Das Schlimmste sollte jedoch noch kommen.

Friedrich Wilhelm Nietzsche (1844–1900) freute sich auf die Ankunft des Übermenschen, der die christlichen Werte wie Mitleid und Demut vollkommen zurückweisen würde, um sich selbst als den reinen Willen zur Macht einzusetzen, in einem heiteren und mitleidlosen, starken und freien Leben. Der Gott, der das Gute will, das Schlechte zu schaffen aber nicht vermeiden kann, ist transformiert worden (überführt, aber in die falsche Richtung) zum universalen Willen, der jenseits von Gut und Böse ist und für den das endlose Streben ohne moralisches Ziel die einzige Realität ist.

Das also passiert, wenn die Vision einer transzendenten Güte verloren ist und man nur den Kampf und das Leiden und den Willen zur Macht des Universums als die letzte Wirklichkeit ansieht. Tatsache ist, daß das Böse eben im Universum existiert, und wenn man das Universum mit Gott gleichsetzt, muß man auch das tatsächlich Böse in Gott einschließen. Für alle hauptsächlichen, sich abzeichnenden Traditionen aber ist Gott das oberste Gute, und so muß sich auch das Universum in der ursprünglichen göttlichen Natur transzendieren. Und es soll noch einmal gesagt werden, daß die meisten indischen Traditionen, die man zuweilen monistisch oder pantheistisch genannt hat, die Güte Gottes annehmen. Wenn also das Universum Gott auf irgendeine Weise manifestiert, bleibt doch Gott jenseits des Universums in seiner Güte.

Das Problem für den Theisten, der vielleicht aus Gründen der prophetischen Offenbarung akzeptiert, daß Gott gut ist, bleibt, daß er das Böse im Universum erklären muß. Das kann man tun, wie ich vorgeschlagen habe, indem man annimmt, daß selbst ein guter Gott, der aus guten Gründen ein gutes Universum schafft, auch etwas Böses erschaffen muß, obgleich Gott nie positiv das Böse entweder direkt oder als Mittel zu einem unabhängig existierenden Zweck beabsichtigen kann. Das wiederum zieht nach sich, daß Gott auf eine wichtige Weise transzendent für das Universum und unterschieden von ihm ist und daß Gott nicht direkt alles beabsichtigt, was im Universum passiert, obgleich Gott die Ursache von allem im Universum ist.

Allwissenheit und schöpferische Freiheit

Swinburne geht vielleicht nicht so weit wie ich, als ich dem göttlichen Wesen innere Notwendigkeiten zuschrieb. Aber er bestimmt die „Allmacht“ in der Weise, daß sie „Vereinbarkeit mit der notwendigen Natur Gottes“ bedeuten muß, weshalb ich denke, daß ich nicht allzuweit von seiner grundsätzlichen Einsicht abgewichen bin.

Swinburne bestimmt das „Allwissen“ ähnlich. „Gott weiß alles“, sagt Swinburne, was nicht heißt, wie in der klassischen Tradition „Gott weiß von allen möglichen wahren oder falschen Vorschlägen, daß sie wahr oder falsch sind“. Es bedeutet vielmehr: „Gott weiß alles, was ein zeitliches Wesen wissen kann“ – und Gott ist ein zeitliches Wesen. So sind zum Beispiel unbestimmte Ereignisse in der Zukunft von keinem zeitlichen Wesen zu wissen. Die Zukunft mag offen sein, und selbst Gott muß herausfinden, was passiert – es sei denn, Gott beschließt, die Zukunft einseitig zu bestimmen.

Das mag manchem als sehr beschränkt erscheinen. Wenn Gott nicht genau weiß, was ich als nächstes tun werde, kann das große und unvorhergesehene Konsequenzen für die Zukunft haben. Ich schreibe vielleicht einen Brief, der einen Physiker dazu bringt, seinen Job aufzugeben, was nach sich zieht, daß das amerikanische Raumfahrtprogramm angehalten wird, was bedeutet, daß nie jemand auf dem Mars landet. Oder ich schreibe den Brief nicht. Also weiß Gott nicht, ob je ein Mensch zum Mars fliegen wird. Vermutlich weiß Gott aus ähnlichen Gründen nicht, ob die Welt in einer Atombombenexplosion enden wird oder nicht, da er keine Ahnung hat, was in ein paar Jahren sein wird. Das klingt nach einer eher merkwürdigen Definition von Allwissenheit.

Natürlich stimmt es nicht, daß Gott keine Ahnung hat, was passieren könnte. Gott weiß und ermöglicht alles, was in der Zukunft sein könnte. Gott kontrolliert die Alternativen, die die Menschen auswählen. Außerdem kann Gott diese Auswahl bestimmen, wenn Gott es so wünscht; daher kann Gott die Zukunft vollständig kontrollieren. Normalerweise aber, und für den Libertaristen sowieso, lehnt Gott es ab, eine derartige Kontrolle auszuüben. Gott gestattet den Menschen, frei zu sein, innerhalb der Grenzen, die Gott gesetzt hat. Gott kann anfangen, das Böse zu eliminieren oder die Anstrengungen unterstützen, das Gute zu bewirken, aber Gott läßt die Menschen großenteils ihre Zukunft selbst bestimmen. Mit anderen Worten: Wenn Gott will, daß Menschen zum Mars fliegen, wird Gott einen Weg finden, sie dahin zu bringen. Aber Gott zieht es vielleicht vor, abzuwarten, welche Ideen die Menschen haben werden.

Es kann ein echtes Element schöpferischer Freiheit im Universum geben, und die Existenz einer solchen schöpferischen Freiheit kann von großem Wert sein. Das Universum gerät aber nie außer Kontrolle. Gott weiß und wird sicherstellen, daß am Ende das Böse sich selbst zerstört und das Gute verwirklicht und bewahrt werden wird. Gott weiß, daß endliche Wesen niemals über Gottes Macht hinausgelangen, den Menschen zu vergeben und zu helfen. Und Gott weiß auch, daß die göttliche Absicht zur Schöpfung, daß nämlich neue Werte erschaffen und genossen werden sollten, verwirklicht werden wird. Gott ist so allwissend wie ein Wesen nur sein kann, das wünscht, es möge ein Universum der schöpferischen Freiheit existieren. Und eben das ist Allwissen.

Gott: Person oder persönlich?

Es ist also möglich, der Ewigkeit, Freiheit, Macht und dem Wissen eine eher engere Interpretation als die der klassischen Theologen zu geben, die zudem, wie ich meine, einem vollkommen persönlichen Wesen eher gemäß ist. Und auch wenn dieser Gott eine „unkörperliche Person" genannt wurde, heißt das noch nicht, wie es vielleicht meist scheint, daß da eine fortgesetzte geistige Substanz ist, die schlußfolgert, fühlt, ableitet und gegenüber anderen Menschen zu agieren und reagieren lernt. Es ist eher in einem „analogen Sinn" gemeint, den Swinburne so definiert, daß Gott eher wie eine Person ist als etwas anderes, das eben keine Person ist. Gott ist eher wie ein denkendes Ding als ein Felsen oder ein Gemüse. Aber Gott könnte immer noch ganz anders sein als die Personen, die wir durch unsere Erfahrung kennen.

In diesem Sinne könnte man sagen, daß ein menschliches Wesen mehr einem Frosch als einem Stern gleicht – sie haben die DNA gemeinsam und vielleicht auch ein Bewußtsein. Ich persönlich finde es immer noch komisch zu sagen, daß ich ein Frosch sei, selbst ein analoger Frosch. Das kommt aber vielleicht daher, weil ich eher wie andere Wesen bin – wie Schimpansen zum Beispiel – denn wie ein Frosch. Wenn ich der letzte Mensch auf der Welt wäre, könnte ich per Analogie sagen, daß ich ein Schimpanse wäre. Ich wäre mehr wie ein Schimpanse als alles andere um mich herum.

Trotzdem könnte das für andere nicht-analoge Schimpansen sehr irreführend sein, sofern sie mich verstehen würden. Sie könnten sehr wohl sagen: „Du siehst für mich nicht sehr wie ein Schimpanse aus." „Das kann schon sein", würde ich antworten. „Ich gebe zu, ich habe manche meiner syntaktischen Verbindungen zur Welt gelockert – so heißt es zum Beispiel nicht mehr, daß man, um ein Schimpanse zu sein, am ganzen Körper behaart sein muß. Aber ich versichere dir, daß ich trotzdem ein echter, wenn auch analoger Schimpanse bin."

Das vermittelt ziemlich gut, warum viele Theologen sich zu äußern gehütet haben, daß Gott, selbst analogisch, eine Person sei. Gott könnte mehr Person sein als vieles andere im erschaffenen Universum. Aber es könnte vollkommen irreführend sein zu sagen, Gott „ist" etwas, das wirklich nur im erschaffenen Universum existiert. Wieso sollte man nicht bei dem Gedanken bleiben, daß Gott in mancher Hinsicht mehr wie eine Person ist statt wie ein Wesen, das unter einer Person rangiert? Das heißt, es gibt etwas an Gott, das dem Bewußtsein und der Absicht mehr ähnelt als dem Unbewußten und dem Zufall. Wir können ja wirklich sagen, daß Gott des Universums bewußt ist und beabsichtigt, daß es existiert.

Würden wir nicht manche Begriffe gebrauchen, die aus der endlichen Welt bezogen sind, von der wir wissen, dann könnten wir gar nichts über Gott sagen. Selbst die, die vom „Guten“ reden und von der „Dunkelheit zwischen den Sternen“, benutzen Ausdrücke aus der endlichen Welt. Es gibt kein Entkommen vor der Analogie – davor, von Gott mit Begriffen der endlichen Welt zu reden. Es ist eine Frage dessen, wie weit man gehen will. Um es persönlich auszudrücken: Zu sagen, daß Gott eine Person ist, ist ein Schritt zu weit für mich. Es macht für mich Gott zu sehr zu einem endlichen Wesen. Swinburne aber schlägt etwas anderes vor (was eigentlich von Paul Tillich kommt), daß Gott nämlich „der persönliche Grund für das Sein“ ist. Ich bekenne, mich dabei wesentlich wohler zu fühlen, da es darauf hinweist, daß der Grund des Seins, die letzte Quelle all dessen, was ist, etwas besitzt, das eher wie Bewußtsein wirkt denn wie ein permanenter Zustand des Unbewußten, zudem auch etwas mehr wie Absicht denn wie ein kompletter Zufall oder ein Versehen.

Es könnte auch in mancher Hinsicht wahr sein, daß Gott mehr wie nichtpersönliche Dinge ist denn wie persönliche. Wenn man fragt: „Ist Gott eher wie die Dunkelheit denn wie ein Mensch?“, könnte die korrekte Antwort sein: „Gott ist ein bißchen wie beides, in unterschiedlicher Hinsicht.“ Vielleicht brauchen wir mehr als nur eine Reihe von Analogien, um weniger unzulänglich von Gott zu sprechen.

Wie aber ist Gott der Dunkelheit ähnlich? Man erinnere sich, daß dies eine besondere Dunkelheit sein muß. Nicht das schiere Nichts, sondern in R. S. Thomas' Worten „der Ort, an dem wir suchen gehen“. Es ist wie eine unendliche Tiefe, in die wir freiwillig, wenn auch oft furchtsam, eintauchen, und die den Schrecken und das Aufgeben der intellektuellen Analyse bewirkt. Es ist der Gedanke an den unbegreiflichen Abgrund der Unendlichkeit, der jedes Reden über Personen relativiert – die ja schließlich doch endliche Wesen sind. Wenn man Michelangelos Gemälde an der Decke der Sixtinischen Kapelle anschaut oder Blakes vielfach reproduziertes Bild *Ancient of Days*, dann mag man sagen wollen: „Das ist nicht Gott. Gott ist das nicht Darzustellende, das Unbegrenzte und im Gegensatz zu allen begrenzten Räumen, die wir uns vorstellen und für deren Darstellung der Grenzen wir Farben benutzen. Gott ist die Dunkelheit, das Jenseits, das Unsagbare.“

Aber man kann noch mehr mit dem Unsagbaren machen. Religionen haben gewöhnlich Bilder dafür eingesetzt, um Hingabe, Unterwerfung, Liebe und Verlangen zu bewirken. Selbst der Islam hat Bilder; keine visuellen, aber sprachliche, von Gott auf dem Ruhmesthron, mit Augen, die alles sehen, und allumfassenden Händen. Die Unendlichkeit erscheint um der Anbeter willen in einer Vielzahl von Namen und Formen. Und das sind gewöhnlich persönliche Namen und Formen.

Es ist schließlich auch schwer, das Gute zu lieben, wenn man es sich nicht vorstellen kann. Damit es zu einem existierenden Guten werden kann und mehr als nur eine Möglichkeit ist, muß das Gute leben. Es muß aus einem tatsächlich existierenden höchsten Wert bestehen, der im Höchstmaß erstrebenswert ist. Und nichts kann tatsächlich im Höchstmaß erstrebenswert sein, solange es nicht Bewußtsein und eine positive Wertschätzung jenes Wertes umfaßt. So muß man sich den Gott in gewissem Sinne als selbstbewußtes Fühlen vorstellen, seiner selbst bewußt und zufrieden in der Betrachtung seiner Vollkommenheit. Wenn wir das Gute kennen sollen, sind wir dazu aufgerufen, an der Selbstbetrachtung der Vollkommenheit teilzuhaben, an diesem nicht-dualistischen Bewußtsein eines Objekts, das mit sich identisch ist, und an dessen unveränderlicher Vollkommenheit.

Weil das aber Bewußtsein und Glück bedeutet, kann genau deshalb das Gute als in manch entfernter Hinsicht persönlich gedacht werden, wenn nicht gar als „eine Person“. Doch ein guter Grund, es eben keine Person zu nennen, ist der, daß es als solche keine Beziehung zu anderen hat, keine Dualität, keine Gegenseitigkeit von Geben und Nehmen.

Personen als Beziehungswesen

Die Dunkelheit und das Gute sind unterschiedliche Weisen, sich Gott als endliches Objekt der menschlichen Kontemplation und Anbetung vorzustellen. Aber diese Wege sind immer noch zu abstrakt, um die Phantasie zu packen und Leidenschaft bei mehr als nur ein paar Intellektuellen und Mystikern hervorzurufen. Welche Hoffnung bleibt da für die Menschen, die Leidenschaft in sich spüren, die, weil im materiellen Wohlergehen verstrickt, umgeleitet werden muß? Für jene (und das heißt, für fast alle von uns auf dieser Ebene) muß Gott eine mehr persönliche Form annehmen; eine Form, die man anfassen und lieben kann, in Worten oder Bildern malen. Erst jetzt nimmt Gott damit Formen an; sinnlich, als Person; ein Anderes, das uns als streng oder freundlich, urteilend oder vergebend, ernst oder mitfühlend begegnet.

Gott als Person zu sehen heißt Gott als das Andere zu sehen, das uns auf persönliche Weise begegnet, das eine Beziehung zu uns hat, die die eines Vaters (oder einer Mutter) zum Kind ist, oder des Liebhabers zur Geliebten. Diese Ansicht wird vor allem mit den Bostoner „Personalisten" wie Peter Bertocci verbunden und mit einer Gruppe englischer Theologen vom Beginn des zwanzigsten Jahrhunderts, einschließlich H. H. Farmer, John Oman und John und Donald Baillie. Ihnen ging es vor allem darum, daß Gott keine unpersönliche Kraft ist, sondern eine, die sich uns in der Begegnung als Person verbindet, als das „Du" zu einem „Ich", und die Respekt und Liebe bei uns wachruft. Sie sagten aber auch, daß von Gott als Person zu reden nicht die einzige diesbezügliche Möglichkeit sein sollte. Es lenkt die Aufmerksamkeit auf die herablassende Haltung des unendlichen Gottes, der die vollkommene Güte ist, eine Kenosis oder Selbstentleerung, eine Begrenzung der Unendlichkeit, um dem Endlichen auf eigenem Grund zu begegnen. Das wäre genau das, was Kierkegaard das absolute Paradox nannte, das Absurde – nämlich daß das Unendliche endlich und das Vollkommene in unsere Freuden und Sorgen eingeschlossen sein sollte. Das Paradox aber wird aufgelöst, wenn wir uns daran erinnern, daß das Unendliche nur für uns und wegen uns so ist.

Das Unendliche ist ja nicht wirklich eine Person, die denkt und fühlt und sich fragt, ob es ein Universum erschaffen oder moralische Entscheidungen treffen soll, die sich einsam fühlt und gerne ein paar Freunde hätte und darüber nachsinnt, ob wir wohl Gott lieben werden oder nicht. Es ist eher so, daß das Unendliche sich uns auf persönliche Weise verbindet, die Unendlichkeit zur endlichen Form zusammenzieht, damit wir und alle Geschöpfe zu moralischer und intellektueller Reife fähig sind und unser endliches Leben in erfüllender Beziehung mit seinem unendlichen Quell und Ziel verbringen.

So über Gott als Beziehungswesen zu denken, als persönliches Wesen, das in Beziehung zu einem Universum endlicher Geister steht, kann noch durch Übernahme mancher Einsichten von Hegel und Whitehead verstärkt werden. Und indem man annimmt, daß der höchste Geist die schöpferischsten Möglichkeiten seines Wesens verwirklicht, indem er sie hervorbringt und solchen Wesen vermittelt, die wesentlich anders sind, die dem Geist gegenüberstehen und ihre eigene Autonomie besitzen. Gott kann wahrhaft freie Wesen schaffen und so wird der historische Prozeß kein künstlerisches Produkt eines einsamen Genies sein. Er wird vielmehr das Produkt der Interaktion vieler freier Wesen mit dem einen, unbegrenzten Schöpfer aller Dinge sein, der die göttliche Macht bändigt, damit eine solche Freiheit in den Beziehungen existieren kann.

In einem solchen Universum wird das Böse das Produkt der Willen sein, die sich eigensüchtige Güter erwählen, nicht aber ein Teil des göttlichen Selbstausdrucks (das ist von Whitehead), und das Böse wird ausgelöscht, wenn der historische Prozeß sich vollendet hat (das ist von Hegel). Die Auslöschung des Bösen wird den historischen Prozeß beenden, zumindest alle Prozesse, in denen egoistische Wahl eine Möglichkeit bleibt; daher sollten wir uns hüten, zu bald um die Eliminierung des Bösen zu bitten.

Geschichte wird zum Feld wahrer moralischer Entscheidungen für jedes vernünftige Wesen. Hier kann Gott tatsächlich eher zu überzeugen und zu ermutigen versuchen, als einseitig zu beschließen. Am Ende aber wird Gott für den Triumph der Güte und die Eliminierung des Bösen sorgen.

Das geschieht laut Hegel und Whitehead schon in der folgerichtigen Natur Gottes, in der göttlichen Erfahrung und Erinnerung. Es ist nicht klar, ob einer der beiden Philosophen an eine persönliche Existenz nach dem Tode glaubte. Aber es gibt keinen Grund, soweit wir das sehen können, warum ein Schöpfer nicht in der Lage sein sollte, dafür zu sorgen, daß alle Wesen die Gelegenheit bekommen, die Bedeutung ihres jeweiligen Lebens innerhalb des kompletten göttlichen Planes zu entdecken. Das wäre der Himmel, das in Gott erfüllte Leben, und vielleicht ist das ja die ausersehene Vollendung des kosmischen Prozesses. Die Vollendung könnte es ohne den Prozeß nicht geben, und der Prozeß ist einer, der seine Vollendung außerhalb seiner selbst hat.

In diesem riesigen kosmischen Plan erschafft Gott ein verständliches Universum, das endliche Wesen enthält, und Gott bändigt die göttliche Macht, um ihnen Freiheit zu geben. Gott formt sie aus Liebe, um neue und unverwechselbare Werte in der Zeit zu schaffen. Gott macht, daß das Böse sich am Ende selbst zerstört; Gott erlöst vom Leiden, indem Gott es teilt und es in eine größere Erfahrung überführt, in der das Leid nicht vergessen ist. Der Schmerz ist abgeschwächt und erhält eine positive Rolle beim Aufbau der endlichen Vision des Universums, in dem alle Widersprüche vereint und versöhnt sind. Gott bezieht alle Güter der Schöpfung in eine vollständig göttliche Erfahrung ein, an der die Geschöpfe je nach ihren Fähigkeiten Anteil haben könnten.

Manche religiöse Richtungen oder auch nur Teile davon nehmen die persönliche Form als die endliche Form der Gottheit. Für diese Religionen ist Gott wirklich in gewisser Hinsicht eine Person, ein Individuum, das dem Menschen auf eine zugängliche, ja erkennbare Art begegnet. Die meisten religiösen Traditionen aber betrachten die persönliche Form als nur einen Teil einer viel reicheren göttlichen Wirklichkeit. So hält Sankara innerhalb der indischen Tradition den obersten allmächtigen Gott für eine Manifestation des *nirguna Brahman*, des Absoluten, ohne jede zugesprochene Eigenschaft. Und im Christentum wird die Person Jesu gewöhnlich für die irdische Form eines der drei Aspekte des göttlichen Seins gehalten, die zusammen die Trinität ausmachen.

Die Idee der Trinität

Die christliche Vorstellung geht über das Thema dieses Buches hinaus, das ja nur von der allgemeinen Idee von Gott handelt (ich habe darüber in *Christianity: A Short Introduction* geschrieben). Aber wir können die Tatsache nicht übersehen, daß die meisten der von mir erwähnten Autoren Christen gewesen sind, und auch der umfassendste theistische Glaube meint nicht, daß Gott – mit den Worten des Athanasischen Glaubensbekenntnisses – „drei Personen in einer Substanz" ist. (Wie man mittlerweile annehmen darf, ist dieses Glaubensbekenntnis nicht das des heiligen Athanasius aus dem vierten Jahrhundert. Es ist vielmehr ein etwas späteres lateinisches Bekenntnis und wird heute meist nicht mehr in den Kirchen gesprochen. Ein Grund dafür wird mir von meiner letzten Erfahrung nahegelegt, als ich das erste und letzte Mal versuchte, eine anglikanische Kongregation dazuzubringen, es laut in der Kirche rezitieren zu lassen. Als sie zu dem Satz kamen: „Der Vater unbegreiflich, der Sohn unbegreiflich und der Heilige Geist unbegreiflich ... und doch sind da nicht drei unbegreifliche Dinge ...", brachen alle in lautes Lachen aus. Es war einfach alles zu unbegreiflich, was auch bei den meisten Menschen für die Trinität gilt.)

Es scheint schon schlimm genug zu sein, wenn man sagt, Gott sei eine Person. Aber zu sagen, Gott sei drei Personen, klingt noch viel schlimmer. Die Moslems halten das oft für Polytheismus, für den Glauben an drei Götter. Die Christen könnten verwirrt sein, aber sie sind keine Polytheisten. Unglücklicherweise beschwört der traditionelle Satz „drei Personen in einer Substanz" ein Bild herauf, das drei Personen zeigt, die zusammen in einer Schüssel sitzen. Und es wird noch schlimmer, wenn man weiterhin denkt, diese drei Personen würden miteinander darüber diskutieren, wie es weitergehen soll. „Ich denke, eine von uns sollte sich inkarnieren lassen", sagt einer. „Ich mache das", sagt der nächste. „Und was mache ich so lange, während ihr weg seid?" sagt der dritte.

Dieser Eindruck könnte durch die traditionelle Doktrin aufgehoben werden, daß eine jede der drei Personen allmächtig und allwissend ist. Damit vermeidet man Streitgespräche und unvermeidliche Strategiediskussionen, da jede Person bereits genau weiß, was die anderen beiden entschieden haben oder entscheiden werden, und jeder weiß, was die anderen wissen. Der Preis dafür aber ist der, daß das Leben in der himmlischen Suppe einigermaßen langweilig zu werden droht. „Ich dachte, ich sollte mal ein Universum erschaffen", sagt der erste. „Ich wußte, daß du das sagen würdest", sagte der zweite. „Und ich denke, ich werde auch eines erschaffen", sagte der dritte. „Das wäre am besten dasselbe wie meine", sagte daraufhin Nummer eins. „Du weißt doch schon, daß das der Fall ist", sagte Nummer zwei. „Und jetzt wußte ich, daß du das sagen würdest", sagte Nummer drei. Keine dieser drei Personen kann je die anderen überraschen oder ihnen etwas sagen, was sie noch nicht wußten. „Ich will euch sagen, was ich heute gemacht habe", sagt der eine. Und die anderen beiden antworten einstimmig: „Gib dir keine Mühe; wir wissen's schon." Wie frustrierend! Keiner von ihnen kann etwas tun, von dem die beiden anderen nicht schon alles wissen, und nie können sie Streit haben miteinander (oder sie wären nicht allmächtig). Was also soll es, drei Personen zu haben, wenn sie alle immer in allem übereinstimmen und alles wie die anderen beiden wissen und tun?

Das einzige, was man tun kann, ist, dieses Bild der drei getrennten Individuen komplett aufzugeben. Es gibt nur ein Wesen (was der Begriff „Substanz" meint), nämlich Gott. Aber es gibt drei „Personen" (das frühe griechische Wort war *hypostases*, was vermutlich besser ist, weil eben niemand genau weiß, was es bedeutet) innerhalb von Gottes Sein. Eine Art, es heute auszudrücken, wäre zu sagen, daß es drei verschiedene Aspekte des einen göttlichen Seins sind, daß keiner von ihnen restlos in den anderen aufgehen kann und daß alle zusammen zu einer adäquaten Vorstellung von Gott notwendig sind.

Ein Aspekt ist der, daß Gott der zutiefst transzendente schöpferische Urgrund alles Seins ist, jenseits jeden menschlichen Verständnisses, der unbegrenzte Ozean der Unendlichkeit, der Abgrund hinter aller Dualität, von wo alles herkommt, die letzte Ursache von allem.

Ein zweiter Aspekt ist der, daß Gott die oberste Intelligenz ist, worin alle Möglichkeiten existieren, so wie Gedanken im Verstand existieren. Hier sind alle Archetypen des Lebens verwurzelt und in vollkommener Weisheit angeordnet. Die Unendlichkeit nimmt Form an als Geist und als selbstleuchtendes Bewußtsein und existiert als unerschaffenes Licht der Weisheit, das allen Dingen ihre Form und Verständlichkeit gibt.

Ein dritter Aspekt schließlich ist, daß Gott die dynamische Energie ist, die den durch göttliche Weisheit ersonnenen Formen Wirklichkeit verleiht, die sie achtet und bekräftigt und die durch ihre Besonderheit entzückt.

Gott als transzendenter Abgrund, als besondere, dennoch ungebundene Intelligenz, als immanente, schöpferische Energie des Seins – dies sind, so könnte man sagen, die drei unterschiedlichen Arten, Gott zu sein. Alle sind notwendig für die göttliche Natur, und alle sind in vollkommener Wirklichkeit vereint, die zugleich zutiefst persönlich und doch unendlich viel mehr ist als ein rationales Wesen oder drei davon. Der dreifaltige Gott, die Trinität, bleibt für immer ein Geheimnis, ist aber keine Absurdität. Die Wirklichkeit Gottes bleibt dem menschlichen Verständnis verschlossen, aber die Vorstellung des dreifaltigen Gottes kann als zutiefst rational begriffen werden, zudem als eindeutige Form des Monotheismus, des Glaubens an einen Gott.

Naturgemäß erscheint den meisten Christen dies wohl als ziemlich abstrakt. Der christliche Gott ist schließlich nicht wegen eines abstrusen philosophischen Streites als dreifaltiger bekannt. Gott gilt als dreifaltig, weil Jesus in gewisser Weise als Inkarnation oder verkörpertes Bild Gottes angesehen wird, weil er Gott als Vater anspricht und weil der Heilige Geist als gegenwärtige Wirklichkeit, die das Leben verändern kann, erfahren wird. Christliche Reflexion kann diesen ursprünglichen Glauben vertiefen, indem es zeigt, wie dieser Glaube ein besonderes Verständnis eines Gottes ausdrückt, der den Menschen als persönlicher verbunden ist, dabei aber selbst unendlich viel mehr als „eine Person“ ist.

Im christlichen Glauben ist also der erste Aspekt des göttlichen Wesens die transzendente Ursache des Seinsgrundes, den die Christen mit einer Metapher als „Vater“ alles Seins bezeichnen. Der zweite Aspekt ist die Weisheit oder Intelligenz, die alle endlichen Dinge mehr oder weniger abbilden oder ausdrücken. Die Christen sehen Jesus von Nazareth als den Christus an, der die menschliche Verkörperung der göttlichen Weisheit ist, der die göttliche Liebe ausdrückt und ein freies, gehorsames Vehikel jener Liebe in eigener Person ist; der für die Menschen das „Ebenbild des unsichtbaren Gottes“ ist (Kolosser 1,15). Der dritte Aspekt ist die immanente schöpferische Kraft im Kosmos, die im Leben der Menschen zu spüren ist, die sie zu Mut, Heldentum, Einsicht und der Erschaffung von Werken der Schönheit und Macht inspiriert. Dies ist der „innere Gott“, der Geist, der innerlich wirkt, um alle Dinge zu ihrer eigenen Erfüllung hin zu formen, als mannigfache Bilder und Vehikel des Göttlichen.

Eine trinitarische Vorstellung Gottes bedeutet, daß Gott nicht direkt eine „Person“ genannt werden kann. Gott kann für manche religiöse Tradition einschließlich der christlichen für uns wahrhaft in Form einer Person ausgedrückt werden, aber die volle Realität Gottes ist weit über allem, was wir uns unter einer Person vorstellen. Juden und Moslems und andere Gottgläubige, die die Vorstellung der Trinität verwerfen, könnten, wie ich denke, sich mit dieser Interpretation der Trinität anfreunden, sofern die Bedingungen, die zur Annahme der Analogie notwendig sind, streng beachtet werden – obwohl die Juden und Moslems immer noch ablehnen würden, daß Jesus die einzige persönliche Form Gottes ist. Es wird nie eine vollständige Zustimmung zu unserem Gottesbegriff geben und dazu, wie Gott mit uns verbunden ist. Es sollte aber jetzt klar sein, daß die Theisten einander auch nicht zustimmen, ob sie der gleichen Religion angehören oder nicht. Wir haben aber etwas gelernt, wenn wir erkennen, daß die Ablehnungen nicht einfach Widersprüche sind, als wüßte jeder genau, wovon die Rede ist, und als könnte jeder mit einer Liste aufwarten, auf der alle Zustimmung und Ablehnung Punkt für Punkt verzeichnet wäre. Eine der Lektionen des Studiums der Vorstellungen von Gott ist, wie schwach der menschliche Geist doch ist und wie wenig er von einer Realität begreifen kann, die an Wert und Macht alles übertreffen soll.

Die offenbarenden Wurzeln der Religion

Ich habe vom reflektierten, philosophischen Denken über Gott gesprochen. Wie ich aber wiederholt betont habe, beruhen die meisten, wenn nicht gar alle, Religionen nicht allein auf Reflexion, sondern auch und sogar in erster Linie auf der Offenbarung. Das heißt, sie blicken zu einer Person oder zu Personen auf, die ihnen autoritative Führung hinsichtlich der spirituellen Erkenntnis vermitteln soll oder sollen. Es ist ganz natürlich, wenn man denkt, daß, sofern es einen Gott gäbe, dieser Gott einem manche Offenbarung der göttlichen Natur und Absicht schenkt, und eine jede solche Offenbarung muß notwendig zu einer bestimmten Zeit und an einem bestimmten Ort erfolgen, durch bestimmte Menschen. Es gibt viele Anforderungen an die Offenbarung, und es ist nur allzuklar ersichtlich, daß sie nicht alle im Detail übereinstimmen. Doch es gibt eine wichtige Überlegung, die wohl den Stachel aus vielen bestehenden Differenzen ziehen sollte.

Offenbarungen sind nämlich nicht, trotz der Hoffnungen mancher Menschen, klare und präzise Lehren und Anweisungen. Nimmt man sie auf ihrer untersten Stufe, so sind Offenbarungen sehr mysteriös, und sie sind Offenbarungen eines Wesens, das letztlich auch mysteriös bleibt. Alle echten Offenbarungen sind solche des Mysteriösen. Wie die Orakel im antiken Griechenland geben sie keine bestimmten und eindeutigen Antworten auf unsere direkten Fragen. Sie scheinen eher kryptische und mehrdeutige Äußerungen zu machen, die wir mittels Meditation, Gebet und oft auch durch freien Gebrauch der Phantasie herausdestillieren müssen. Sie sprechen in Metaphern und Symbolen, und unterschiedliche religiöse Traditionen divergieren hier auch deshalb, weil sie diese Symbole auf unterschiedliche Weise deuten.

Die Wurzel der semitischen Gottesvorstellungen liegt in der Erfahrung der alten jüdischen Propheten, die Gott in erster Linie als ethische Forderung und historische Absicht entzifferten, wobei den Nachfahren Abrahams eine besondere Rolle bei der Verwirklichung dieser Absicht zugewiesen wurde. Das läßt dennoch viele Wege des Verständnisses zu, was genau die Forderungen und die Absicht sind. Wie soll die Thora befolgt werden, buchstabengetreu oder dem Geiste nach? Was will Gott von den Juden – sollten sie Bekehrungen vornehmen oder nicht? Es gibt etliche unterschiedliche Formen des religiösen Judentums, die allesamt versuchen, der ursprünglichen prophetischen Erfahrung zu entsprechen, so daß es ihnen richtig vorkommt.

Einer dieser Unterschiede bestand darin, daß eine kleine Gruppe von Juden die Natur und Absicht Gottes in einem neuen und vitalen Lebensweg, im Tod und der Auferstehung (an die sie glaubten) des Jesus von Nazareth enthüllt sah. Ihre neue Bewegung wurde bald von Nichtjuden förmlich überschwemmt, und die christliche Kirche spaltete sich vom Judentum als eine Bewegung ab, die eindeutige Sichtweisen von einem Gott hatte, der zum Mensch werden konnte. Dennoch gab es immer viele Unterschiede innerhalb des Christentums. Manche Christen nahmen in Anspruch, orthodox zu sein – das heißt, sie hielten das für den korrekten Glauben, was von einer Autorität definiert worden sei. Aber sie stimmten nicht überein, wer oder was diese Autorität sein wollte; manche (die römisch-katholischen) zogen den Bischof von Rom vor, andere (die Ostkirche) bestanden auf dem Konzil aller Bischöfe, während noch andere (die Protestanten) leugneten, daß es überhaupt eine menschliche Autorität gebe, die das Recht besitze, allen anderen den richtigen Glauben zu definieren.

Der Islam kann als ein Glaube angesehen werden, der zu einer eher prophetischen Tradition zurückzukehren versucht, keinerlei Sympathien für die Vorstellung eines inkarnierten Gottes hat, dabei aber das Gesetz (*Shari'a*) für die ganze Welt öffnen möchte, nicht nur für die Juden. Die Traditionen innerhalb des Islam reichen von manchen Formen des Sufismus, der fast die ganze Welt mit Gott identifizieren möchte, bis zu den Sunniten, die Gott als ganz anders denn die Schöpfung ansehen. Als das Denken von Aristoteles benutzt wurde, um die Idee Gottes zu erläutern, waren moslemische Philosophen die ersten, die es anwandten, und sie begründeten sehr unabhängige Schulen des philosophischen Denkens, die insgesamt leider nicht überdauert haben. So haben die semitischen religiösen Traditionen vieles gemeinsam, obwohl sie sich untereinander in der genauen Interpretation ihres geoffenbarten Ursprungs unterscheiden. Offenbarung, so viel ist klar, muß wohl sehr unklar sein, wenn so viele echte und gewissenhafte Unterschiede zwischen denen existieren können, die der Offenbarung anhängen wollen.

Es gibt noch einen weiteren wichtigen Traditionsstrang, bei dem die Offenbarung Gottes behauptet wird: Gemeint ist die indische Tradition. Dort gelten die Veden und die Upanishaden traditionell als Offenbarungen der Götter gegenüber den alten Weisen. Sie bilden die Basis von Traditionen, die meist den persönlichen Gott (oder die Götter) als Manifestationen des *Brahman* ansehen, der absoluten Wirklichkeit, und es wird hier gesagt, das Universum sei im höheren Sinn eines mit dem Absoluten. Die verschiedenen Traditionen reichen von einem eindeutig persönlichen Theismus in den Vaishnawa-Schulen bis zur nicht-dualistischen Philosophie des Sankara.

In all diesen Traditionen gibt es außer Propheten und religiösen Lehrern, die als erster Quell der Offenbarung gelten, noch viele unterschiedliche Schulen, die diese Offenbarungen deuten oder weiterentwickeln. Da die Kulturen und die Menschen so unterschiedlich sind, ist es keine Überraschung, daß es auch viele unterschiedliche Vorstellungen von Gott gibt wie auch viele Wege zum Wissen um Gott. Doch es ist nicht so, daß die wichtigsten religiösen Traditionen in vollständigem Konflikt und in Opposition verharren. Bei allen Unterschieden der Tradition und Interpretation gibt es auch viel Annäherung und Konvergenz beim Denken über Gott, wenn die Autoren beispielsweise darüber rätseln, was mit einem Wesen von höchster Macht und größtem Wert gemeint sei. Tatsächlich sind alle unterschiedlichen Denkrichtungen, die in diesem Buch dargestellt werden, in der einen oder anderen Form in allen größeren religiösen Traditionen zu finden.

Es ist aber, wie mehrfach erwähnt, wichtig, daran zu denken, daß das Nachdenken über Gott nicht nur eine intellektuelle Übung ist. Es ist das Nachdenken über die beste Art, als Mensch zu leben, und über das tiefste Verständnis der Welt, in der wir leben. Manchen Menschen hilft Gott gar nichts, ist sogar ein Hindernis beim ehrlichen Verständnis des Universums und der Aufnahme eines freien und reifen Lebenswegs. Für andere bleibt das Denken über Gott auf einem zu einfachen Niveau, dem Niveau nämlich der übernatürlichen Person im Himmel. In einer Welt aber, in der wir alle mehr oder weniger mit Computern und Flugreisen zurechtkommen, ist es nicht schwer, all der Jahrhunderte eingedenk zu sein, die über das Nachdenken über Gott vergangen sind, genauso wie wir uns darüber bewusst werden, daß es zahlreiche neue Möglichkeiten des Denkens über Gott gibt, die sich aus unserem wirklich recht neuen wissenschaftlichen Verständnis der Natur ergeben.

Wenn wir beginnen, über Gott nachzudenken, fangen wir alle von einem bestimmten Gesichtspunkt aus an. Was wir als Kinder gelernt haben, was wir gelesen und erfahren haben, was uns die Gesellschaft über natürliche Arten des Fühlens und Handelns lehrte, all das wird uns einen Standpunkt verschaffen, von dem wir ausgehen können. Dann ist es möglich, in unserer Welt zu einem umfassenderen Wissen der Standpunkte anderer zu gelangen und dadurch unsere eigene Perspektive zu erweitern und zu vertiefen. Niemals wird es aber möglich sein oder auch wünschenswert, von allen Standpunkten aus gleichzeitig zu sehen. Es ist aber möglich, unser Wissen und unsere Erfahrung so zu erweitern, daß wir den weitesten Blick bekommen, der uns möglich ist. Wenn man über die Geschichte der Vorstellungen über Gott nachdenkt, sieht, wie solche Ideen sich entwickelten und einander beeinflußten, bemerkt, wie sie unterschiedliche Aspekte der menschlichen Erfahrung betonten und unterschiedliche fundamentale menschliche Vorgehensweisen ausdrückten, dann weiß man, daß unsere eigenen anfänglichen Vorstellungen der Veränderung unterworfen sind. Eine solche Veränderung sollte nicht gefürchtet werden, weil sie eigentlich nichts anderes sein kann als ein Zuwachs an Wissen und Verständnis.

Schluß: Sieben Arten, über Gott nachzudenken

Es ist nun an der Zeit, sich über das Gebiet klar zu werden, das in diesem Buch abgesteckt wurde. Man ist versucht zu denken, daß, nachdem all diese Sichtweisen auf Gott betrachtet wurden, wir zuguterletzt mit der Wahrheit aufwarten können. Einer solchen Versuchung soll aber widerstanden werden. Wir können realistisch hoffen, die krassesten Mißverständnisse des Glaubens anderer Menschen zu vermeiden und die Unsicherheiten und Unklarheiten unseres eigenen Glaubens zu sehen. Wir können auch hoffen, mehr Klarheit über die Glaubensrichtungen zu erhalten, denen wir am tiefsten verbunden sind. Während jeder gedankenvolle Glaube bis zu einem gewissen Maße auch forschend und provisorisch sein muß, gibt es dennoch manche Glaubensinhalte, auf die wir nicht verzichten können, ohne unsere eigene Identität aufzugeben. Sie zu entdecken und einfühlsamer und klüger zu formulieren ist ein Ziel der philosophischen Reflexion.

Dies im Sinn möchte ich, sofern gefragt wird, was das Grundlegende am Glauben an Gott ist, sagen, daß es der Glaube ist, es gebe einen persönlichen Grund des Seins, daß das Universum in gewissem Sinn auf einer persönlichen Wirklichkeit gegründet ist. Das Universum ist nicht das Produkt eines blinden unbewußten Willens, von Gesetz oder Zufall. Es ist das Produkt einer Wirklichkeit, die wir mit Recht bewußt nennen dürfen, absichtsvoll, weise und gut. Zudem ist eine Form der Beziehung zu dieser transzendenten persönlichen Realität möglich, die hinführt zur Überwindung des Egoismus und zu einem Leben voll Mitgefühl, Weisheit und Glück. Es ist angebracht, sich unserer gesamten Erfahrung als Begegnung mit dieser persönlichen Wirklichkeit zu nähern, eingebettet in uns, vermittelt durch das außerordentlich komplexe Netzwerk von physikalischen Gesetzen und endlichen freien Taten, die die Welt bilden, in der wir leben.

Wenn das Universum in mancher Hinsicht auf einer persönlichen Wirklichkeit gegründet ist, ist die Natur dieser Wirklichkeit auf vielfache Weise zerlegt worden. Ich habe versucht, sieben wichtige Interpretationswege herauszusuchen, und präsentiere sie voller Sympathie, dabei dennoch nicht unkritisch. Insgesamt meine ich, daß sie allesamt Aspekte der Wirklichkeit des Göttlichen ausdrücken, die bei jedem Versuch in Betracht gezogen werden sollten, eine adäquate Vorstellung für sich selbst zu gewinnen.

Die Kräfte des Seins

In den religiösen Traditionen mit vielen Göttern ist der persönliche Charakter der Welt in unterschiedliche Facetten aufgeteilt, die durch eine Kombination von visionärer Vorstellung und geoffenbarter Enthüllung innerhalb einer spezifischen Umgebung und Geschichte hervorgebracht wurden. Jedes göttliche Symbol enthüllt eine schöpferische oder destruktive Energie oder Kraft der Realität, wie man sie aus der Geschichte, der Natur und dem Denken von Männern und Frauen kennt. Diese Kräfte rufen das geheimnisvolle und Bedrohliche hervor, den Schrecken und die Ekstase, und alle weisen sie auf Momente der Begegnung hin, an denen endliche Dinge und Ereignisse für eine tiefere Wahrheit dahinter durchlässig zu werden scheinen. Wir können dieses Gefühl kultivieren – in der Einsamkeit der natürlichen Welt, angesichts der Erfahrung große Kunstwerke, in der Wärme der Freundschaft. Die Anwesenheit der Götter zu fühlen und zu wissen, daß wir nicht in eine fremde mechanische Maschine eingesperrt sind, sondern integrale Teile eines untereinander verbundenen Netzes von Energien, die ihr eigenes „Gefühl" oder ihre eigene Atmosphäre haben. Die Götter haben diese Welt nicht verlassen. Sie sind die Stimmungen und die Formen des Seins. Obwohl die Natur selbst nicht göttlich ist: wenn wir nicht ihre mannigfachen Formen der Innerlichkeit fühlen und respektieren, die ja das sind, was die Götter phantasievollerweise repräsentieren, dann verleugnen wir ein wichtiges Element des menschlichen Wissens um das Sein.

Was jenseits der Sprache liegt

Gleichwohl sind in der indischen wie der semitischen Tradition wichtige Propheten erschienen, die lehrten, daß man am Ende noch hinter die Götter gehen muß – zu einer Wirklichkeit, angesichts deren alle Worte falsch sind, wo es das Sein ohne Form gibt, eine Dunkelheit nicht aus Mangel an Licht, sondern wegen zuviel Licht, das blendet und blind macht. Dort ist alles, was möglich ist, ein „dunkles Starren", eine schlichte Betrachtung, die keine Dualität von einem selbst und anderen aufdeckt, von Unterschiedlichkeit und Teilung. Der Weg des betrachtenden Gebets ist eine Reise hin zu einem Ideal, das nie vollständig erreicht wird. Es ist eine Reise von unseren besonderen Vorlieben hin zur Leidenschaftslosigkeit– was die Griechen *apatheia* nannten (was man nicht mit ‚Apathie' gleichsetzen darf) –, die alles selbstsüchtige Verlangen, selbst das nach einem freundlichen, persönlichen Gott, beiseite schob. Die Reise könnte an ihrem Anfang die leidenschaftliche Zuneigung zu einer persönlichen Form des Göttlichen einschließen. Unterwegs wird man der Liebe zu und dem selbstlosen Verlangen nach unterschiedlichen Formen der Güte und Schönheit begegnen. Im weiteren Verlauf aber betritt man die Stille, hinter allem Wechsel und allem Verfall, aller Schönheit und Güte, jenseits von Intelligenz und Geist. Und dann muß nichts weiter gesagt werden. Wie es das *Tao te King* ausdrückt: Jene, die sprechen, wissen nicht; die wissen, sprechen nicht.

Es ist dies eine verborgene und innere Reise, eine Reise, von der es keine Rükkehr gibt; auch das ist Teil dieser Reise. Dann wird das Wissen um Schönheit, Wahrheit und Freundschaft an jene weitergegeben, die das zuvor verworfen haben, die dadurch sich nicht gebunden fühlten, die diesen Verlust nicht fürchten. Denn die Wirklichkeit jenseits der Götter ist aller Dinge Ursprung; und zwar durch das, was wir als Bewußtsein und Absicht denken müssen und nicht als bloß blinde Energie oder Kraft. Daher müssen wir, wie die Propheten sagen, Gott für den einen Schöpfer aller Dinge halten, die er, mehr als wir denken können, zur Vollkommenheit transzendiert, über alles Denken hinaus. Und dabei steigt Gott dennoch herab, um sich in den endlichen Formen kenntlich zu machen, seien es Worte oder Bilder, wodurch wir jeden Tag lernen können, an der Ewigkeit teilzuhaben.

Religion bewegt sich also zwischen Bilderschöpfung und Bilderstürmerei, von der Vielzahl der verkörperten Götter im alten Griechenland bis zu den bildlosen Andachten des Islam. Aber in jeder Religion sind alle Bilder, seien sie verbal oder visuell, wichtig wie zugleich auch vergänglich. Und in jeder Religion ist eine Übung in Tugend verborgen: zur Entdeckung dessen, was in der Darstellung der Bilder und ihrer Überführung geboten wird; gemeint ist die Ausbildung des jeweiligen individuellen Lebens nach Maßgabe der Eigenschaft des Menschen und gleichzeitig im Verhältnis zu dem, was als höchster, objektiver, aus sich heraus existierender Wert gilt.

Der vollkommene Gott

Der Begriff des Wertes ist für die Gottesvorstellung grundlegend wichtig. Denn obgleich Gott viel mehr ist, als wir erfassen können, ist Gott sicher nicht weniger als das Beste, was wir uns denken. Ein höchster Wert muß als existent gedacht werden, als im Bewußtsein lebendig, als wertgeschätzt oder genossen, da er andernfalls kein aktueller Wert, sondern höchstens eine Möglichkeit der Bewertung wäre. In den indischen Religionen wird dieser aktualisierte Wert als *sat – cis – ananda* bezeichnet (Sein, Bewußtsein, Glück). In der christlichen Tradition mag er auf nicht gänzlich andere Weise als die sich selbst bestätigende Macht des Seins bezeichnet werden (Ursache oder „Vater" alles Seins), als Bewußtsein des Seins (der göttliche *logos* oder die Weisheit) und als Liebe zum Sein (der Geist der Freude). Manche Religionen begnügen sich damit, von Gott als dem grenzenlosen Sein zu sprechen, das das reine Gute ist, und sie findet ihr Glück in der Betrachtung dieser Güte. Das gemeinsame Thema in den meisten Religionen der Welt ist dabei nicht zu übersehen: Das höchste Gute existiert und besitzt die Natur des Bewußtseins und des Glücks. Es reicht nicht, von Dunkelheit und Stille allein zu sprechen, ohne eine gewisse Ahnung von der höchsten Güte, die unser Leben umformt, indes wir sie betrachten.

Das Gute, welches die Glückseligkeit der Betrachtung der höchsten Vollkommenheit ist, ist dennoch nicht vorstellbar für uns. Wir können höchstens an endliche Güter denken, die wir erfahren und die stets eine Unvollkommenheit mit sich tragen, dabei wesentlich zeitlich und vergänglich sind. Wir können nur die allgemeinste Idee einer höchsten Vollkommenheit haben, die unveränderlich und frei von aller Unvollkommenheit ist. An Gott zu glauben heißt aber zu glauben, daß das gesamte Universum von einer solchen Vollkommenheit abstammt oder von ihr hervorgebracht wird. Aus diesem Blickwinkel besteht das moralische Leben im Versuch, das Gute zu begreifen und ihm zu entsprechen und so weit wie möglich seine Vollkommenheit in den einzigartigen Einzelheiten unseres eigenen Lebens zu erkennen.

In den meisten Religionen dieser Welt wurde das Opfer als der rechte Weg zur Annäherung an die Götter gesehen, und das Opfer wird auch von den meisten Propheten nicht als das Geben von tierischem Leben gesehen, um Gefälligkeiten zu erhalten, sondern als Gabe des Selbst an Gott, auf daß es um anderer Willen eingesetzt würde. Durch diese Gabe kann Gott zumindest bis zu einem gewissen Grade die göttliche Schöpferkraft verwirklichen und das Mitgefühl und die Liebe durch das Leben der Menschen. An Gott zu glauben heißt, sich der Güte zu überantworten und in einem Glaubenssprung zu bekräftigen, daß der Anspruch des Guten ein absoluter ist; es bedeutet, sich ohne Rückhalt der Macht seiner Gegenwart hinzugeben und der Möglichkeit ihrer Aktualisierung in der Welt. Diese Hingabe an die Absolutheit der moralischen Forderung und an die Verwirklichung des Guten angesichts von Unrecht und auch eigensüchtigem Vergnügen liegt dem Glauben an Gott zugrunde.

Der aus sich heraus existierende Schöpfer

An Gott zu glauben, ist zunächst eine praktische Verpflichtung, keine Sache der Übernahme einer spekulativen Hypothese. Gleichwohl bezieht dies auch eine gewisse theoretische Verpflichtung mit ein, und es ist ganz natürlich, wenn man dies in Übereinstimmung bringen will zu allem, was wir über die Natur des Universums wissen. Wenn Gott Vollkommenheit, Bewußtsein und Glück ist, dann muß man notwendig fragen, wie dieser Gott mit dem Universum verbunden ist, wie wir es kennen. Für Platon war das Universum von einem Architekten gebildet worden, der das Gute als Grundmuster verwendete. Für Aristoteles ist das vollkommene Gute unveränderlich, und das Universum neigt dazu, es nachzuahmen. Für die jüdischen Propheten aber ist Gott der absolute Schöpfer des Universums, und diese Schöpfungsidee ist im nachfolgenden Denken als allgemeine Definition Gottes übernommen worden.

Es gibt eine grundsätzliche Denktradition bezüglich der Schöpfung im jüdischen, christlichen und islamischen Denken; dies auch, weil alle drei Richtungen zum großen Teil bei ihren Vorstellungen von Platon und Aristoteles abhängen. Gott ist der notwendig existierende und im höchsten Maße vollkommene Grund allen Seins, und das Universum existiert, weil Gott bewußt und absichtlich sich entschlossen hat, es aus den möglichen Welten heraus zu aktualisieren, die Gott sich vorstellt; einzig um des unverwechselbar Guten willen, das diese Welt enthält, die andernfalls nicht existieren würde. Gott ist zeitlos, unveränderlich und vom Bösen und vom Leid unberührt, und das ganze Universum kommt aus dem obersten Willen Gottes, durch eine ewige Entscheidung, die von nichts betroffen werden kann, was die Menschen sich ausdenken oder tun. Das beste Menschenleben ist eines, das versucht, sich der göttlichen Vollkommenheit in liebender Unterwerfung unter den allmächtigen Willen Gottes zuzuwenden und dabei auf eine umfassendere Schau Gottes im Leben nach dem Tode zu hoffen. Das Gebet ist die Orientierung vom Veränderlichen und Unvollkommenen hin zum unveränderlich Vollkommenen, eine Suche nach der Schau der Ewigkeit inmitten der zeitlichen Dinge und nach der Vereinigung mit einer Liebe, die durch nichts im Himmel wie auf Erden verändert, verletzt oder besiegt werden kann.

Da eine solche Sichtweise philosophisch ausgearbeitet werden muß, besteht die Gefahr, daß wir von einem System in die Irre geführt werden und uns darauf einlassen, einzelne philosophische Thesen gegenüber angeblich unkorrekten oder ketzerischen Alternativen zu verteidigen. Wenn wir aber daran denken, daß alle Systeme nur provisorisch und im Lichte neuer Erkenntnisse der Veränderung unterworfen sind, dann ergibt es Sinn, zu versuchen, eine elegante, schlüssige und plausible Vision des Universums als Schöpfung des einen, aus sich heraus existierenden Seinsgrundes zu ersinnen. Die augustinisch-thomistische Synthese kann Religion als rationales Unternehmen darstellen, das solcherart das menschliche Verlangen nach Verständlichkeit wie auch nach moralischen und geistigen Einsichten erfüllen kann. Insoweit wir alles im Universum als von der aus sich heraus existierenden Wirklichkeit abhängig erkennen und als von einer höchsten Weisheit und Wahrheit rational angeordnet, die zugleich an der unveränderlichen Vollkommenheit teilhat, welche der Quell allen Seins ist, teilen wir diese religiöse Vision.

Der sich selbst verwirklichende Geist

Als Preis, den wir für die Konstruktion eines Systems zahlen müssen, werden wir es ändern müssen, wenn und sofern sich das Wissen der Menschen verändert. Seit dem siebzehnten Jahrhundert ist das platonische Axiom, daß das Vollkommene unveränderlich und die Welt zwischen dem Realen und dem Nicht-Realen schwebt, von dem Gedanken unterwandert worden, daß alles Vollkommene auch in der Zeit existieren müsse und daß die platonischen Formen oder Ideen nur Abstraktionen seien. In Hegels Denken wird demgemäß das Universum als die Selbstverwirklichung des absoluten Geistes gesehen, in welchem das göttliche Potential in historischen Formen verwirklicht werden kann, und diese

Aktualisierungen können dann in die göttliche Erfahrung integriert werden. Zeit und Veränderung, Entwicklung und Kampf werden für Gott wesentlich.

Nach einem solchen Schema ist das menschliche Leben die Teilhabe an der göttlichen Selbstverwirklichung, und das wahre Gebet ist die Schöpfung und Kontemplation vieler wertvoller endlicher Formen im Prozeß der Geschichte. Die Prozeßphilosophie ist eine Variante des Hegelschen Systems, hervorgebracht dadurch, daß es mit Elementen von Leibniz und dem radikalen Libertarismus vermischt wurde, das den Entscheidungen der endlichen Wesen innerhalb des Schemas aller Dinge einen hervorragenderen Platz einräumt. Schließlich wird dann die Erfahrung Gottes durch die geschichtlichen Prozesse geformt, was diesen Prozessen eine andauernde Bedeutung verleiht, da sie in die göttliche Welterfahrung eingebaut sind. Die Geschichte als Verwirklichung der göttlichen Möglichkeiten zu sehen, das Leben der Menschen, die aufgerufen sind, eine Rolle bei dieser Verwirklichung zu spielen und jedes Gute als in Gott auf immer aufbewahrt zu erkennen, all das heißt der menschlichen Geschichte und den Taten der Menschen eine wahrhaft transzendente Bedeutung zu verleihen.

Die höchste Güte des Seins

Evolutionsvorstellungen des neunzehnten Jahrhunderts gehen der Darwinschen Evolutionstheorie um einiges voraus und haben sie zweifellos beeinflußt. Trotzdem drückt Darwins Darstellung einen generellen Wechsel in der Wahrnehmung des Universums aus, der im neunzehnten Jahrhundert beschleunigt wurde. Dies ist ein Wechsel von der Sicht auf ein durch und durch rationales und verständliches Universum – auf dieser Stufe könnte ein positives Ziel der Entwicklung allmählich realisiert werden – hin zu der Sichtweise, wo das Universum als Produkt von blinden, unpersönlichen Gesetzen gilt, die ohne Bewußtsein oder Zweck wirken und durch Zufall von einem zeitlichen und improvisierten Überlebensmechanismus zum nächsten stolpern. Die Evolution begann als Produkt einer spirituellen Romantik, wurde dann aber von den Kräften eines pessimistischen Materialismus übernommen.

Im zwanzigsten Jahrhundert waren die Philosophen so sehr von den Errungenschaften der Naturwissenschaften beeindruckt und so bedrückt von den endlosen Streitigkeiten und dem belanglosen Trachten der Philosophen und

Theologen, daß sie dazu neigten, den Glauben an Gott vollständig vom Verständnis der natürlichen Welt zu trennen. Eine materialistische Interpretation der Natur, der objektiven Welt wurde wohl akzeptiert, und die Religion wurde dafür zu einer Sache der subjektiven und persönlichen Wahl.

Man muß hier auf die wichtige Tatsache hinweisen, daß der Glaube an Gott eine ernsthafte, praktische Angelegenheit ist. Angeregt vom Denken Kierkegaards könnte man sagen, daß das Glauben an Gott eine leidenschaftliche Verbindung mit der höchsten Güte des Seins ist. Es ist nicht in erster Linie das Akzeptieren eines großen metaphysischen Schemas oder mancher historischer Wahrheiten als gewiß. Es ist vielmehr die persönliche Reaktion auf die Erkenntnis des Guten; die Hingabe an den Glauben, daß moralische Anstrengungen nicht vergeblich sind und daß das Gute angesichts des Bösen und des Scheiterns bewahrt und rehabilitiert wird.

Doch eine solche Hingabe kann nicht von der Einschätzung dessen getrennt werden, wie das Universum wirklich beschaffen ist. Man könnte sich auf die Güte des Seins in einem unpersönlichen, nicht absichtsvollen, zufälligen Universum einlassen. Für den französischen Schriftsteller Albert Camus könnte dies das Erwählen einer Absurdität bedeuten, die eine gewisse moralische Größe besitzt. Wenn aber das Sein als gut behauptet wird und das Universum ein Teil dieses Seins ist, was ja vermutlich zutrifft, dann müssen diejenigen, die an Gott glauben, einiges tun, um zu beweisen, daß das Universum gut oder zumindest eine Bedingung der Möglichkeit eines höchsten Guten ist. Dort haben sowohl historische als auch metaphysische Ansprüche, wie sehr sie auch objektiv unsicher sein mögen, ihren Ort.

Der persönliche Grund des Seins

Philosophen, die der Hegelschen Lehre anhängen oder der Prozeß-Philosophie folgen, scheinen zuweilen in den Zahnrädern ihrer eigenen komplizierten metaphysischen Maschinen gefangen zu sein. Es ist aber sicher richtig, gewisse wie auch immer unverbindliche Anstrengungen zu unternehmen, um die wissenschaftliche Erkenntnis mit dem Glauben an Gott vereinbar zu machen. Und es ist schon komisch, wenn man sich freimütig der Güte des Seins überläßt, wenn die ganze Sache doch so zufällig und willkürlich ist, daß sie in jedem Moment, wer weiß das schon, das gesamte Leben für immer auslöschen kann.

Tatsächlich ist das wissenschaftliche Weltbild keineswegs eine Abfolge von willkürlichen Ereignissen. Der erstaunliche Fortschritt der modernen Physik zeigt eine komplizierte und zugleich elegante Struktur der Naturgesetze, worin kaum etwas dem reinen Zufall überlassen ist. Wir leben in einem von Gesetzen bestimmten Universum, und selbst wenn es auf vielen Ebenen der Natur ein beträchtliches Ausmaß an Unbestimmtheit und Wahrscheinlichkeit gibt, kann doch der Prozeß als ganzer sehr wohl nach dem Wissen um die grundlegenden Gesetze und Konstanten der Natur vorhergesagt werden. Es scheinen grundlegende Notwendigkeiten innerhalb der Natur der Dinge zu bestehen, weshalb es mit den Tatsachen nicht sonderlich übereinstimmt, wenn man den Kosmos als Produkt des schieren Zufalls ansieht.

Die Frage nach dem Ziel ist schwieriger zu beantworten. Wissenschaften wie die Physik versuchen, Fragen nach der Zielgerichtetheit zu ignorieren. Ein Ziel oder Ergebnis ist ein Zustand, der von einem vernünftigen Wesen geschätzt oder begehrt wird und den dieses Wesen durch geeignete Maßnahmen in die Tat zu setzen sucht. Die Physik aber gibt sich nicht mit Begehren, handelnden Wesen oder Absichten ab, weshalb sie schlicht keinen Blick dafür hat, ob es innerhalb der Natur Absichten gibt. Ein Theist wird sagen, daß Gott eine Wirklichkeit ist, analog zu einem Wesen mit Begehren und Absichten, welches das Universum erschafft, um einen Zustand zu erlangen, den Gott wertschätzt.

Wir können nicht überprüfen, ob es einen solchen Gott gibt. Wir können aber fragen, ob das Universum so aussieht, als wäre es so angeordnet, um gewisse erstrebenswerte Zustände zu erreichen. Trifft das zu, dann ist zumindest Gott eine funktionierende Hypothese – man bedenke, Gott ist dabei nicht ursprünglich als Hypothese aufgestellt. Die Hypothese scheint nur aus dem leidenschaftlichen Engagement für das Gute des Seins zu folgen.

Die Physik zeigt uns, daß das Universum wohlgeordnet ist. Die Relationen innerhalb der grundlegenden physikalischen Kräfte, wie den Atomen, ermöglichen, stets komplexer werdende Konfigurationen aufzubauen; die offenkundige Neigung der sich selbst reproduzierenden Moleküle, organische Substanzen zu bilden und aufzubauen; die Ausbildung des zentralen Nervensystems, woraus Bewußtsein und Absicht in den endlichen Organismen hervorgehen – all das zeigt ein Ausmaß an komplexer und stabiler Organisation, das einfach atemberaubend ist. Da erstrebenswerte Zustände auch die Existenz von Zuständen der bewußten Freude einschließen, ermöglicht die Ausbildung des Gehirns die Existenz von wertvollen Zuständen (wenn bewußte Wesen Dinge genießen), wenn es zuvor in der langen Geschichte des Universums solche noch nicht gab. Natürlich gab es, da Gott immer den Prozeß des Kosmos erfährt, Werte, ehe noch endliche Wesen existierten; diese Werte existierten in Gott als Ergebnis der Schöpfung und Erfahrung des Kosmos. Die Werte aber, die von endlichen Wesen erfahren werden, sind gleichwohl neu und eindeutig. Es scheint, als seien die Prozesse im Universum auf die Produktion neuer Werte ausgerichtet.

Deshalb kann das Universum mit Recht als absichtsvoll gelten, als Verwirklichung der Absicht eines persönlichen Gottes. Die Wissenschaft zwingt uns nicht, es als zufällig und absichtslos zu sehen. Was wir aber sehen könnten, ist eine einfache Ansammlung verständlicher Gesetze, die durch wahrscheinliche Prozesse zu lohnenden Zielen führen. Es ist selbstverständlich, daß man auch dieser Sicht nicht zustimmen muß. Man könnte sagen, die Ziele sind nicht gut genug; sie wiegen die Grausamkeit der Evolution und alles darin eingeschlossenen Leids nicht auf. Das verleugnet nicht die Absicht, stellt aber die Bewertung dieses Prozesses als gut in Frage. Der Theist wird vielleicht antworten, daß die Natur durch Versuch und Irrtum und Kampf voranschreitet, in Richtung auf realisierte Werte, und genau das schließt auch Sackgassen und Niederlagen ein wie andererseits Durchbrüche und Erfolge. Ein solcher Prozeß ist für die Existenz genau der bewußten Wesen notwendig, welche die Menschen ja sind; Gott teilt mit ihnen das Leid und kann dazu verhelfen, daß daraus Gutes entsteht, und Gott integriert sämtliches verwirklichte Gute in die göttliche Erfahrung, die dann wiederum von allen fühlenden Wesen geteilt werden kann.

Manche Menschen halten die Evolution für einen verzweifelten Existenzkampf gegen alle Widrigkeiten, so daß das Leben überhaupt nur wegen eines zeitlichen Glücksfalls besteht. Man kann aber die Evolution auch als schöpferische Suche nach einem höheren Leben betrachten, dessen schließlicher Erfolg trotz vieler Rückschläge durch die fundamentalen Prinzipien der natürlichen Ordnung abgesichert ist. Selbst Charles Darwin konnte sich zwischen diesen beiden Sichtweisen nicht entscheiden. Die Wissenschaft kann diese unterschiedlichen Sichtweisen nicht auflösen, die in der Tat einen bedeutenden Unterschied von Atheismus und dem Glauben an Gott ausmachen.

Kurz, dieser Kosmos könnte das Produkt der blinden Notwendigkeit sein, worin das menschliche Leben ein bloßes Aufflackern innerhalb eines Prozesses ist, der im Vergessen enden muß, da die Energie unvermeidlich in Milliarden von Jahren verschwindet. Der Kosmos könnte aber auch ein Ort sein, der für die Verwirklichung der geschaffenen Mächte da ist, die ihrerseits Bewußtsein,

Begehren, Absicht, Zweck und Wert erschaffen, dies alles vielleicht auf zahllosen Planetensystemen über Äonen hinweg. Wenn der physikalische Kosmos stirbt, kann dessen Schöpfer sämtliche Werte, die der Kosmos verwirklicht hat, zurücknehmen und somit sicherstellen, daß sie auf ewig im göttlichen Bewußtsein bewahrt sind. Gott wird vielleicht den endlichen Wesen ermöglichen, diesen Wert in ihrem volleren, ewigen Zusammenhang zu erfahren. So mag sich vielleicht ein persönlicher Grund des Seins „anfühlen", und wer sich voller Leidenschaft der letzen Güte des Seins aussetzt, wird es zumindest natürlich finden, wenn man hofft oder glaubt oder behauptet, daß es das gibt.

Wir sind wohl sehr unsicher bezüglich der Details eines jeden großen Systems, das wir ersinnen. Kierkegaard wie Wittgenstein warnen uns vor der metaphysischen Inflation. Ein leidenschaftliches Sich-Überlassen an das Gute und an die Güte des Seins ist mit der Einschätzung dessen verbunden, wie das Sein beschaffen ist, das wir erfahren und durch wissenschaftliche Analysen immer besser kennenlernen. Bis dahin wird sich der Gottgläubige in unterschiedlichem Ausmaß an Versicherung und Hoffnung der Ansicht anschließen, daß der Kosmos ein Ergebnis von Bewußtsein und Absicht ist, daß das Böse darin überführt und das Gute bewahrt werden kann und wir als Kinder dieses Kosmos sehr wohl auf gewisse Weise die Vervollständigung des kosmischen Prozesses im göttlichen Bewußtsein erfahren könnten. Das ist das Wesen des Glaubens an Gott.

Dieses Engagement und diese Hoffnung entspringen tiefen natürlichen Impulsen des Herzens. Sie werden durch Symbole und Bilder ausgedrückt, die sehr phantasievoll und abwechslungsreich sind und dabei die Farben vieler Kulturen annehmen, in denen sie entstehen. Schließlich aber entspringen sie nicht einfach der Spekulation der Menschen. Sie entstehen als Antwort auf die Offenbarung – nicht vielleicht der Offenbarung manch klarer und eindeutiger Vorschläge von oben, sondern derjenigen einer einzigartigen Wirklichkeit, die sich zugleich als Dunkelheit und Licht zeigt, als Vielheit und Eines, als schrecklich und faszinierend, verständlich und unverständlich, unveränderlich und endlos schöpferisch, dabei in Gestalt des Persönlichen und doch des Unendlichen und Ungebundenen. Diese Entdeckung wird oft, vermutlich meistens, von ursprünglichen Einsichten in visionären Momenten abhängig sein, in Momenten der Inspiration und der göttlichen Ermächtigung der Propheten und Heiligen des Glaubens, die wir als Führer auf unserem Weg nehmen dürfen. Meist aber müssen wir uns damit zufriedengeben, nur einen kleinen Widerschein dieser Einsichten zu erhaschen. Unsere eigenen Entdeckungen werden, auch wenn sie sehr wirklich sein mögen, doch sehr flüchtig und unbeständig sein, dabei später dann nostalgisch erinnert oder leidenschaftlich erneut gesucht. Trotzdem ist für uns das Engagement des Glaubens eine Antwort auf eine Vision des Guten, dessen Anziehungskraft unwiderstehlich ist, wenn einmal geschaut. Die religiöse Suche, die Suche nach Gott, ist die Suche nach dem volleren Aufgehen eines Lichtes, das wir einst erschauten, des Lichts der schöpferischen Kräfte, die nur dunkel gefühlt sind, des Lichts quälender Andeutungen eines persönlichen Seinsgrundes, einer Hoffnung auf eine Zeit, wenn wir nicht mehr die Transzendenz wie in einem Glas dunkel erschauen, sondern endlich von Angesicht zu Angesicht.

George Herbert, ein Dichter des siebzehnten Jahrhunderts, hat in seinem christlichen Kontext Worte geschrieben, diese endliche Vision so schön wie vielleicht nur möglich ausdrücken:

> Die Liebe badete mich in Willkommen; doch meine Seele wich zurück,
> schuldig des Staubs und der Sünde.
> Aber die behende Lieb' sah, wie ich lock'rer ward.
> Nachdem ich eingetreten,
> kam näher sie zu mir, süß fragend,
> was mir wohl fehlen möcht'.
> Ein Gast bin ich, gab ich zurück, der wohl hier sein darf.
> Die Liebe drauf: Der sollst du sein.
> Ich dagegen wenig freundlich, gar undankbar: Ach, Liebe,
> ich kann nicht dich anschau'n.
> Die Liebe nahm mich da bei der Hand, gab lächelnd mir zurück:
> Wer machte sonst noch schöne Augen dir?
> Meiner treu, der Herr, ich aber hab' sie getrübt: laß meine Scham
> Streunen, wie sie's verdient.
> Und weißt du nicht, drauf die Liebe, wer allein trug Schuld?
> Mein Lieb', dann will ich dienen.
> Du muß dich setzen, sagte die Lieb', koste mein Fleisch.
> So saß ich denn und aß.
>
> (George Herbert [1593–1633]: *Liebe*)

Zur weiteren Lektüre

Richard Swinburnes Tetralogie über Gott, beginnend mit *The Existence of God*, Oxford 1979, ist sehr schön klar, aber schwierig. Er hat weiterhin verfaßt: *Is There a God?*, Oxford 2001 (deutsch: Gibt es einen Gott?, Frankfurt a. M. 2006), als einfachere Einführung in sein Denken.

Paul Tillichs Hauptwerk ist seine *Systematic Theology*, dort handeln die Kapitel 9–11 von Gott. *Der Mut zum Sein*, Berlin/New York 1991, ist eine gute und kürzere Einführung in sein Denken.

John Omans Buch *Grace and Personality*, New York 1961, gibt eine gute, lesbare Darstellung des christlichen Personalismus, was auch für Peter Bertoccis *The Person God Is*, London 1970, aus einer anderen Perspektive gilt.

Zum Thema Wissenschaft und religiöser Glaube ist Arthur Peacockes *Paths from Science towards God*, Oxford 2001, eine ausgezeichnete Einführung durch einen organischen Chemiker und Theologen.

Mein Buch *Religion and Creation*, Oxford 1996, kann dazu als komplementär gesehen werden; es behandelt ähnliche Themen von einem anderen Blickwinkel aus.

Literatur

Bernhard Anderson, *The Living World of the Old Testament*, Englewood Cliffs 1973.

Anselm von Canterbury, *Monologion*, Stuttgart 1964.

Anselm von Canterbury, *Proslogion*, Ditzingen 2005.

Aristoteles, *Metaphysik*, Ditzingen 1986.

Aurelius Augustinus, *Vom Gottesstaat*, München 2007.

Alfred Jules Ayer, *Language, Truth and Logic*, London 1971.

Francis Bacon, *Of the Proficience and Advancement of Learning, Divine and Human*, Bristol 1994.

Peter Bertocci, *The Person God Is*, London 1970.

Die Bhagavadgita, übers. und hrsg. v. Klaus Mylius, München 1997.

Martin Buber, *Ich und Du*, Gütersloh 1997.

Jean Calvin, *Unterricht in der christlichen Religion (Institutio Christianae Religionis)*, Neukirchen 1997.

John Cobb und David Griffin, *Process Theology: An Introductory Exposition*, Philadelphia 1976.

Arthur Cotterell, *Dictionary of World Mythology*. Oxford 1986.

Dante, *Göttliche Komödie. Das Paradies*, übers. v. Hermann Gmelin, Klett-Verlag, Stuttgart 1970.

René Descartes, *Discours de la Méthode. Von der Methode des richtigen Vernunftgebrauchs und der wissenschaftlichen Forschung*, Hamburg 1997.

Dionysios Areopagita, *Von den Namen zum Unnennbaren*, Einsiedeln 2002.

Mary Douglas, *Purity and Danger*, London 1966.

Roland Faber, *Gott als Poet der Welt. Anliegen und Perspektiven der Prozesstheologie*, Darmstadt 2004.

Georg Wilhelm Friedrich Hegel, *Werke*, Frankfurt a.M. 2003.

Georg Wilhelm Friedrich Hegel, *Phänomenologie des Geistes*, Ditzingen 1988.

Homer, *Ilias*, übers. v. Hans Rupé, Düsseldorf/Zürich 2001.

David Hume, *Dialoge über natürliche Religion*, Ditzingen 1981.

Herbert Hunger, *Lexikon der griechischen und römischen Mythologie*, Purkersdorf 2006.

William James, *Die Vielfalt religiöser Erfahrung. Eine Studie über die menschliche Natur*, Frankfurt a.M. 2003.

Johannes vom Kreuz, *Gesang über eine erhabene Entzückung und Beschauung*, München 1956.

Immanuel Kant, *Werke*, Darmstadt 2005.
Søren Kierkegaard, *Die Krankheit zum Tode/Furcht und Zittern/Die Wiederholung*, München 2005.
Søren Kierkegaard, *Philosophische Brosamen und Unwissenschaftliche Nachschrift*, München 2005.
Moses Maimonides, *Führer der Unschlüssigen*, Hamburg 2007.
Karl Marx/Friedrich Engels, *Die deutsche Ideologie*, Berlin 2004.
John Oman, *Grace and Personality*, New York 1961.
Rudolf Otto, *Das Heilige. Über das Irrationale in der Idee des Göttlichen und sein Verhältnis zum Rationalen*, München 1991.
Arthur Peacocke, *Paths from Science towards God*, Oxford 2001.
Platon, *Sämtliche Werke in 3 Bänden*, Darmstadt 2004.
Platon, *Der Staat (Politeia)*, hrsg. v. Thomas A. Szlezák, übers. v. Rudolf Rufener, München 2003.
Platon, *Das Gastmahl (Symposion)*, Hamburg, Felix Meiner Verlag 2000.
Platon, *Philebos/Timaios/Kritias*, Frankfurt a. M. 2001.
Robert von Ranke-Graves, *Griechische Mythologie*, Reinbek b. Hamburg 2003.
Friedrich Schleiermacher, *Über die Religion. Reden an die Gebildeten unter ihren Verächtern*, Hamburg 2004.
Richard Swinburne, *The Existence of God*, Oxford 1979.
Richard Swinburne, *Is There a God?*, Oxford 2001.
Thomas von Aquin, *Summe der Theologie*, Stuttgart 1985.
Paul Tillich, *Systematic Theology*, Chicago1951.
Paul Tillich, *Der Mut zum Sein*, Berlin/New York 1991.
Keith Ward, *The Development of Kant's View of Ethics*, Oxford 1972.
Keith Ward, *Religion and Creation*, Oxford 1996.
Alfred North Whitehead, *Prozeß und Realität. Entwurf einer Kosmologie*, Frankfurt a. M. 2006.
Ludwig Wittgenstein, *Tractatus logico-philosophicus*, Frankfurt a. M. 2005.
Ludwig Wittgenstein, *Philosophische Untersuchungen*, Frankfurt a. M. 2001.

Namenregister